Christopher Hart

100 MANGA

FIGUREN ZEICHNEN

AF633894

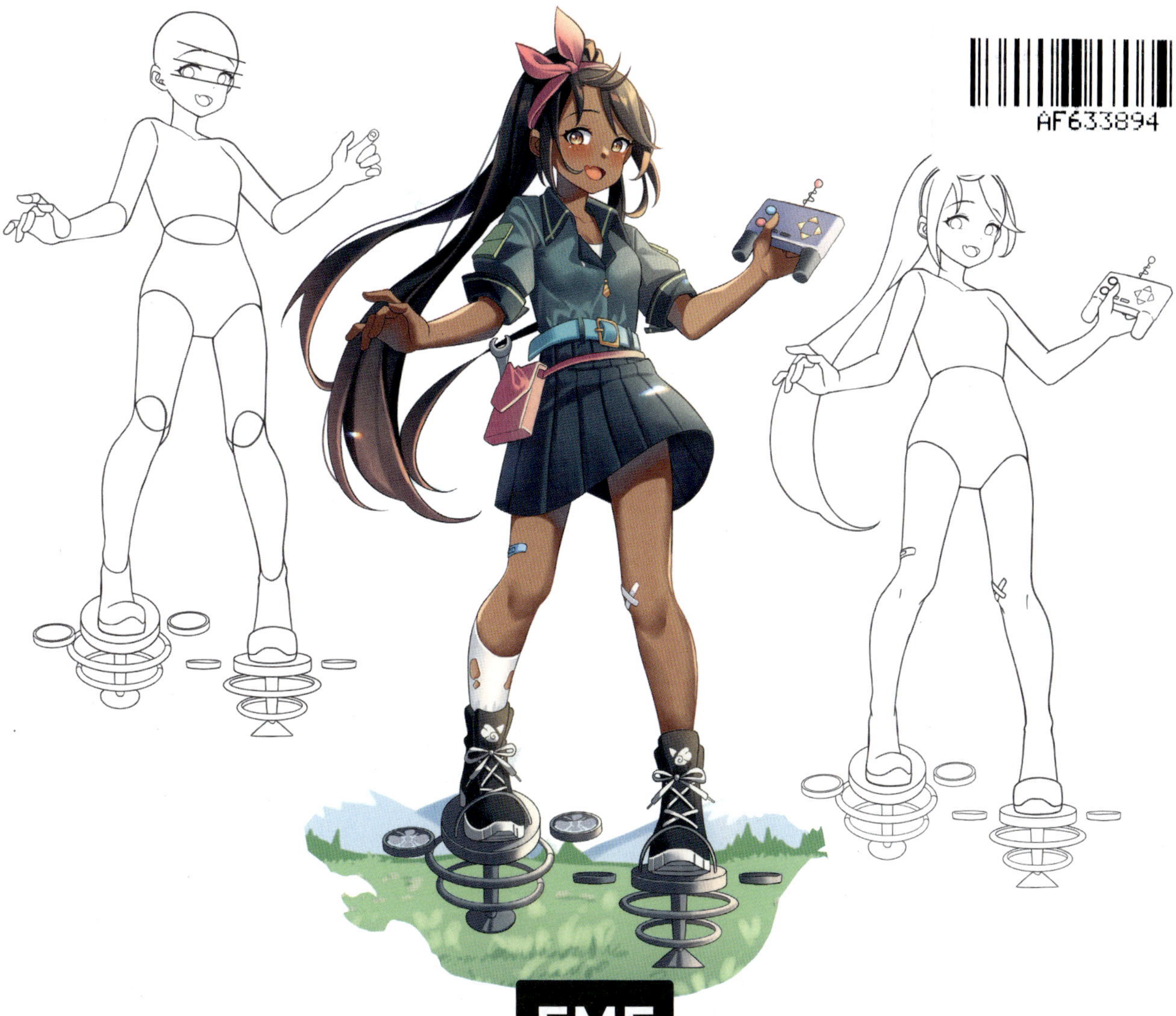

EMF

EIN BUCH DER
EDITION MICHAEL FISCHER

ZEICHNEN MIT Christopher Hart

Bibliografische Information der Deutschen Bibliothek.

Die Deutsche Bibliothek verzeichnet diese Publikation in der Deutschen Nationalbibliografie.
Detaillierte bibliografische Daten sind im Internet über http://www.dnb.de/ abrufbar.

EIN BUCH DER EDITION MICHAEL FISCHER

1. Auflage 2023

Erstveröffentlicht bei
Drawing with Christopher Hart, an imprint of Get Creative 6, 104 West 27th Street, New York, NY 1000

Titel der Originalausgabe:
Drawing with Christopher Hart: Manga 100. The ultimate Guide to Drawing the most popular Characters
Aus dem Englischen übertragen von Beate Wellmann, Heidelberg
Covergestaltung: Sarah Lukic
Satz: Alexandra Wolf und Sarah Lukic
Projektmanagement und Lektorat: Dr. Franziska Witt-Klorer

Für alle Manga-Fans
und aufstrebenden
Künstlerinnen und Künstler

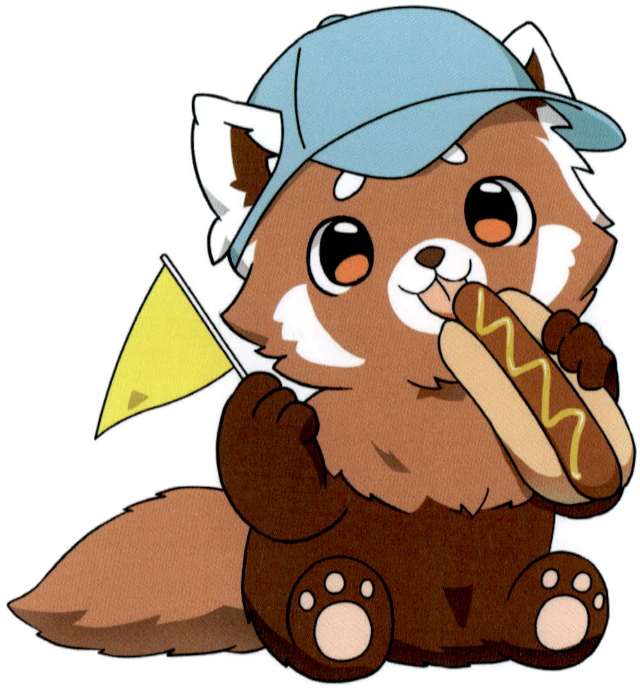

Contributing Artists:

Akane | Ayasal | Ezurinx | Keikokup | Kuri Nyann | Ph Marcondes | Sugarmiki | Tabby Chan

ISBN 978-3-7459-1808-3

Gedruckt bei Mohn Media Mohndruck GmbH,
Carl-Bertelsmann-Straße 161 M, 33311 Gütersloh, Deutschland

www.emf-verlag.de

christopherhartbooks.com
facebook.com/CARTOONS.MANGA
youtube.com/user/chrishartbooks

INHALT

Einführung 4

Aller Anfang ist gar nicht so schwer: Kopf und Körper zeichnen 6

Charismatische Manga-Jungen 32

Kleidung und Kostüme 42

Die Lieblinge der Manga-Fans 66

Lustige Charaktere 82

Charaktere mit coolen Jobs 94

Niedliche & flauschige Freunde 114

Sci-Fi-Charaktere 122

Weitere Genres, die du kennen solltest 138

Dynamische Hintergründe zeichnen 152

Index 160

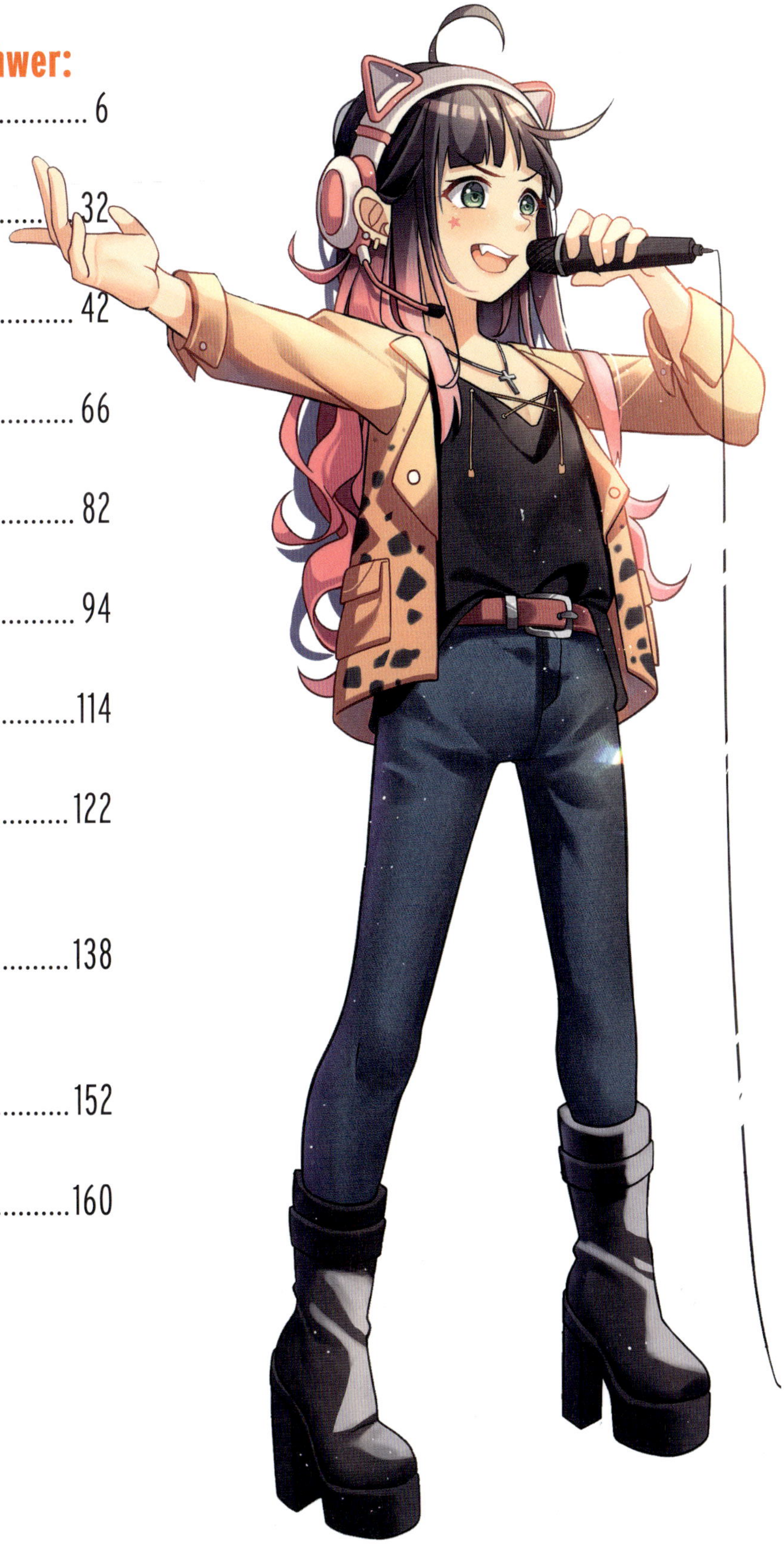

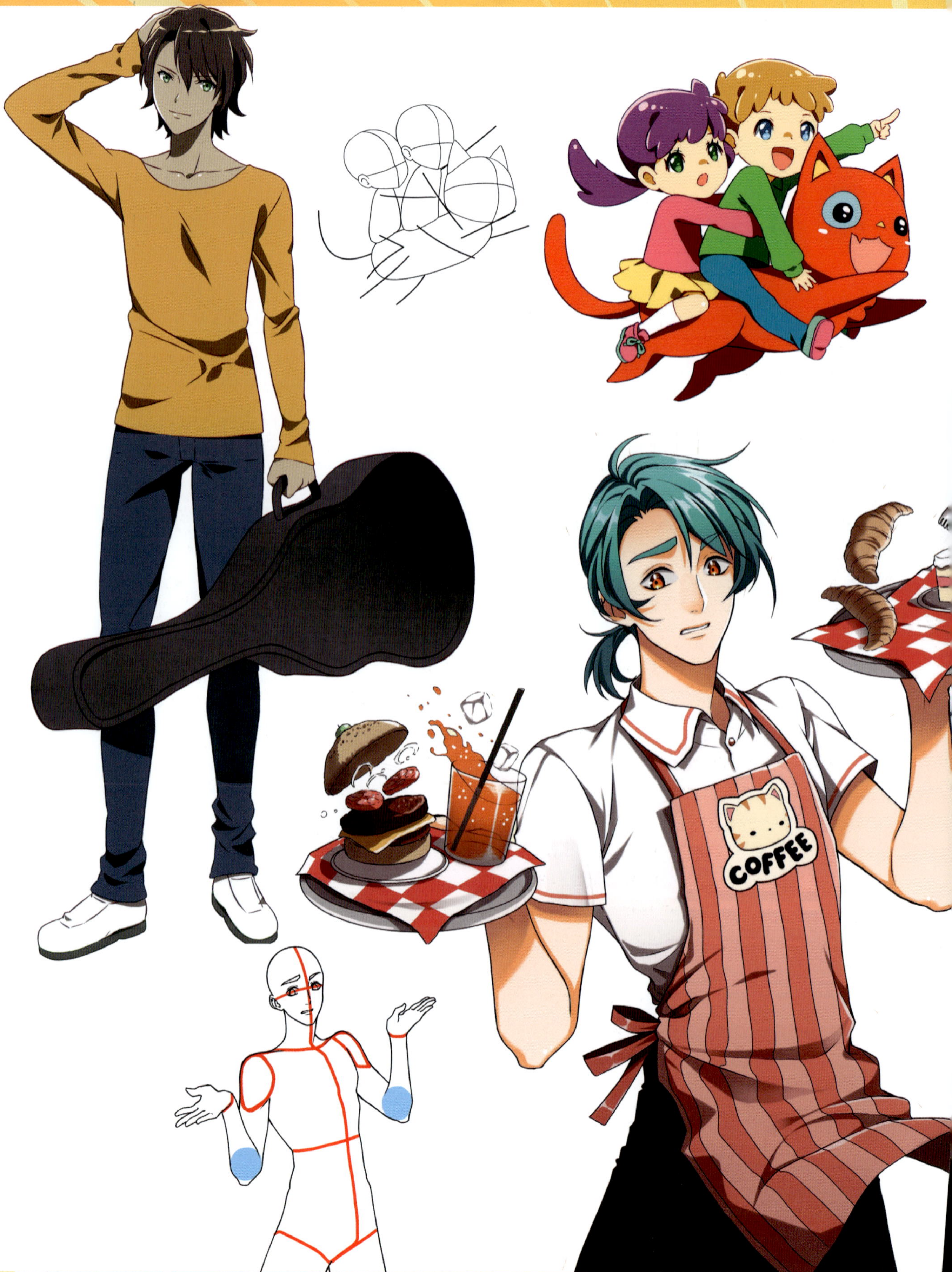
COFFEE

EINFÜHRUNG

MANGA-FIGUREN ZEICHNEN – 100 COOLE POSEN bietet Zeichenanleitungen für 100 aufsehenerregende Charaktere. In diesem Buch tummeln sich die beliebtesten Typen aus der Welt des Manga, und vielleicht sind ja auch deine Lieblingsfiguren dabei. Wenn du gerne Mangas zeichnest, dann werden dir die einfachen Anleitungen sicher Spaß machen. Außerdem findest du hier jede Menge Tipps, die dir helfen können, deine Zeichnungen zu perfektionieren. Ich zeige dir, wie man die allseits beliebten Charaktere aus dem Schulmädchen/-jungen-Genre zeichnet oder coole Boys, Fantasy-Charaktere, außergewöhnliche Tiere, Sci-Fi-Charaktere oder auch ganz einfache Hintergründe. Das Buch bietet so viele Möglichkeiten! Ich werde dir zwischendurch immer wieder Vorschläge machen, wie du deine Charaktere individualisieren und so ganz eigene Figuren erschaffen kannst. Du zeichnest einen Charakter nach den Anleitungen des einen Kapitels, verpasst ihm ein glamouröses Kostüm aus einem anderen Kapitel und lässt ihn eine Pose aus einem weiteren Kapitel einnehmen. Wie du deinen Charakter gestaltest, das bleibt natürlich dir ganz allein überlassen – schließlich bist du ja der/die Künstler*in! Das vorliegende Buch gibt dir lediglich das Werkzeug an die Hand, mit dem du deine eigenen Ideen umsetzen kannst.

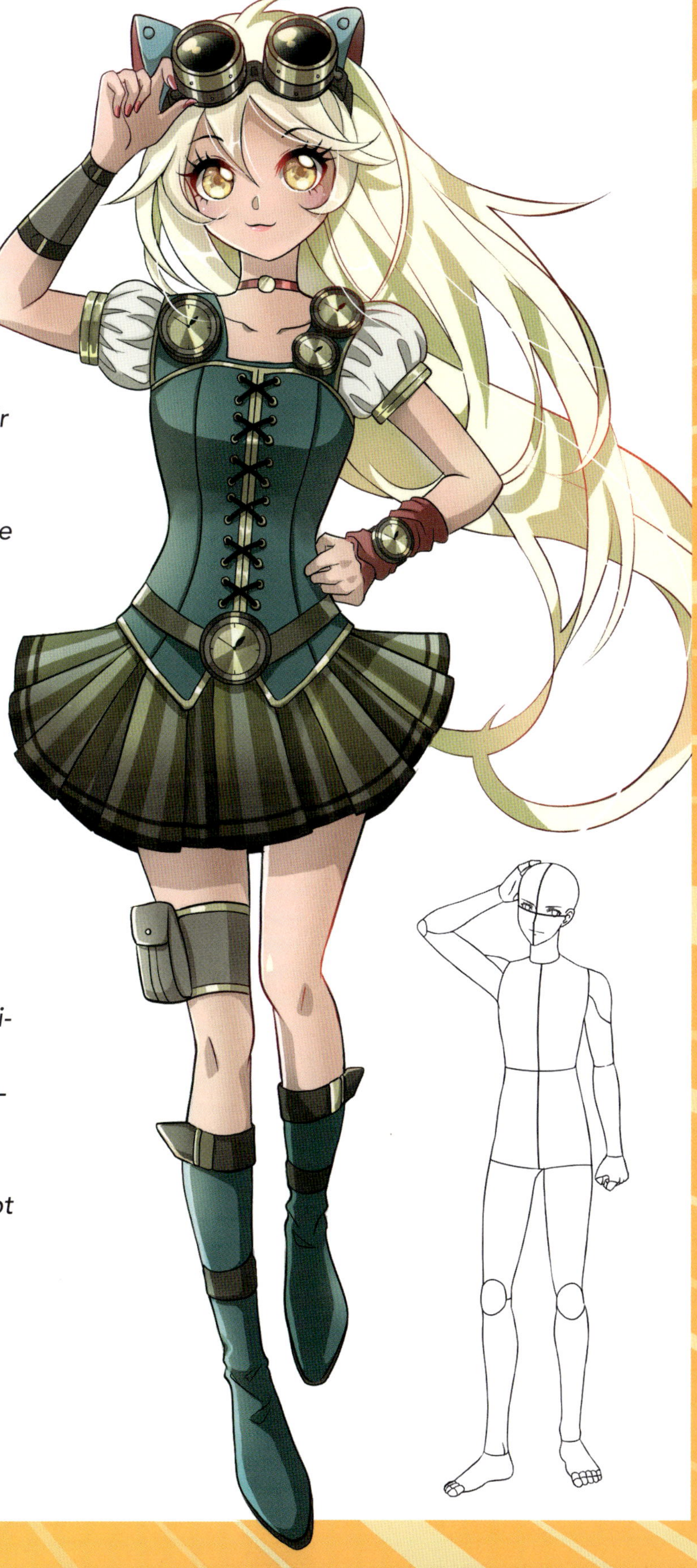

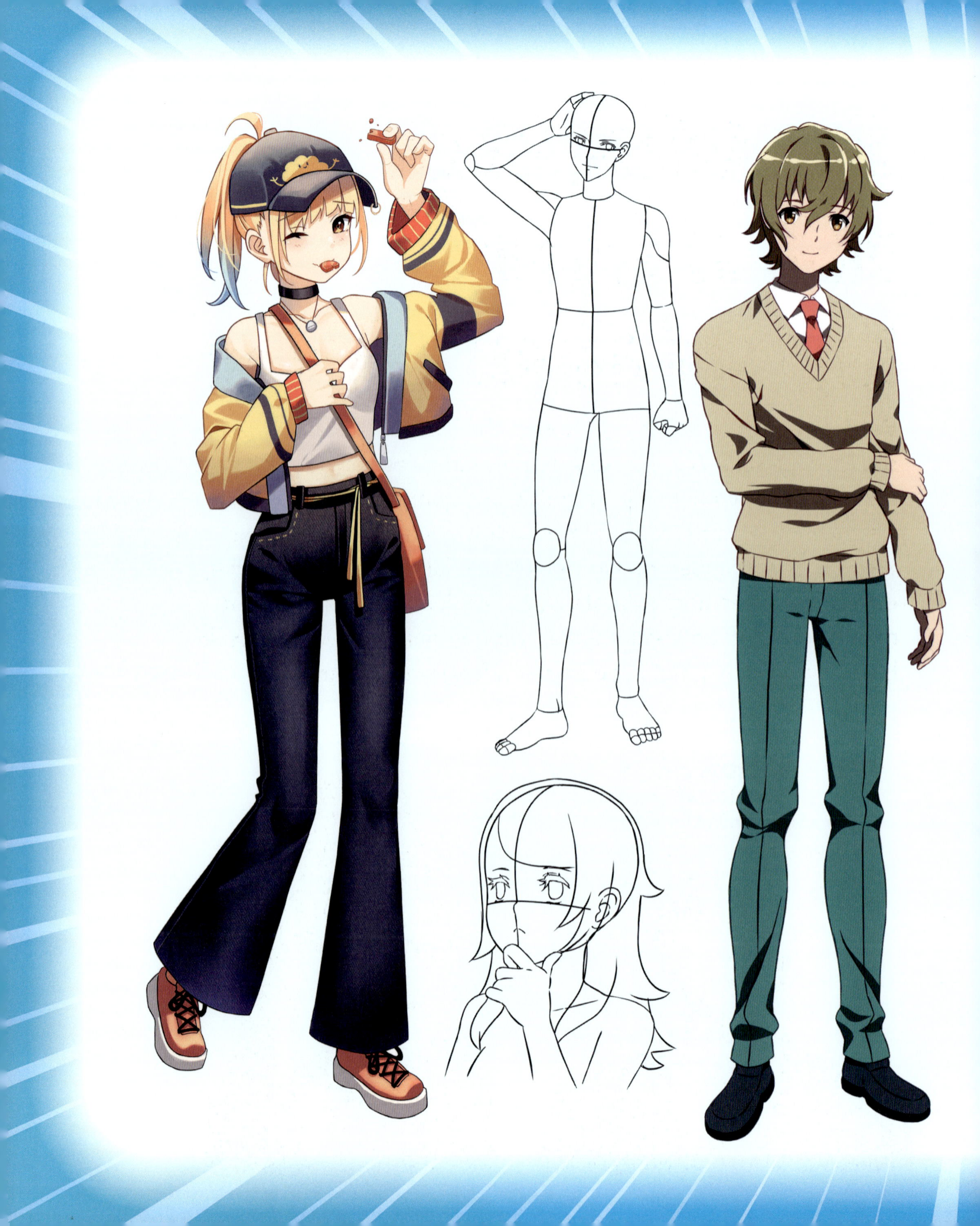

Aller Anfang ist gar nicht so schwer: Kopf und Körper zeichnen

Beim Zeichnen des Gesichts ziehen die meisten Mangaka zuerst die Hilfslinien für Augen, Nase und Mund. Diese Linien sind aber nur dann wirklich hilfreich, wenn sie in einem bestimmten Verhältnis zueinander stehen. Sobald du weißt, wie man das hinbekommt, wird dir das Zeichnen gleich viel leichter fallen. Eine Augenlinie, die zu weit oben liegt, könnte zum Beispiel das ganze Gesicht merkwürdig wirken lassen. Sehen wir uns einmal an, wo die Hilfslinien hingehören, damit sie immer richtig positioniert sind.

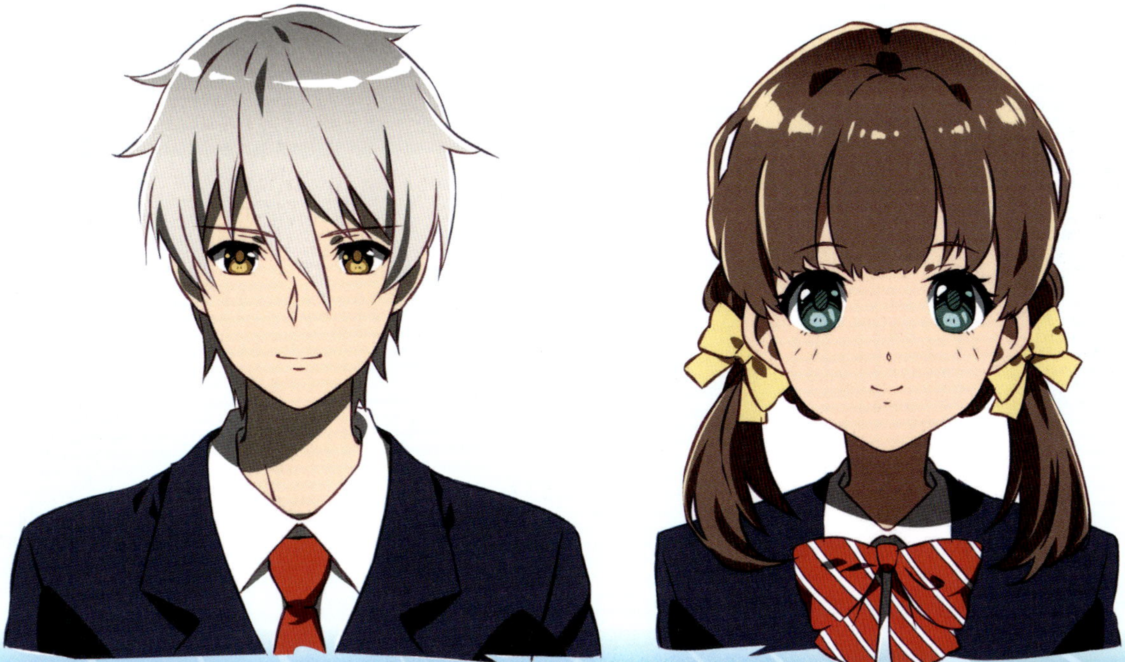

#1 Der Manga-Kopf: Hilfslinien

Sehen wir uns zunächst an, wie ein einfacher Charakter aufgebaut ist.

Das klassische Manga-Mädchen: Vorderansicht

Zwei horizontale Hilfslinien markieren Ober- und Unterseite der Augen.
Die untere Linie verläuft etwa zwei Drittel der Kopflänge vom Scheitelpunkt entfernt.

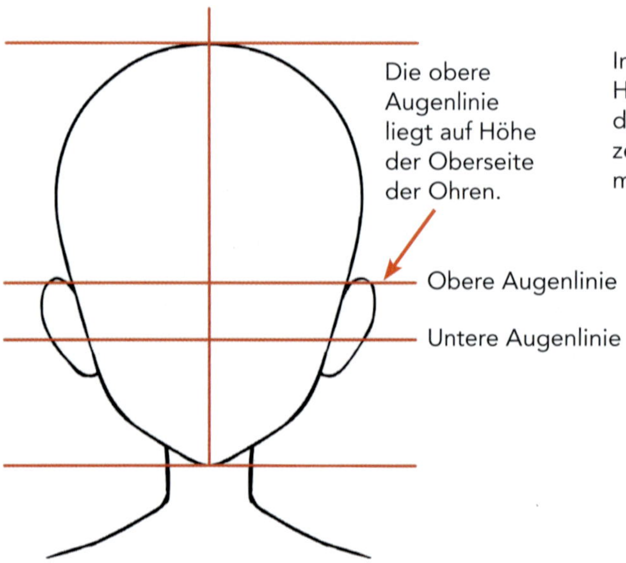

Die obere Augenlinie liegt auf Höhe der Oberseite der Ohren.

Innerhalb dieser Hilfslinien kannst du die Augen so zeichnen, wie du möchtest.

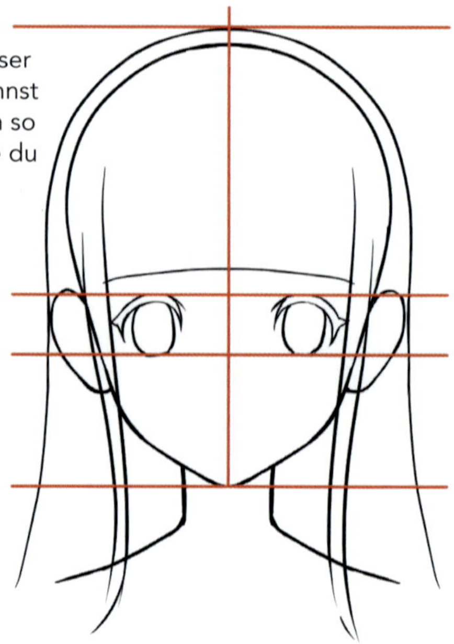

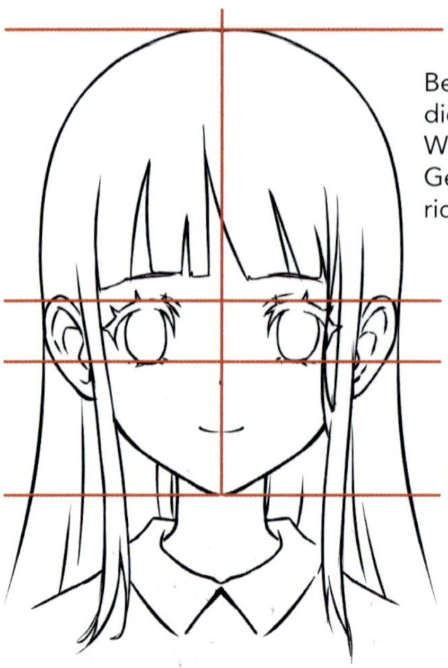

Bereits jetzt haben die Hilfslinien wahre Wunder gewirkt: Das Gesicht sieht schon richtig gut aus!

TIPP
Entferne deine Hilfslinien in der fertigen Zeichnung mit dem Radiergummi.

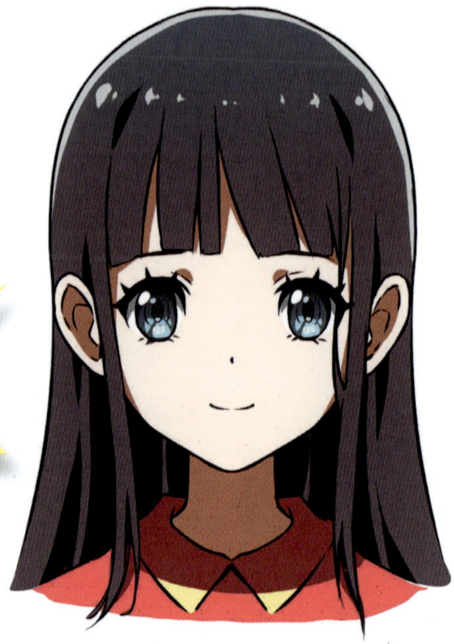

Seitenansicht

Die Positionierung der Ohren mag zunächst nicht besonders wichtig erscheinen. Wenn sie jedoch falsch platziert sind, dann fällt es sofort auf. Und dabei ist es so einfach, hier die Proportionen richtig darzustellen. Versuchen wir es!

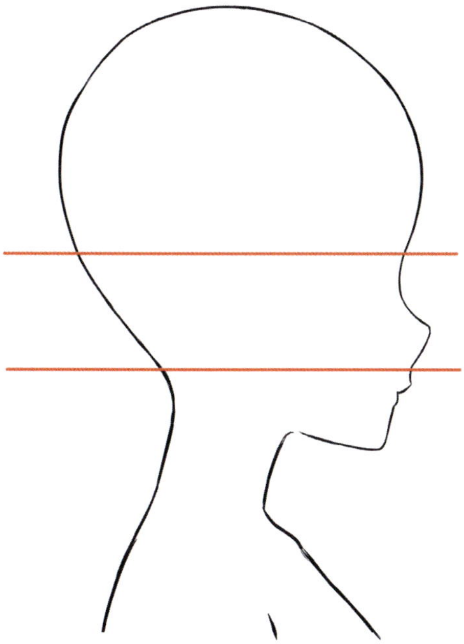

An der Unterseite der Nase verläuft die nächste Hilfslinie.

Das Ohr befindet sich zwischen der oberen Augenlinie und der Linie der Nasenunterseite.

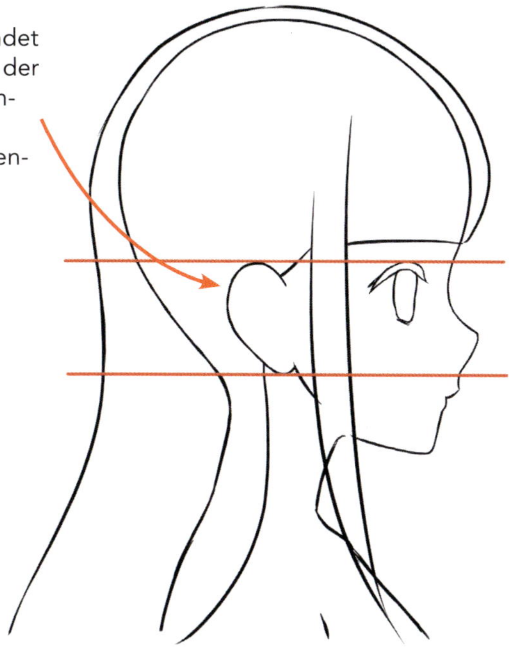

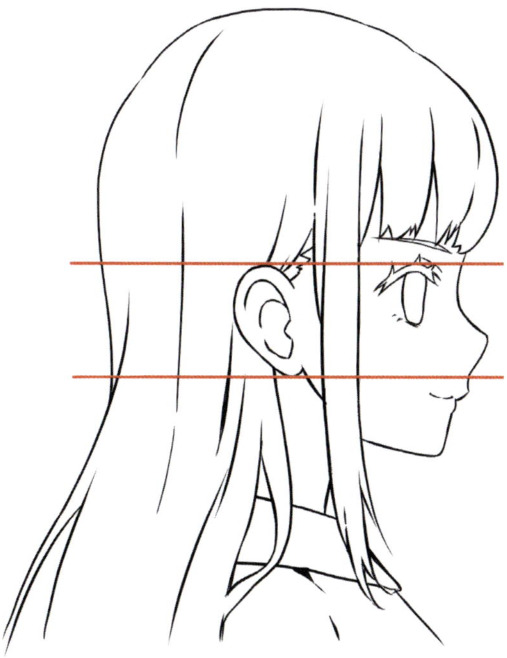

Siehst du, wie natürlich der Kopf jetzt aussieht?

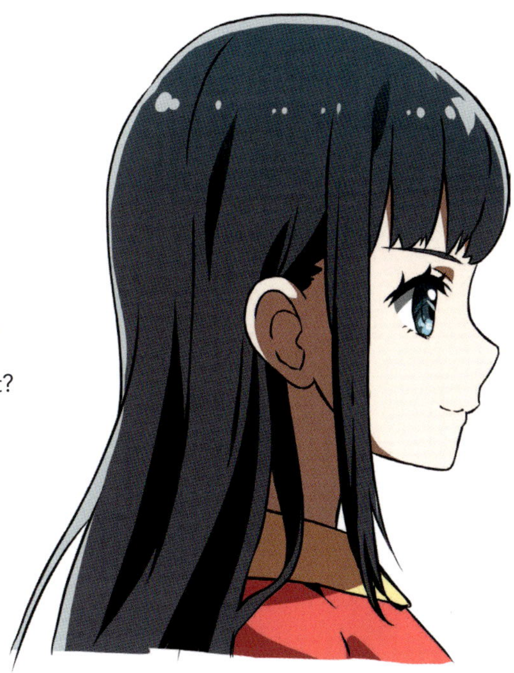

#3 Von der Theorie zur Praxis

Jetzt nehmen wir die Hilfslinien, die wir eben besprochen haben, und wenden sie bei einer kompletten Zeichnung an. Dabei kannst du gerne Augen und Frisur verändern und so deinen Charakteren eine ganz persönliche Note verleihen.

Schulmädchen

Niedliche Charaktere wie dieses Mädchen beeindrucken vor allem durch ihre riesigen Augen, die ganz besonders auffallen, weil Nase und Mund sehr klein sind. Der Oberkopf ist rund wie eine Kuppel, der Kiefer verjüngt sich zu einem spitzen Kinn.

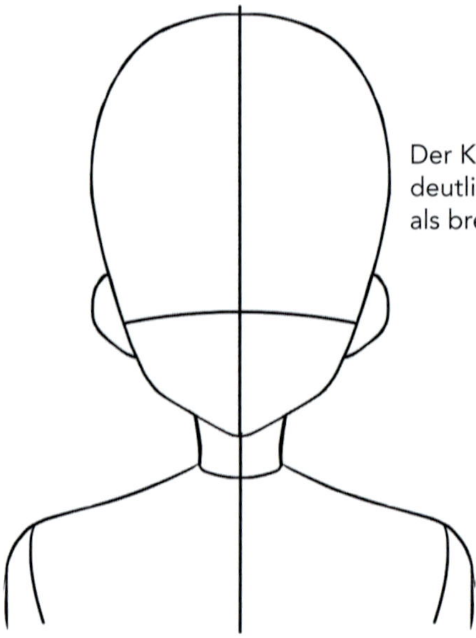

Der Kopf ist deutlich länger als breit.

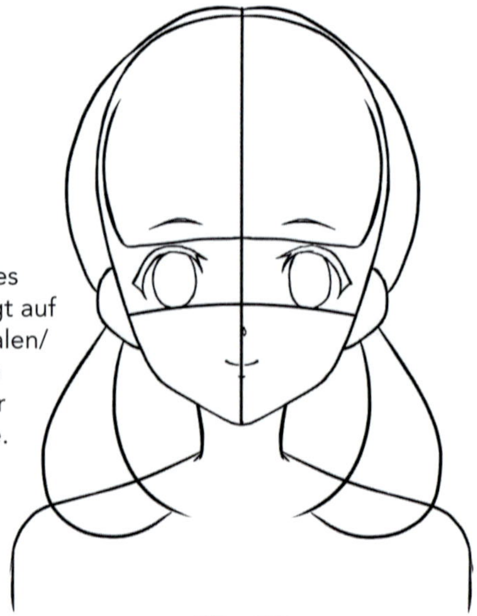

Die Mitte des Mundes liegt auf einer vertikalen/senkrechten Linie mit der Nasenspitze.

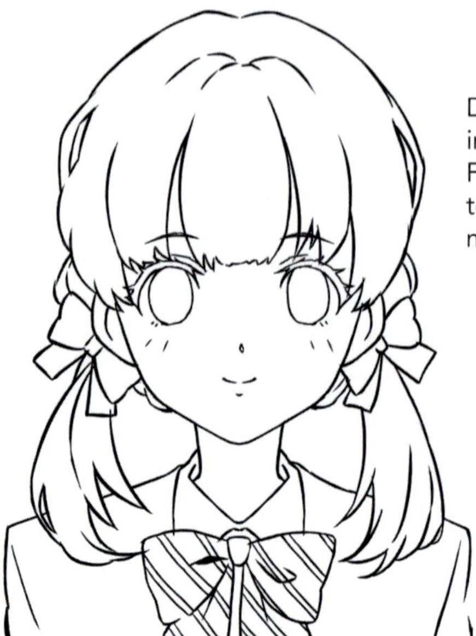

Der Pony wird in einzelne Fransen unterteilt, so wirkt er natürlicher.

Rattenschwänze sind immer niedlich. Damit sie gut zu sehen sind, fallen sie nach vorn über die Schultern.

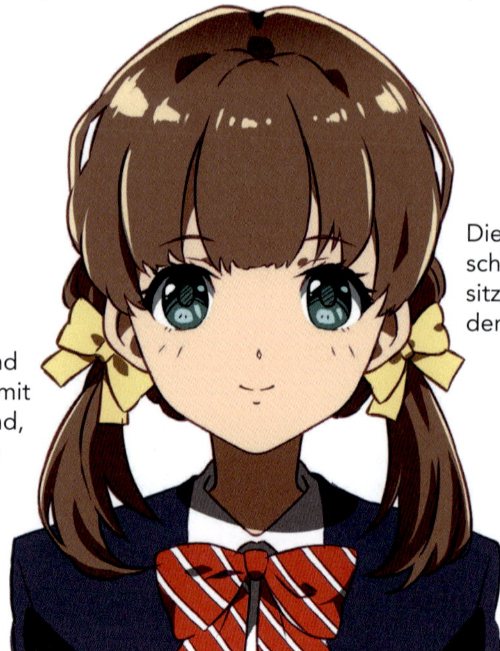

Die Haarschleifen sitzen hinter den Ohren.

Zwielichtiger Typ

#4

Ein durchtriebener Charakter verbirgt oft sein wahres Ich, indem er sich nett und freundlich gibt. Früher oder später verrät er sich jedoch durch dieses verschlagene Lächeln, und du weißt, dass du auf ihn hereingefallen bist. Ein solcher Charakter hat kleine Augen, kräftige Augenbrauen und ein spitzes Kinn.

Zeichne einen schmalen Kopf, der sich zu einem langen Kinn verjüngt.

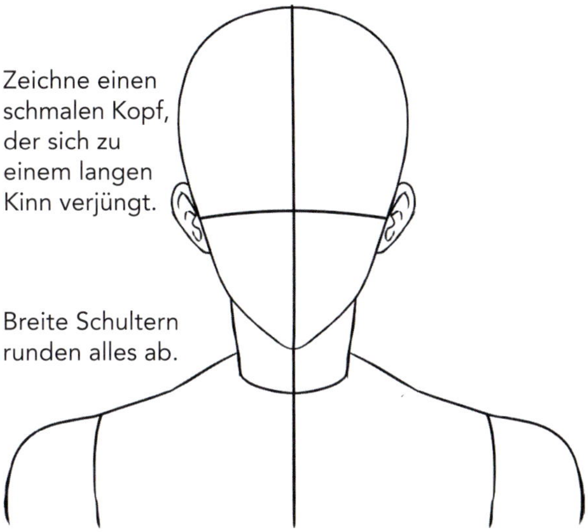

Breite Schultern runden alles ab.

Die Augenbrauen verlaufen schräg zur Nasenwurzel.

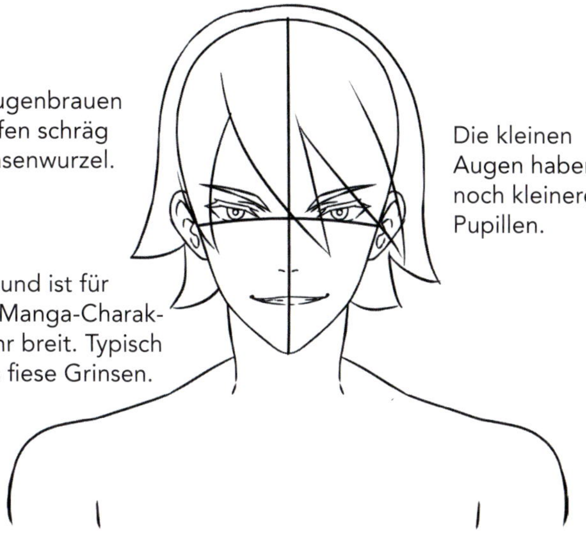

Die kleinen Augen haben noch kleinere Pupillen.

Der Mund ist für einen Manga-Charakter sehr breit. Typisch ist das fiese Grinsen.

Irgendwo gibt es sicher ein Mädchen, das immer noch glaubt, auch ein so zwielichtiger Charakter könne sich ändern, wenn er es nur wolle. Und ich könnte ohne Weiteres eine Keto-Diät durchhalten, wenn ich nur wollen würde …

Das Haar ist nicht zu bändigen.

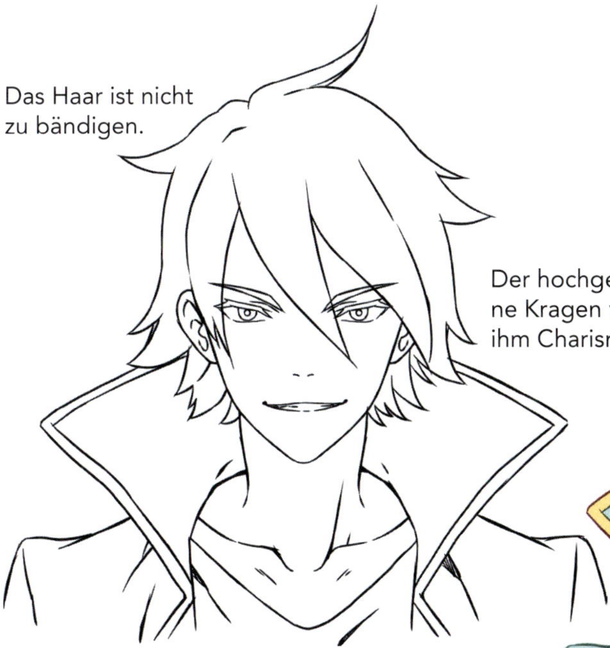

Der hochgeschlagene Kragen verleiht ihm Charisma.

Manga-Bösewichte tragen immer auffällige Kleidung.

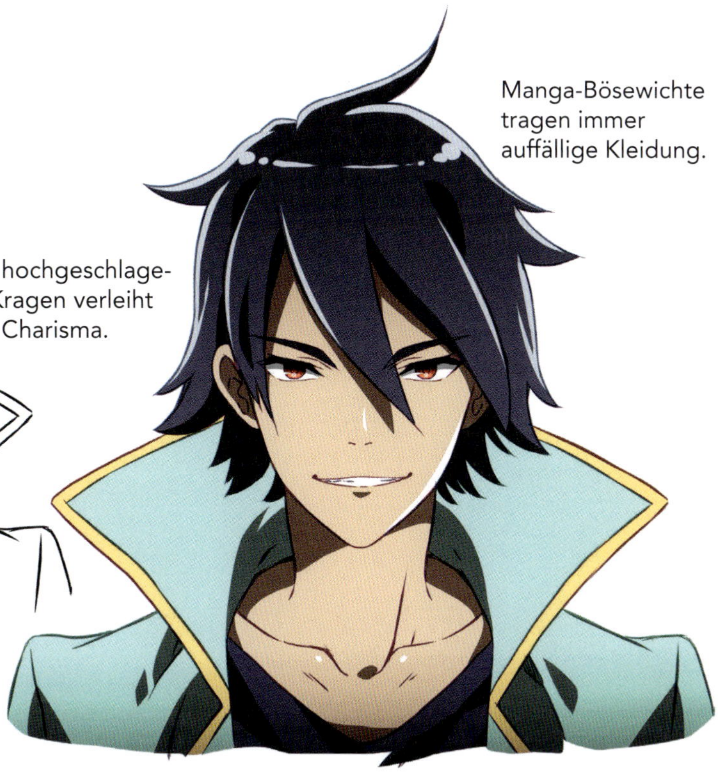

#5 Schuljunge (Highschool)

Auf der Highschool gibt es ganz unterschiedliche Typen des charmanten Teenagers, der überall beliebt ist. Die Kopfform ist schmaler als bei den Schulmädchen, und seine Augen sind etwas kleiner.

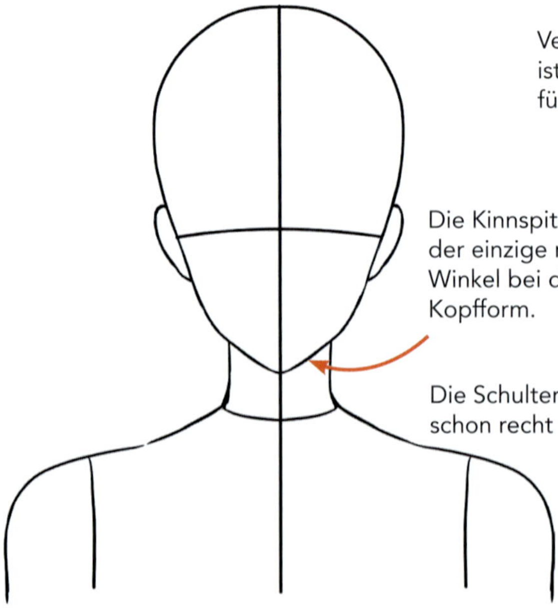

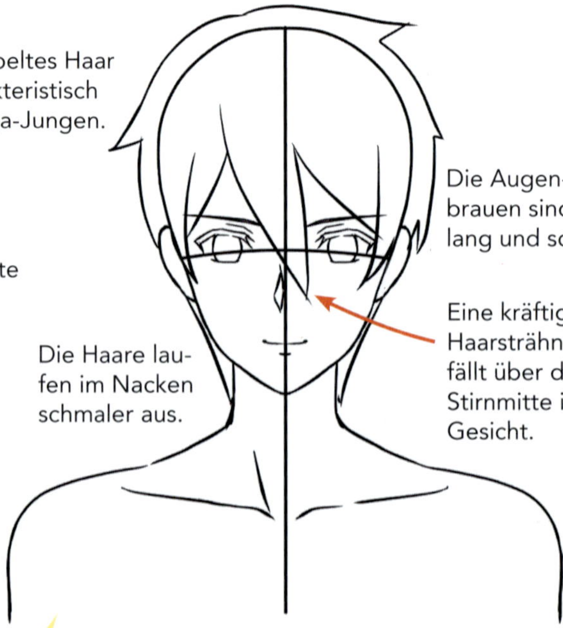

TIPP
Farbe kann ein Designelement sein. Hier sind es drei Abstufungen, die für Abwechslung und Gegensätze sorgen.

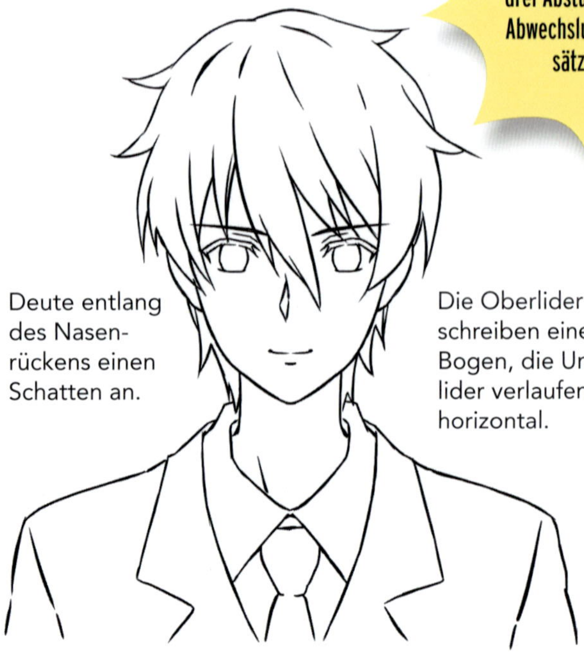

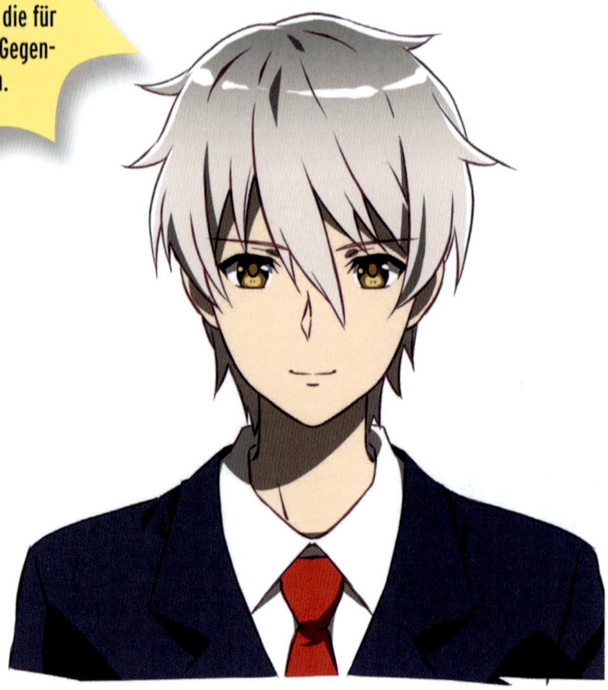

Junges Mädchen

#6

Niedliche junge Charaktere haben einen unbeschwert-fröhlichen Gesichtsausdruck. Da dieses Mädchen noch recht jung ist, müssen wir die Proportionen seinem Alter anpassen. Wie das geht? Da gibt es eine ganz einfache Regel: Je jünger der Charakter ist, desto höher die Stirn und desto größer seine Augen.

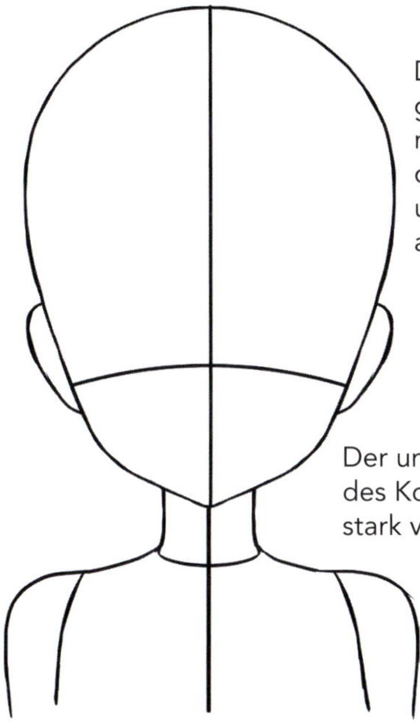

Der übertrieben großen Stirnpartie nach zu urteilen, dürfte das Mädchen ungefähr zehn Jahre alt sein.

Der untere Teil des Kopfs ist stark verkleinert.

Ein Teil des Haars fällt locker über die Stirn.

Die Augenbrauen sind klein.

Die Oberlider sind nach unten gezogen.

Die Augen sind oval, nicht rund.

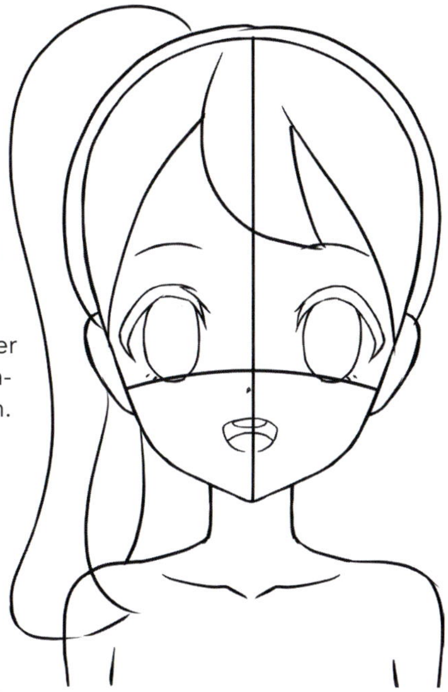

TIPP
Obwohl die Augen eines jungen Charakters riesig sind, bleiben Nase, Ohren und Mund klein.

Der Pferdeschwanz wird in einzelnen Strähnen gezeichnet.

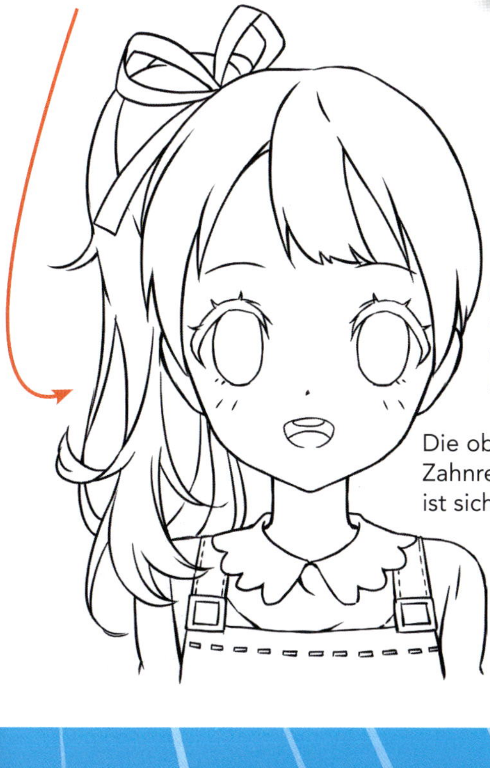

Die Wimpern verlaufen in regelmäßigem Abstand.

Die obere Zahnreihe ist sichtbar.

Ihre Augen sind fast doppelt so groß wie die eines etwas älteren Teenagers.

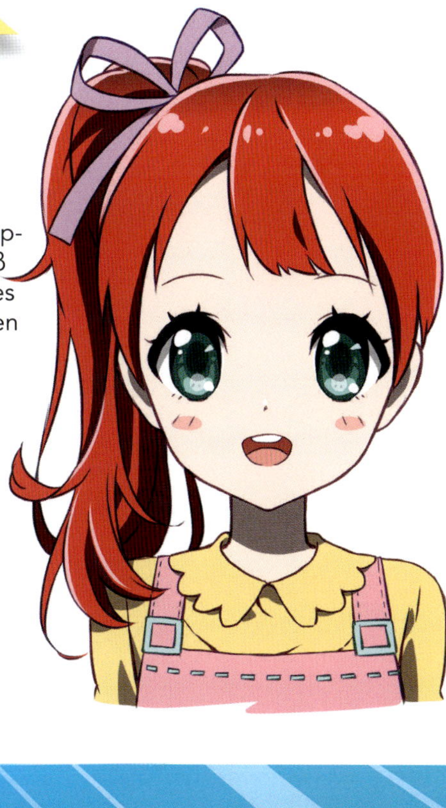

#7 Persönlichkeiten erschaffen

Manga-Charaktere beruhen immer auf bestimmten Persönlichkeitstypen, wodurch sie gleich einer bestimmten Kategorie zugeordnet werden können. In diesem Abschnitt und überhaupt im ganzen Buch wirst du vielen Persönlichkeiten begegnen und lernen, wie man sie am besten zeichnet.

Nervöser Junge

Die typische Drehung des Kopfs weist auf eine überraschte Reaktion hin.

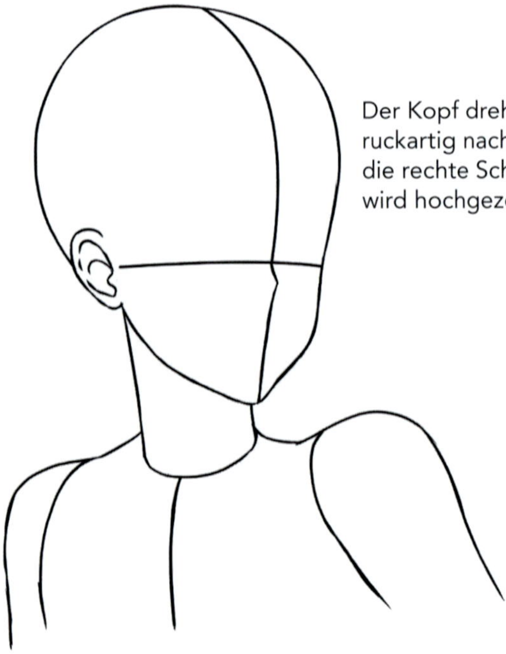

Der Kopf dreht sich ruckartig nach rechts, die rechte Schulter wird hochgezogen.

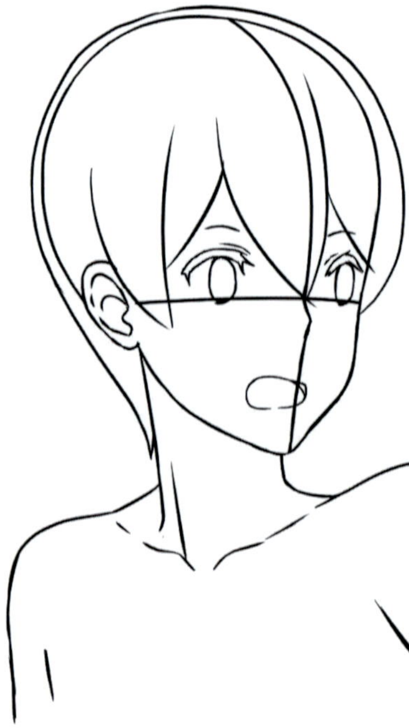

Der schiefgezogene Mund lässt darauf schließen, dass dem Jungen etwas unangenehm ist.

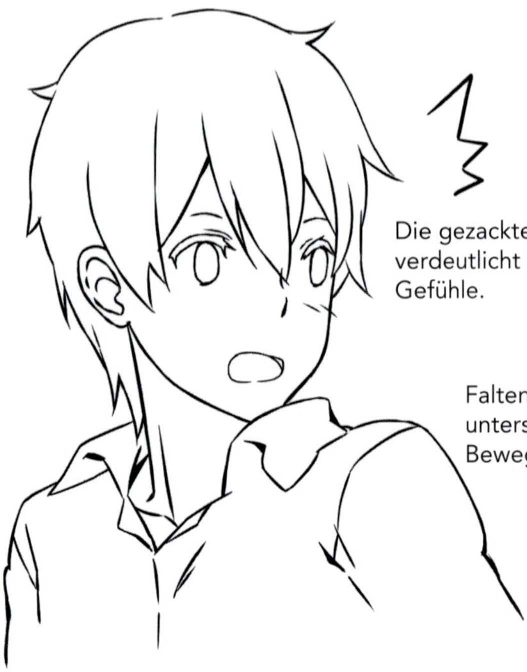

Die gezackte Linie verdeutlicht seine Gefühle.

Falten im Hemd unterstreichen die Bewegung.

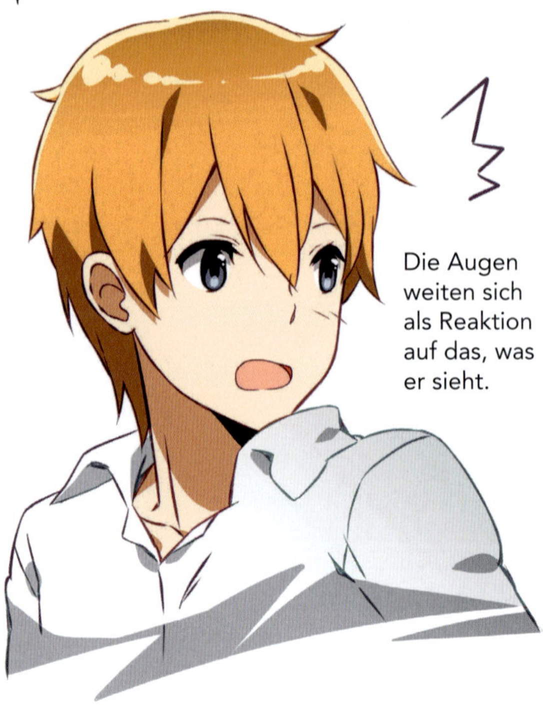

Die Augen weiten sich als Reaktion auf das, was er sieht.

Nachdenkliches Mädchen

#8

In der Schulzeit sind eine Menge Entscheidungen zu treffen. Lieber Pommes frites oder doch die leckeren Zwiebelringe? Ihr Blick sollte nach oben gerichtet sein, so als würde sie angestrengt nachdenken.

Mit Zeigefinger und Daumen umfasst sie ihr Kinn.

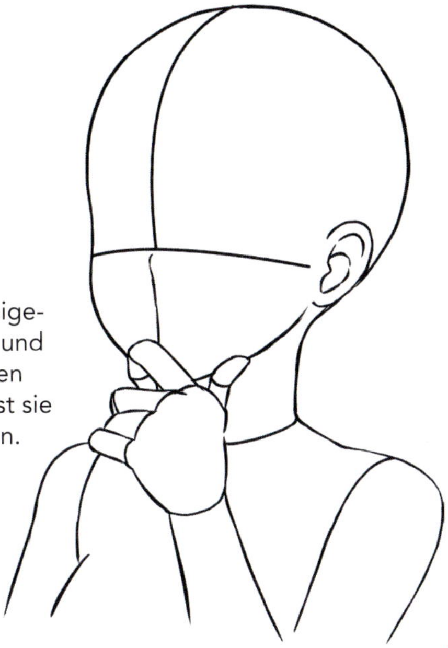

Die Wimpern weisen nach vorn.

Achte darauf, dass die Finger nicht den Mund verdecken.

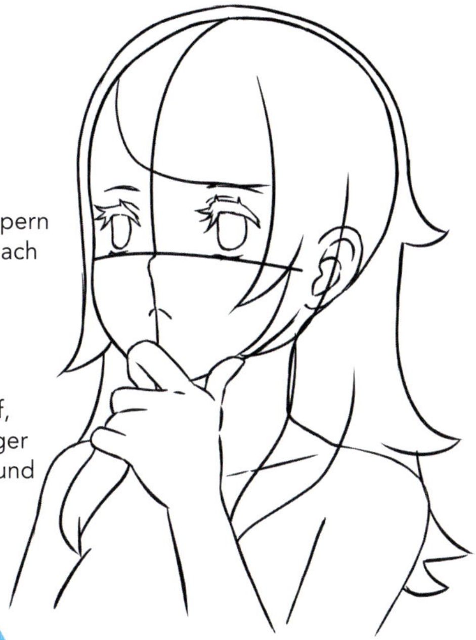

Deine eigene Variante
Ersetze die Punkte in der Denkblase und schreib ihre Gedanken hinein.

Eine feine Haarsträhne rahmt das Gesicht ein.

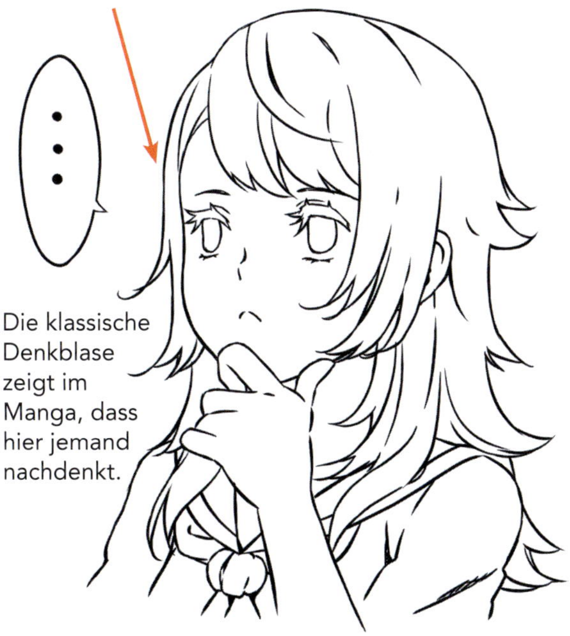

Die klassische Denkblase zeigt im Manga, dass hier jemand nachdenkt.

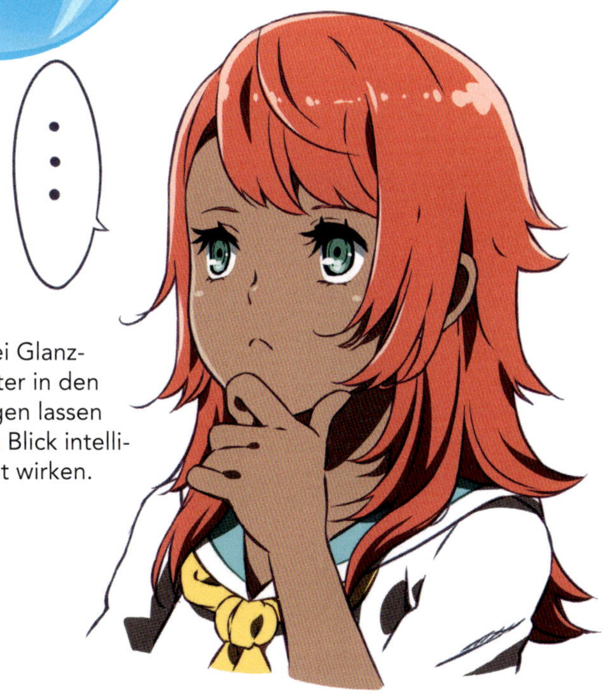

Zwei Glanzlichter in den Augen lassen den Blick intelligent wirken.

#9 Sensibles Mädchen

Die Kleine ist gerade zutiefst in ihren Gefühlen verletzt worden. Vielleicht hat sich irgendein fieses Mädchen über sie lustig gemacht? Wenn wir diese Idee weiterspinnen, würde das gemeine Mädchen vielleicht merken, was es da angerichtet hat, und sich entschuldigen. Und vielleicht, ganz vielleicht, könnten die beiden dann sogar Freundinnen werden.

Die Kopfform ist leicht rechteckig.

Die Hände hält sie dicht vor der Brust.

Die Arme sind kurz.

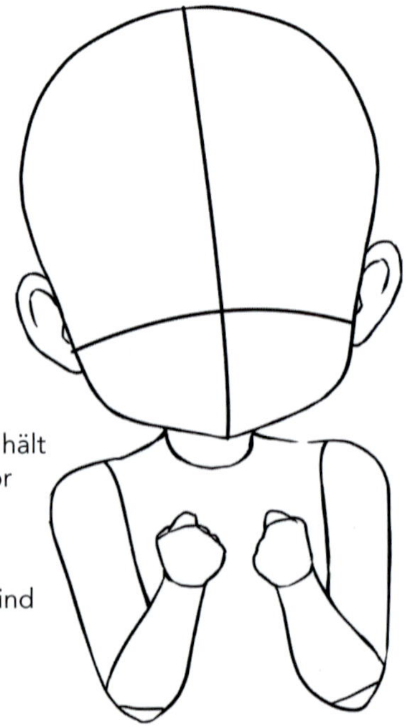

Die Augenbrauen sind nach oben geschwungen.

Der Mund ist sehr weit unten im Gesicht positioniert.

Der Hals ist kurz.

Die Hände sind zu kleinen Fäusten geballt.

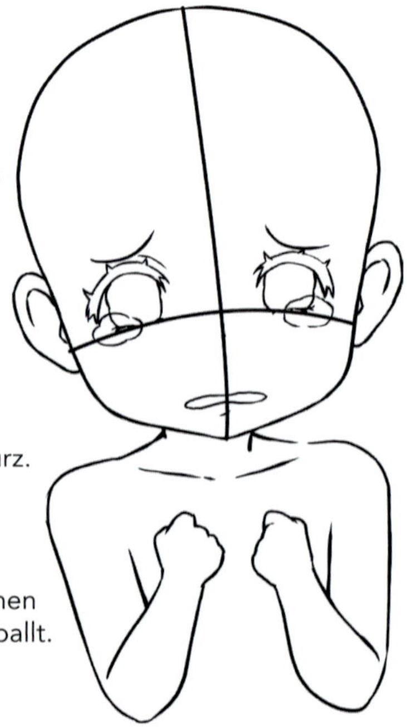

Die Haarknoten ragen weit über die Konturen des Kopfs hinaus.

Eine beliebte Technik: Mit kleinen parallelen diagonalen Strichen, den blush streaks, wird Erröten angedeutet.

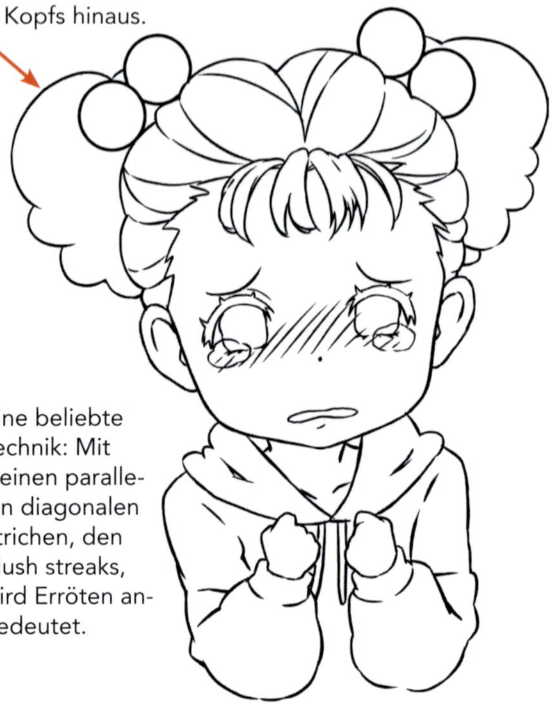

Wenn dicke Tränen kullern, geht es um große Emotionen.

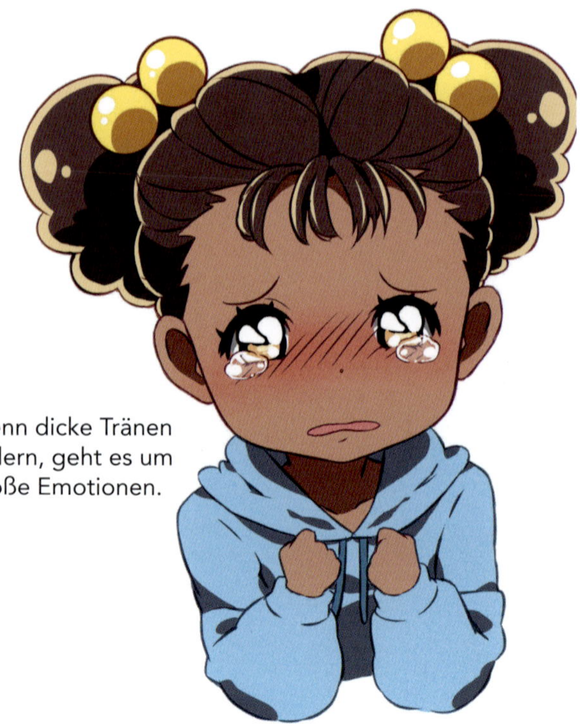

Einfühlsames Mädchen

#10

Wenn Charaktere emotional werden, erkennt man das an der Schulterhaltung. Sie drückt hier ein einziges „Awww!" aus.

Der große Kopf verjüngt sich nach unten hin.

Sie stützt den Kopf in die Hände, die Handgelenke sind dicht aneinander positioniert.

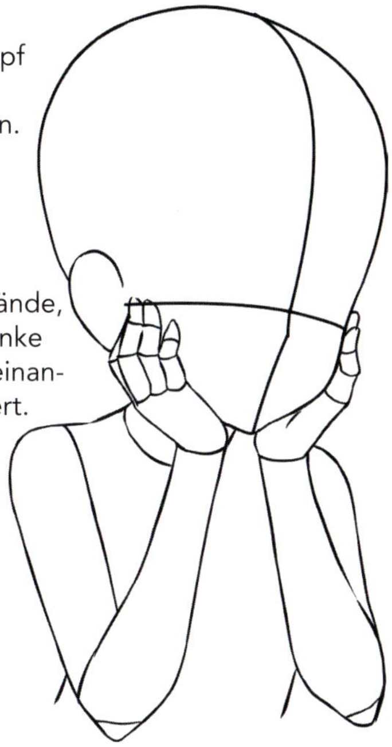

Die geschlossenen Augen haben einen dichten Wimpernkranz.

Die Rattenschwänze fallen an beiden Seiten des Kopfs bis auf die Schultern.

Der kleine Mund ist zu einem Lächeln geöffnet.

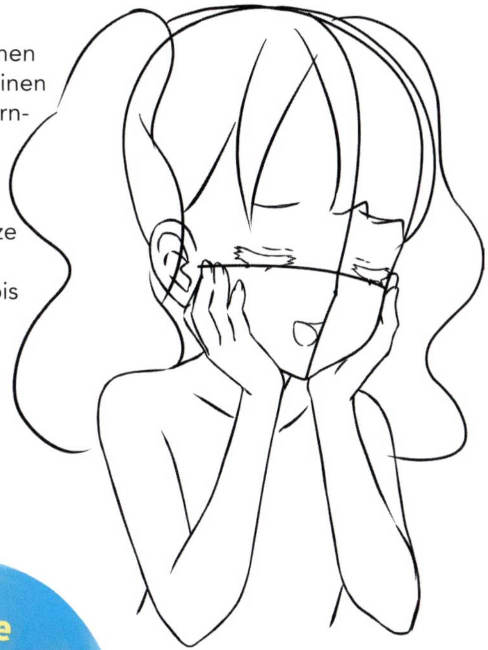

Deine eigene Variante

Ersetze das Herz in der Denkblase durch einen kleinen Monsterfreund, der sie ratlos betrachtet.

Nach oben geschwungene Augenbrauen lassen sich als einfühlsamer Gesichtsausdruck verstehen.

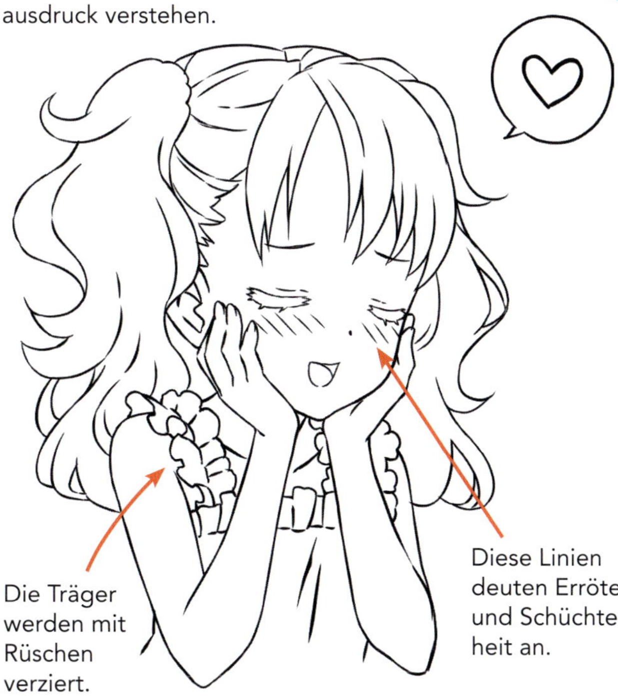

Die Träger werden mit Rüschen verziert.

Diese Linien deuten Erröten und Schüchternheit an.

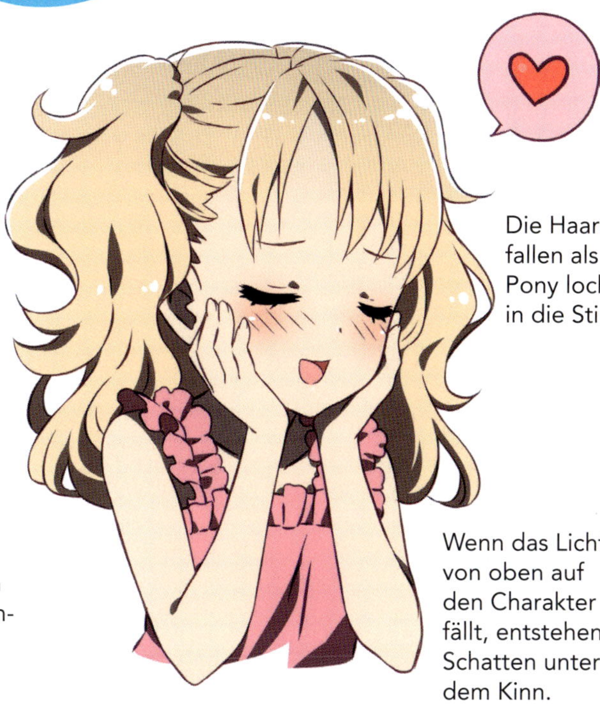

Die Haare fallen als Pony locker in die Stirn.

Wenn das Licht von oben auf den Charakter fällt, entstehen Schatten unter dem Kinn.

#11 Durch und durch negativer Charakter

Sie hasst die Band, die du magst, auch wenn sie sie noch nie gehört hat. Der Neue in der Klasse geht ihr auf die Nerven, obwohl sie ihn noch gar nicht kennt. Dieser negative Charakter hat zu allem eine vorgefasste Meinung, ist aber nicht neugierig.

Der Kopf ist nach links gewandt, der Körper ist in Vorderansicht gezeichnet.

Der in die Seite gestützte Arm lässt die Haltung trotzig wirken.

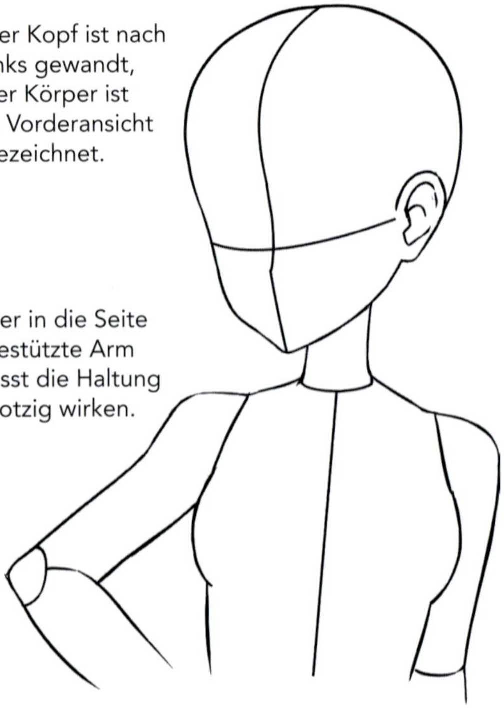

Die geraden Brauen weisen zur Nasenwurzel, die Augen sind klein.

Das wellige Haar lässt sie empört wirken.

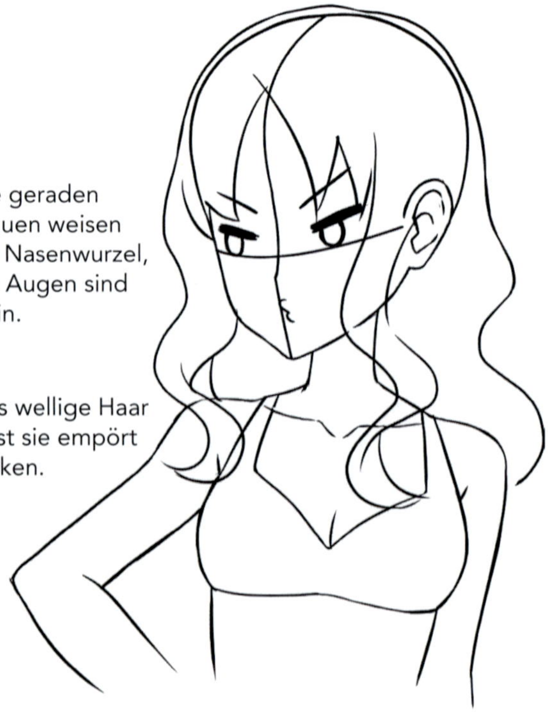

Dieser Effekt signalisiert, dass sie wütend ist.

Zeichne geschürzte Lippen.

Der Ellenbogen bildet einen spitzen Winkel, so als wolle sie jemanden damit stoßen.

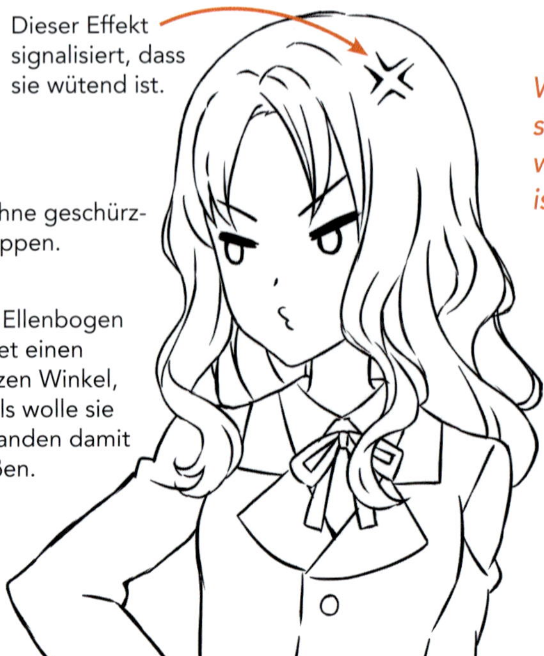

Was auch immer du sie gerade fragen wolltest, die Antwort ist NEIN!

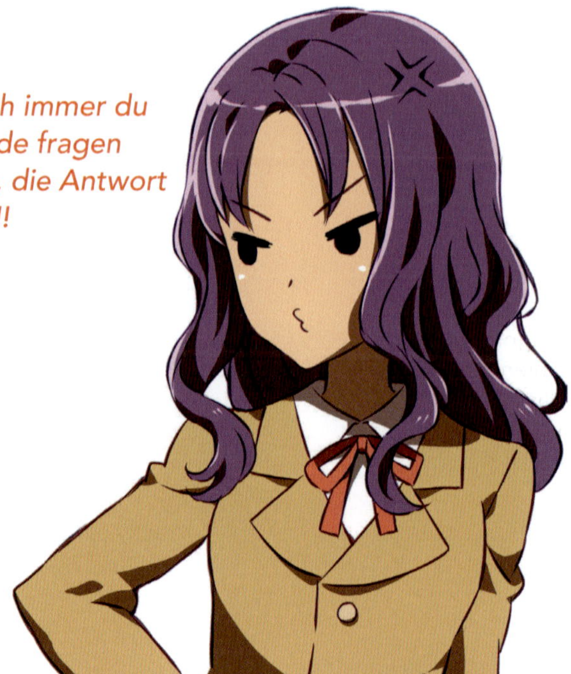

Kichernder Junge

#12

Dass sich jemand am Hinterkopf kratzt, ist bei Manga-Charakteren häufig zu beobachten. Du solltest die Pose unbedingt in dein Repertoire aufnehmen.

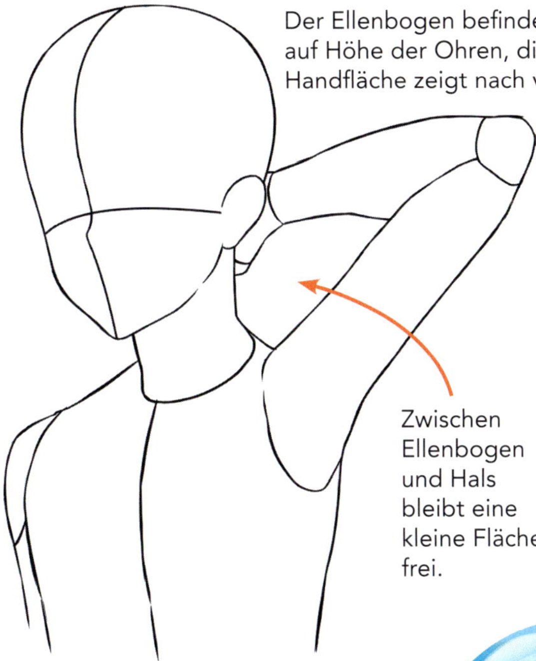

Der Ellenbogen befindet sich auf Höhe der Ohren, die Handfläche zeigt nach vorn.

Zwischen Ellenbogen und Hals bleibt eine kleine Fläche frei.

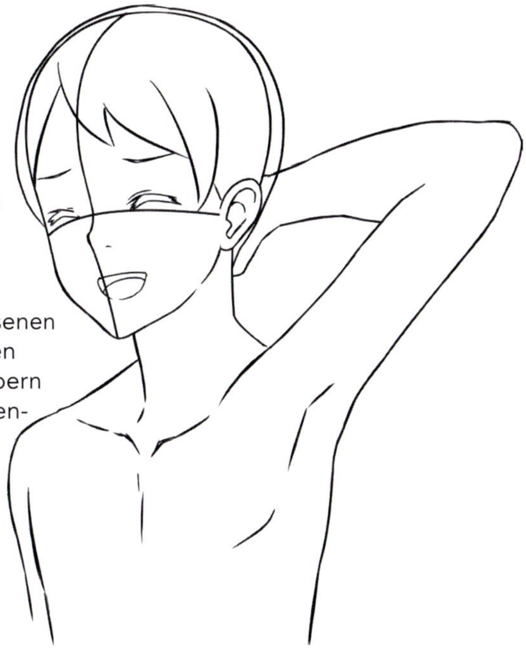

Nach oben gezogene Augenbrauen signalisieren Unsicherheit.

Die geschlossenen Augen mit den dichten Wimpern sind zusammengekniffen.

Deine eigene Variante
Setz ihm eine dicke Brille auf, dann wirkt er introvertiert.

Die abstehenden Haare lassen ihn aufgeregt wirken.

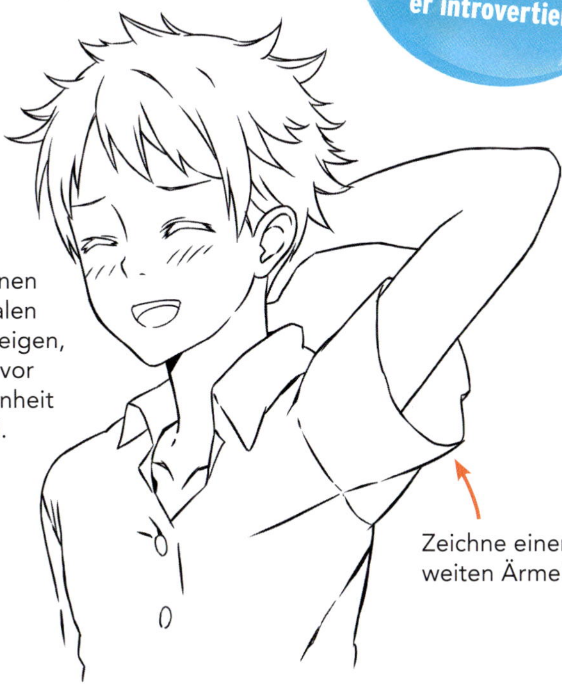

Die kleinen diagonalen Linien zeigen, dass er vor Verlegenheit rot wird.

Zeichne einen weiten Ärmel.

Auch so kann man Augenkontakt vermeiden: einfach die Augen zumachen!

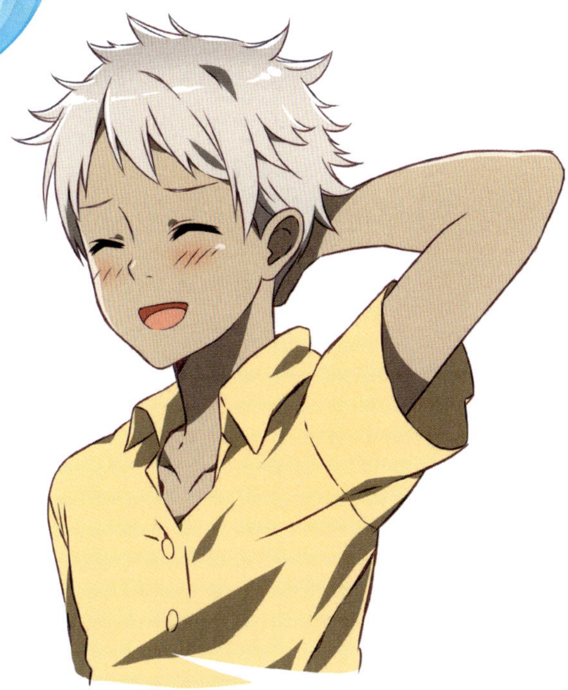

#13 Social-Media-Expertin

Mit unglaublicher Konzentration kann diese Schülerin eine Textnachricht in weniger als drei Sekunden beantworten. Bei ihrer Freundin ist es nicht anders. Sie können einander tagelang schreiben, bis sie einen Krampf in den Händen bekommen. Wenn jetzt nicht der Unterricht beginnen würde, könnten sie glatt an Erschöpfung sterben!

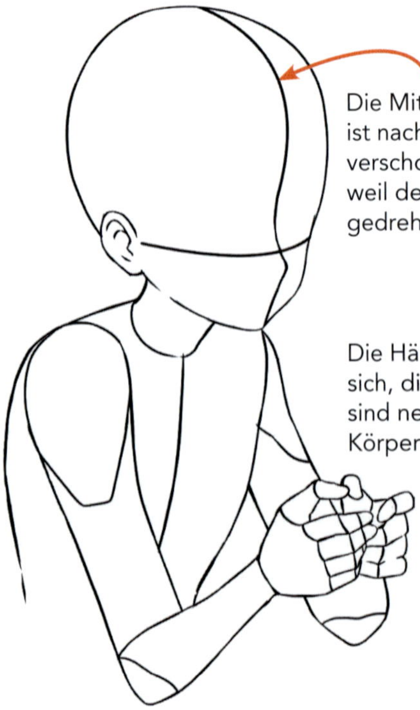

Die Mittellinie ist nach rechts verschoben, weil der Kopf gedreht ist.

Die Hände berühren sich, die Ellenbogen sind neben dem Körper angewinkelt.

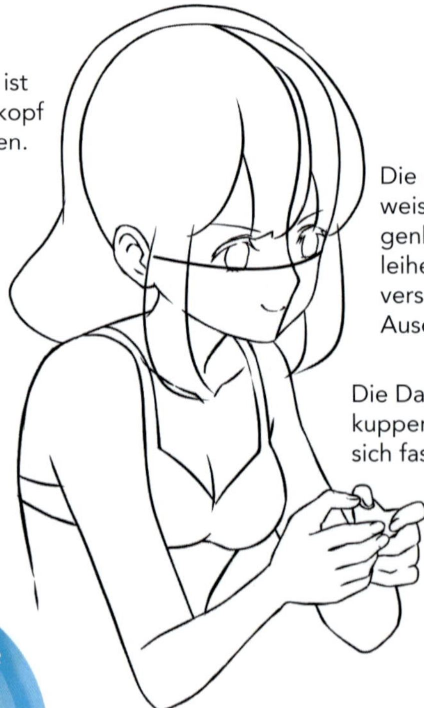

Das Haar ist am Oberkopf am vollsten.

Die nach unten weisenden Augenbrauen verleihen ihr einen verschmitzten Ausdruck.

Die Daumenkuppen berühren sich fast.

Deine eigene Variante

Mit einer Sprechblase kannst du zeigen, was sie gerade schreibt.

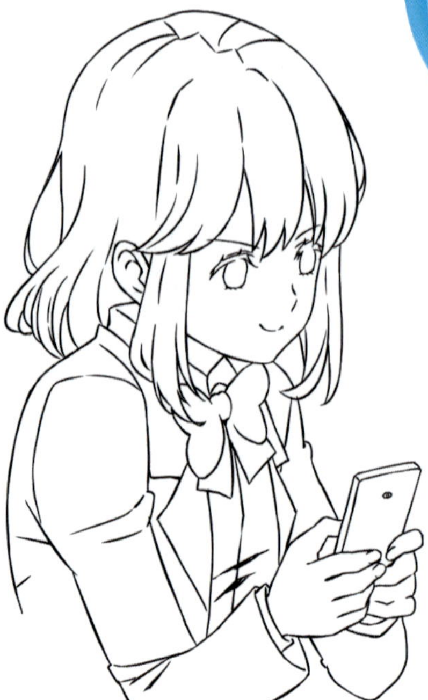

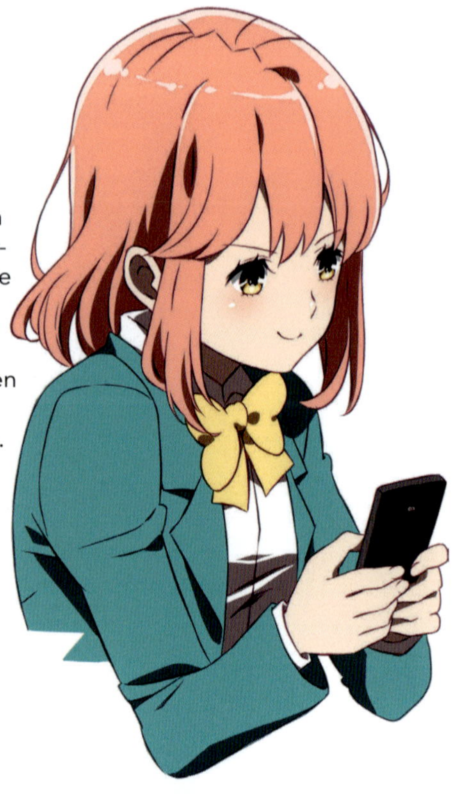

An den Seiten fällt eine Haarsträhne vor die Ohren.

Die hochgezogenen Schultern zeigen ihre Konzentration.

Der Hitzkopf

#14

Was auch immer er da gerade gehört hat, es ist keine gute Nachricht. Vielleicht hat seine Freundin einen anderen? Leider ist es noch viel schlimmer: Ein Freund hat sich seine Spielkonsole ausgeborgt und sie kaputt gemacht!

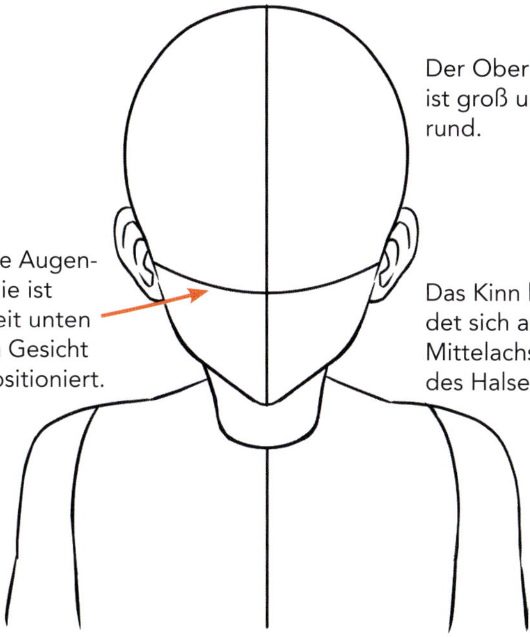

Der Oberkopf ist groß und rund.

Die Augenlinie ist weit unten im Gesicht positioniert.

Das Kinn befindet sich auf der Mittelachse des Halses.

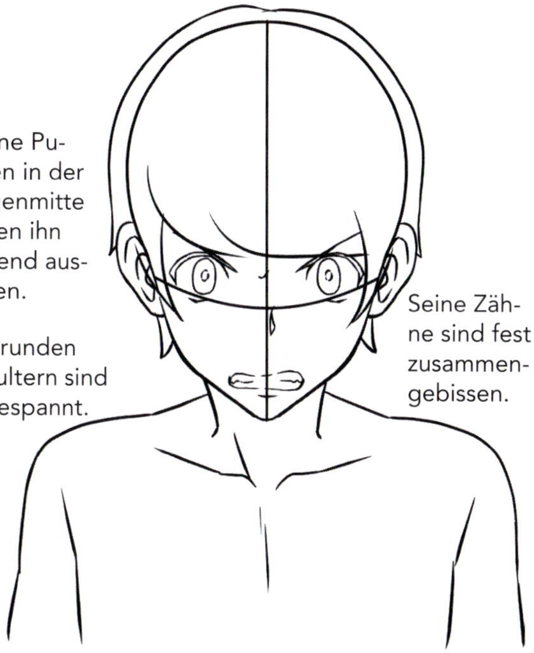

Kleine Pupillen in der Augenmitte lassen ihn wütend aussehen.

Die runden Schultern sind angespannt.

Seine Zähne sind fest zusammengebissen.

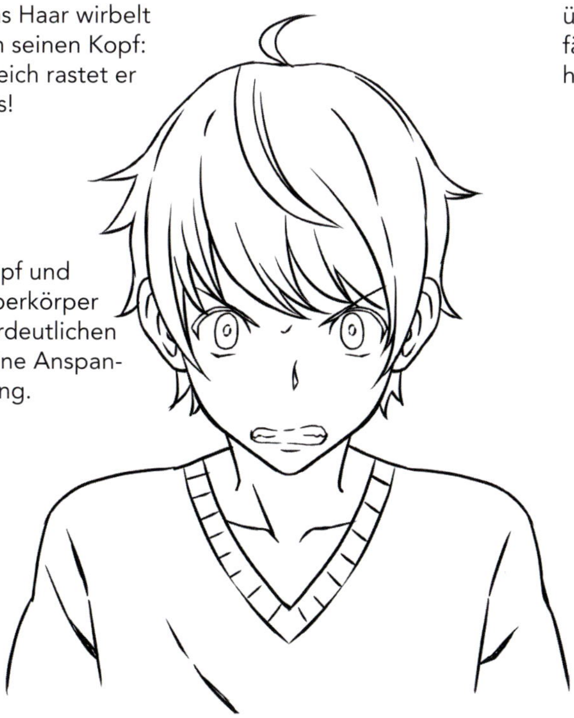

Das Haar wirbelt um seinen Kopf: Gleich rastet er aus!

Kopf und Oberkörper verdeutlichen seine Anspannung.

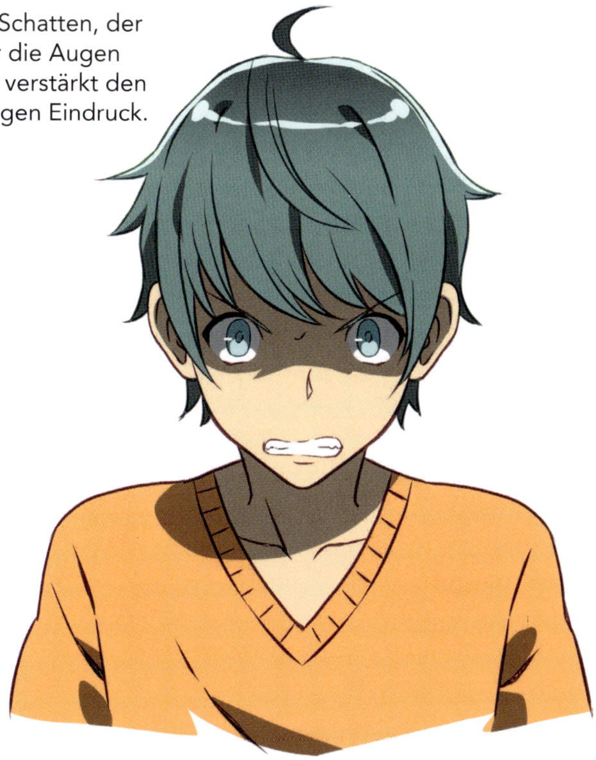

Der Schatten, der über die Augen fällt, verstärkt den heftigen Eindruck.

#15 Den Manga-Körper Schritt für Schritt aufbauen

Die nächsten Seiten sollen dir helfen, wenn du beim Zeichnen eines Charakters einmal nicht weiterkommst.

Der Oberkörper

Stell dir den Oberkörper vor, als sei er aus verschiedenen Einzelteilen zusammengesteckt.

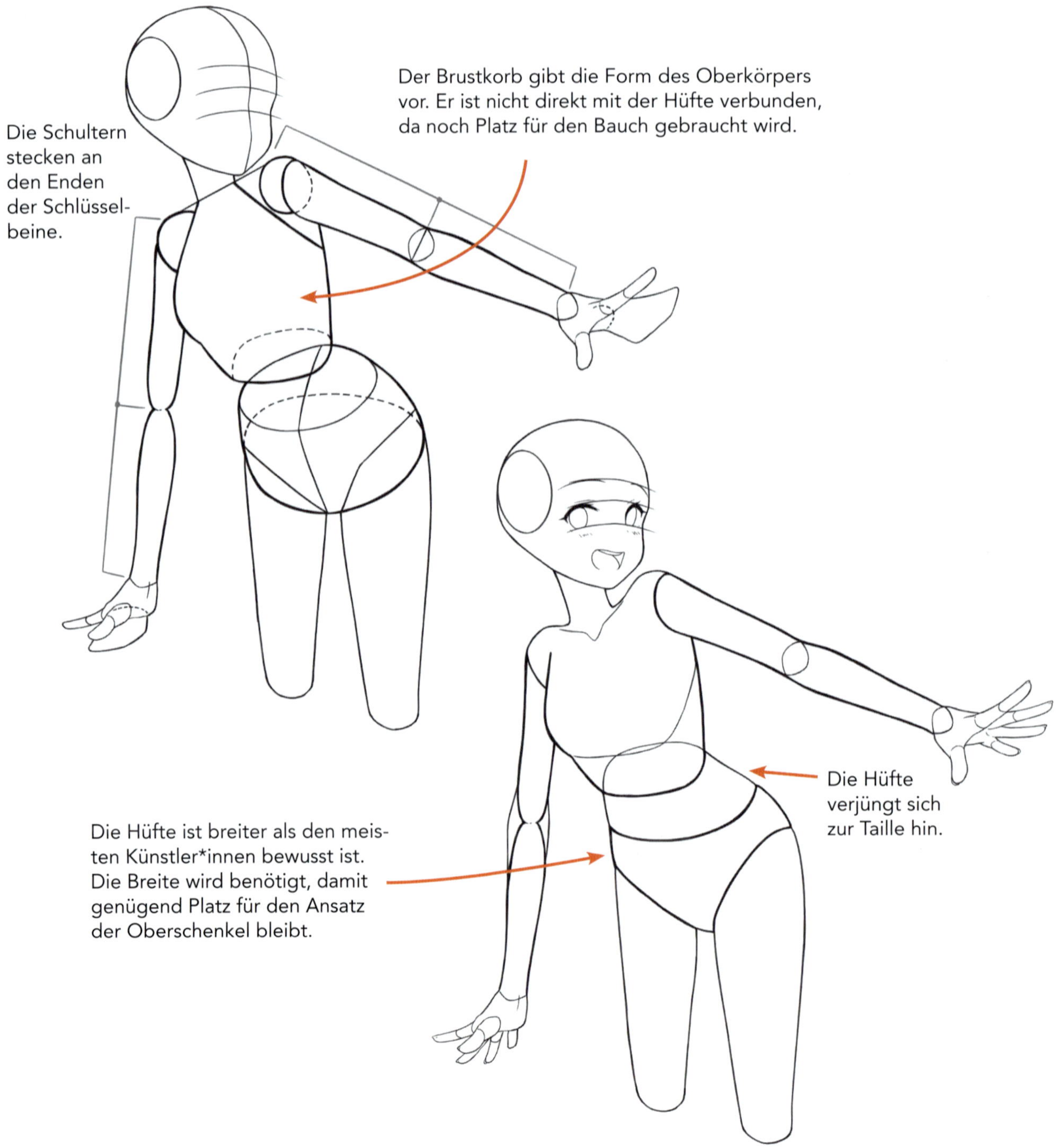

Wenn der Körper zusammengesetzt ist, kannst du dich der Frisur zuwenden.

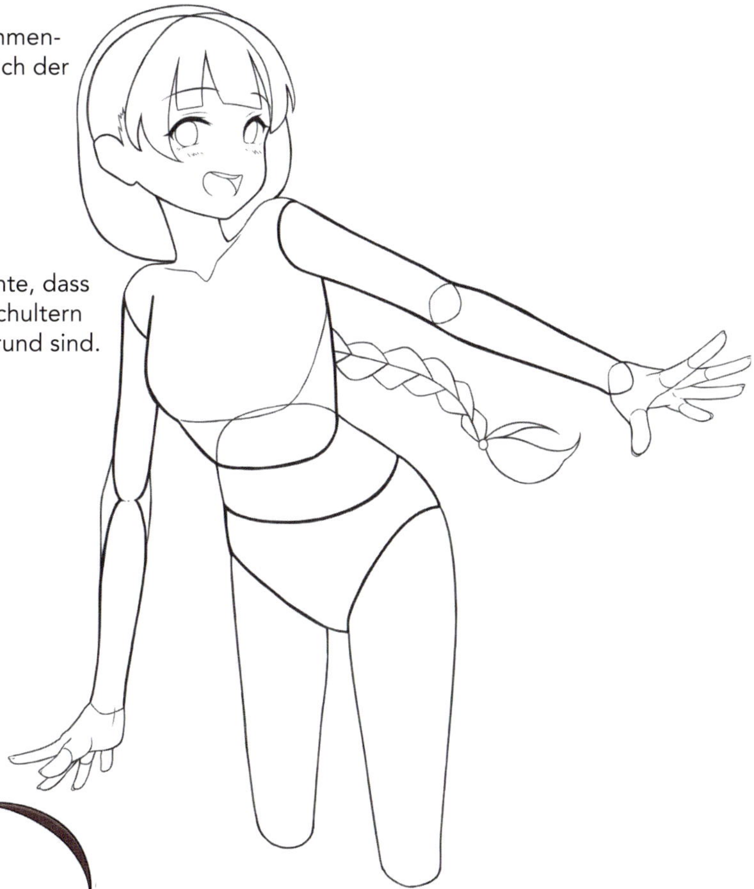

Beachte, dass die Schultern sehr rund sind.

TIPP
Vor allem der Bauchbereich ermöglicht die Beweglichkeit des Körpers.

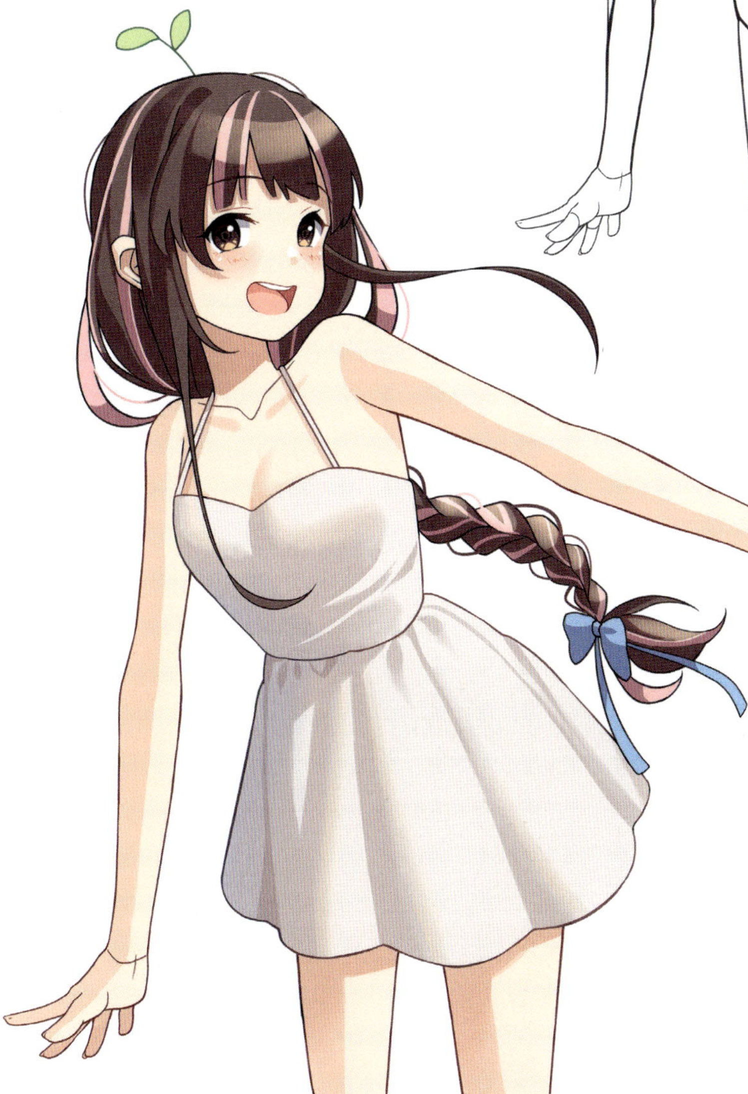

Die fertige Zeichnung wirkt mühelos – was den vielen vorangegangenen Schritten zu verdanken ist.

#16 Arme und Beine

Wenn die Arme und die Beine nicht richtig mit dem Körper verbunden sind, könnte die ganz Figur etwas hölzern wirken. Aber an sich lässt sich das ganz leicht bewerkstelligen: Sehen wir es uns einmal an!

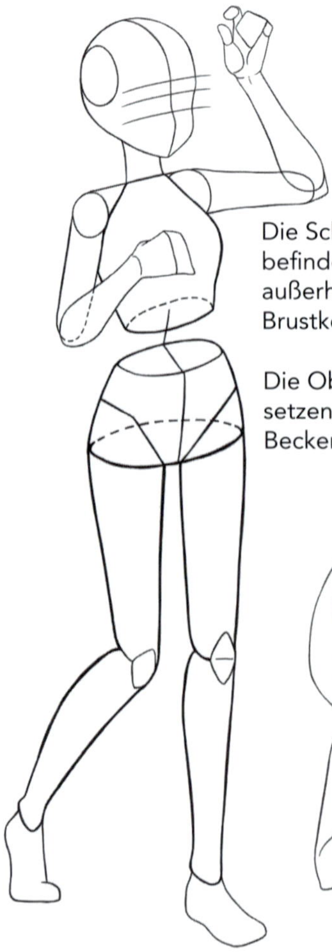

Die Schultern befinden sich außerhalb des Brustkorbs.

Die Oberschenkel setzen am unteren Beckenbereich an.

Die Schlüsselbeine zeigen die Basis, auf der der Hals sitzt.

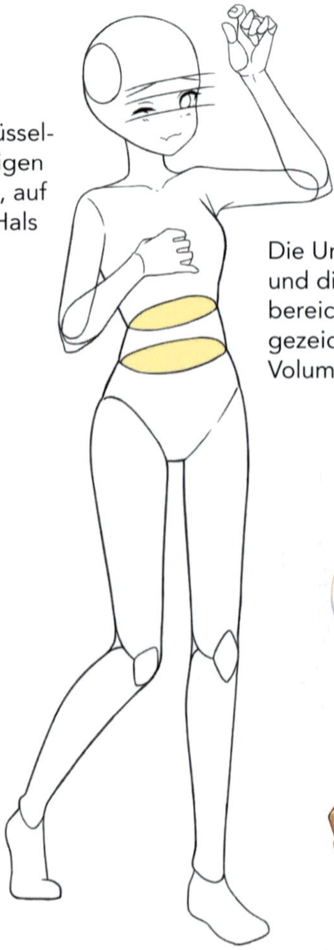

Die Unterseite des Brustkorbs und die Oberseite des Beckenbereichs werden als Ovale gezeichnet, die dem Körper Volumen verleihen.

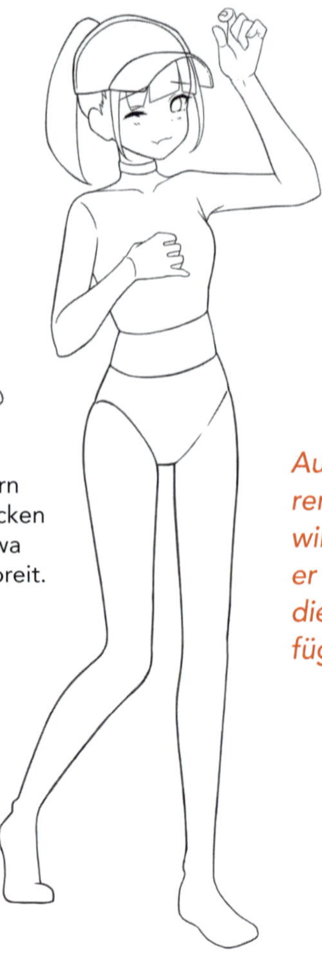

Schultern und Becken sind etwa gleich breit.

Auch wenn das Mädchen mehrere Schichten Kleidung trägt, wirkt der Körper stimmig, weil er auf Komponenten aufbaut, die mit System zusammengefügt wurden.

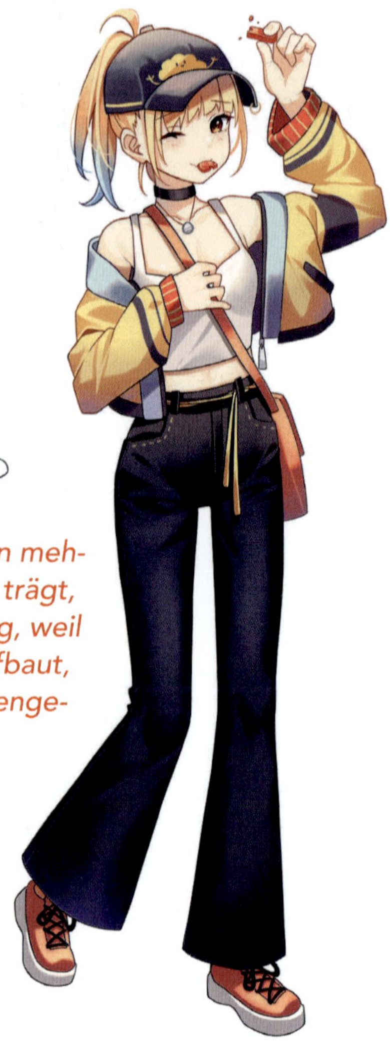

Ein paar verschiedene Körpertypen

#17

Betrachten wir unterschiedliche Charaktertypen und sehen uns an, welchen Einfluss ihre Posen auf die jeweilige Persönlichkeit haben.

Selbstbewusstes Mädchen

Dieser Charakter ist eine Schlüsselfigur im Manga. Ihr Körper ist kompakt, die Beine sind im Verhältnis dazu lang. Sie hat eine schmale Taille und breite Schultern, die sie stark wirken lassen.

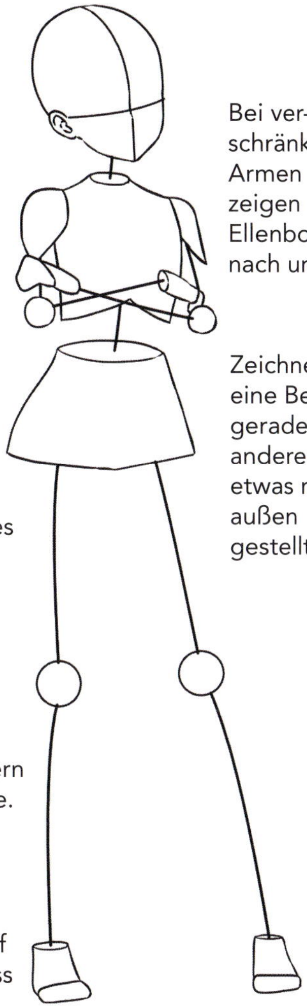

Bei verschränkten Armen zeigen die Ellenbogen nach unten.

Zeichne das eine Bein gerade, das andere wird etwas nach außen gestellt.

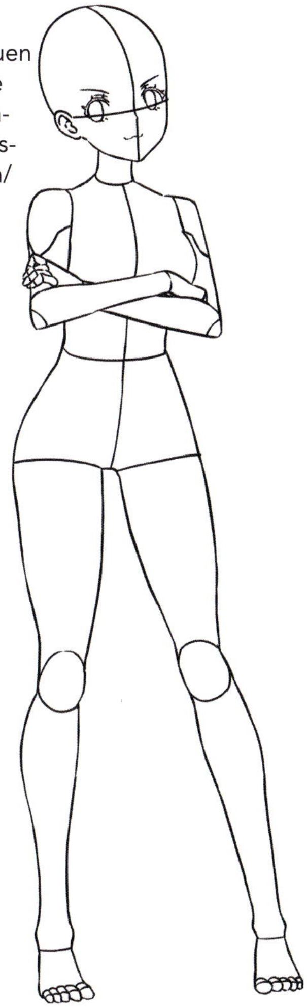

Die Augen schauen zur Seite, um die Haltung des Charakters ausdrucksvoller zu machen/zu betonen.

Zeichne jetzt die Hüften und die Beine, um ihr festen Stand zu geben.

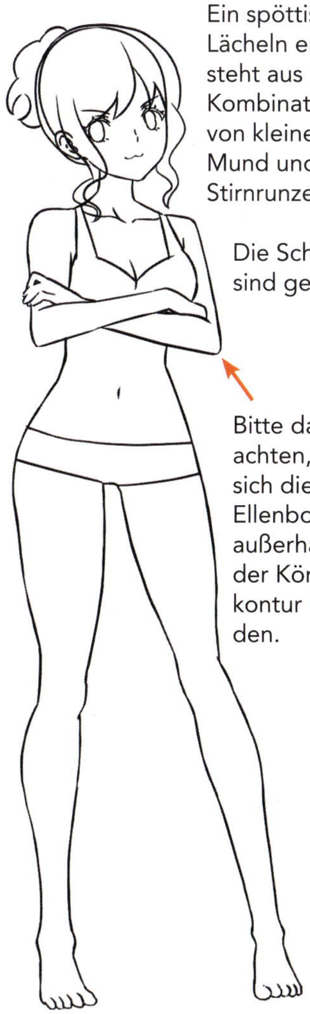

Ein spöttisches Lächeln entsteht aus der Kombination von kleinem Mund und Stirnrunzeln.

Die Schultern sind gerade.

Bitte darauf achten, dass sich die Ellenbogen außerhalb der Körperkontur befinden.

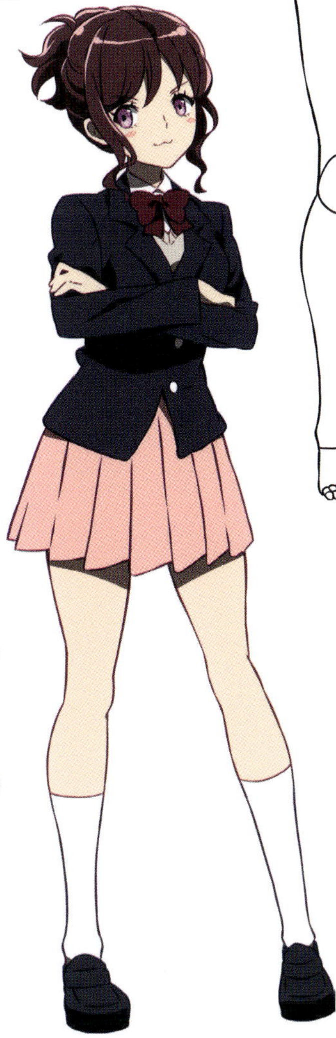

TIPP
Bei langen Beinen ist das Becken meist ein wenig zur Seite gedreht.

#18 Junge Frau unterwegs

Sie könnte eine College-Studentin sein, jedenfalls eine Frau Anfang zwanzig. Die Körpermitte ist langgestreckt, der Bereich zwischen Brustkorb und Becken verlängert.

TIPP
Der Abstand Scheitel bis zum Schritt entspricht der Beinlänge.

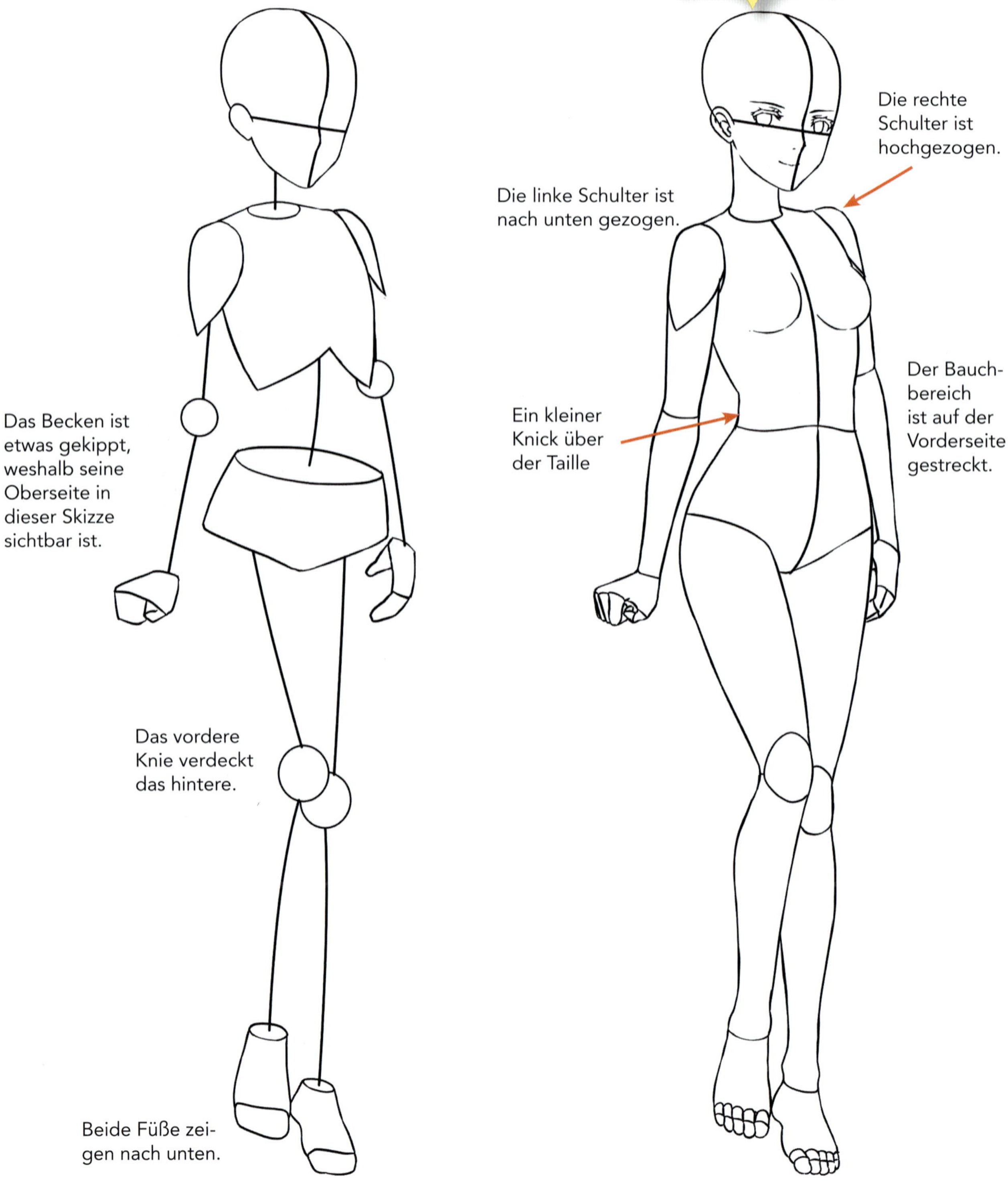

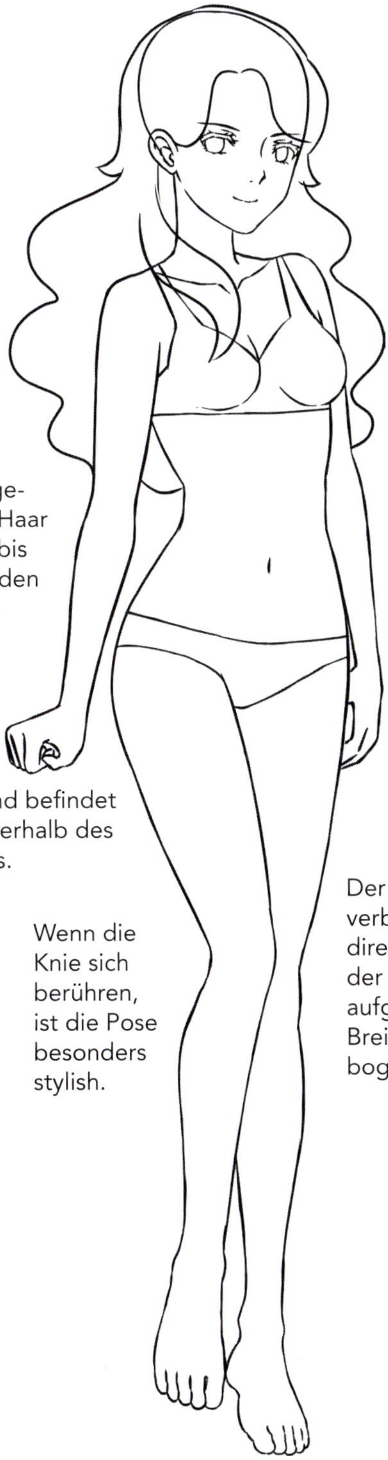

Üppig gewelltes Haar fällt ihr bis tief auf den Rücken.

Die Hand befindet sich unterhalb des Beckens.

Wenn die Knie sich berühren, ist die Pose besonders stylish.

Der Unterarm verbreitert sich direkt unterhalb der Armbeuge aufgrund der Breite des Ellenbogengelenks.

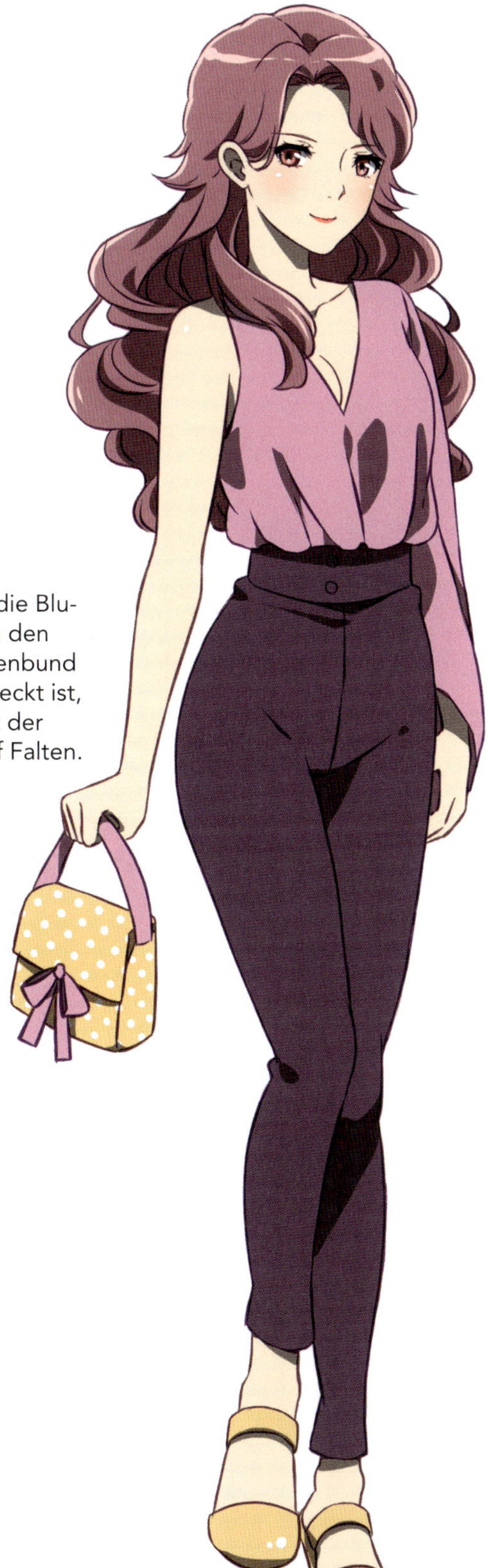

Wo die Bluse in den Hosenbund gesteckt ist, wirft der Stoff Falten.

#19 Der sanfte Typ

Dieser schüchterne Charakter hat einen zarten Körperbau mit hängenden Schultern und einem schmalen Brustkorb. Irgendwie ist er ein Empathiker – er hat die Fähigkeit, die Emotionen anderer Menschen zu fühlen. Bei den Mädchen in seiner Klasse weckt er einen Beschützerinstinkt und erhält ihre ganze Aufmerksamkeit.

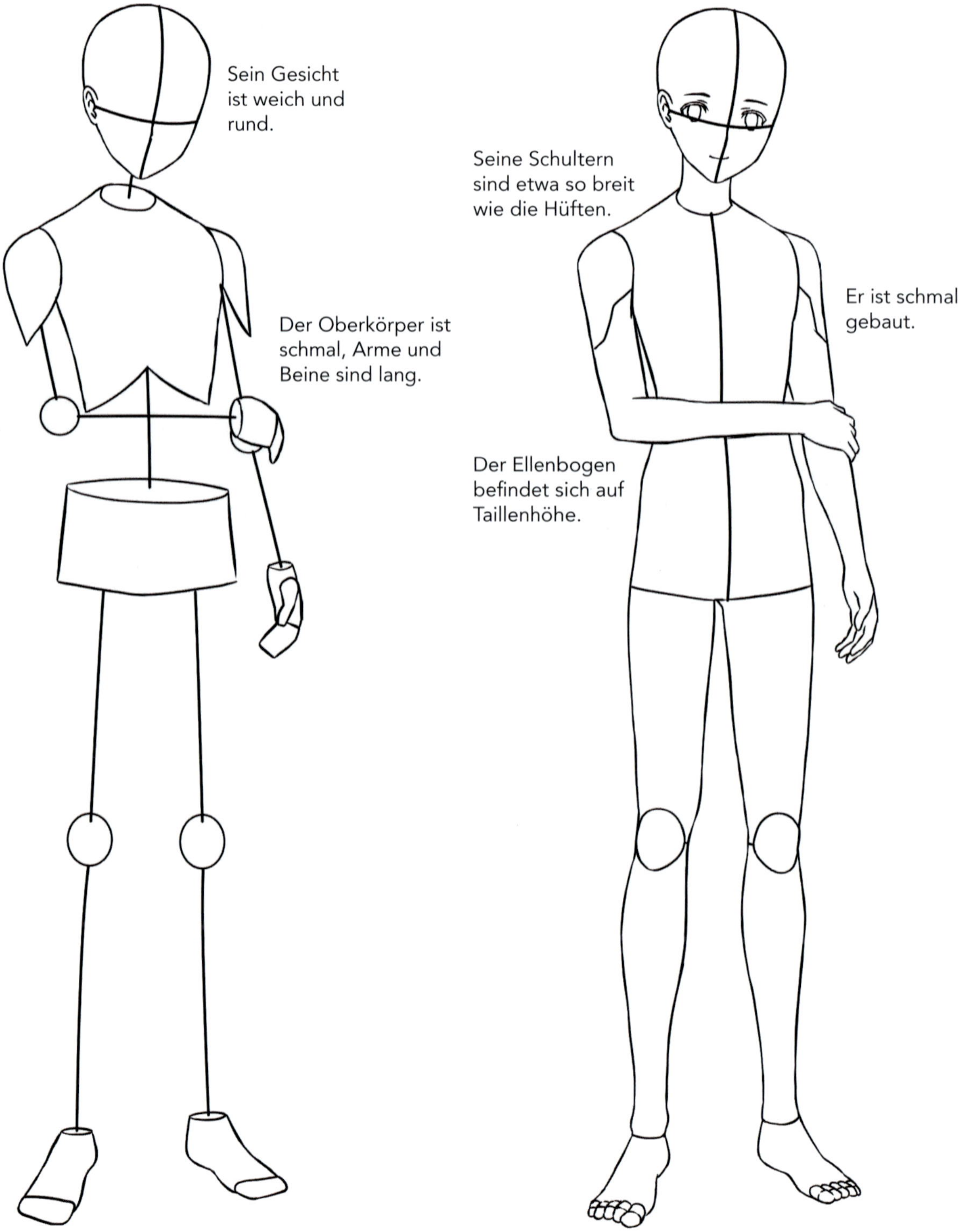

Die Haare fallen locker ins Gesicht.

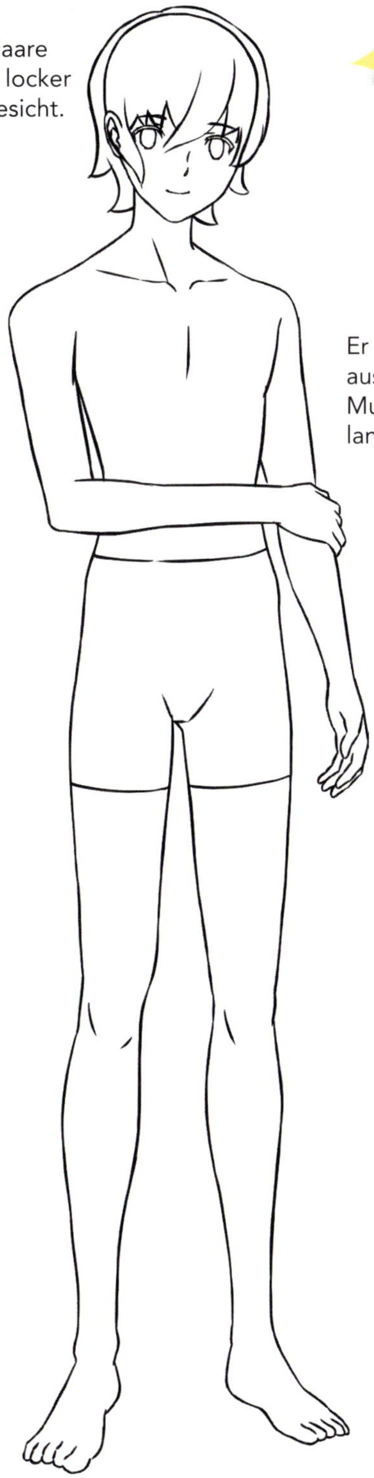

Er besitzt keine ausgeprägte Muskulatur, aber lange Gliedmaßen.

TIPP
Seine Kleidung ist ihm etwas zu groß und schlägt Falten, das lässt ihn verletzlich wirken.

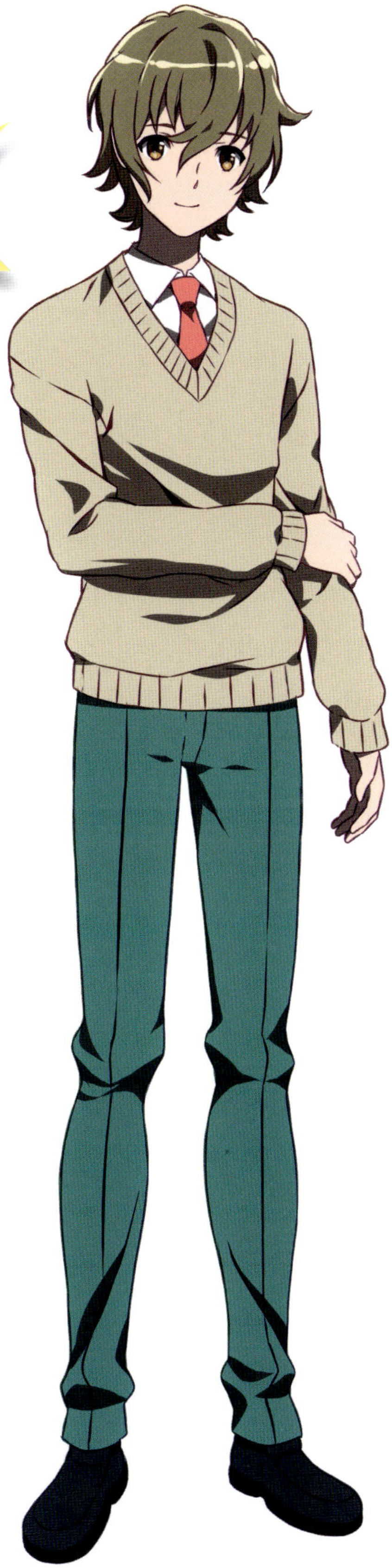

#20 Lässig und cool

In seinem Leben dreht sich alles um Musik und um seine Band. Bisher ist es noch eine One-Man-Band, sie hat aber schon einen Namen: die Zwitschernden Seeteufel … aber dabei muss es nicht unbedingt bleiben.

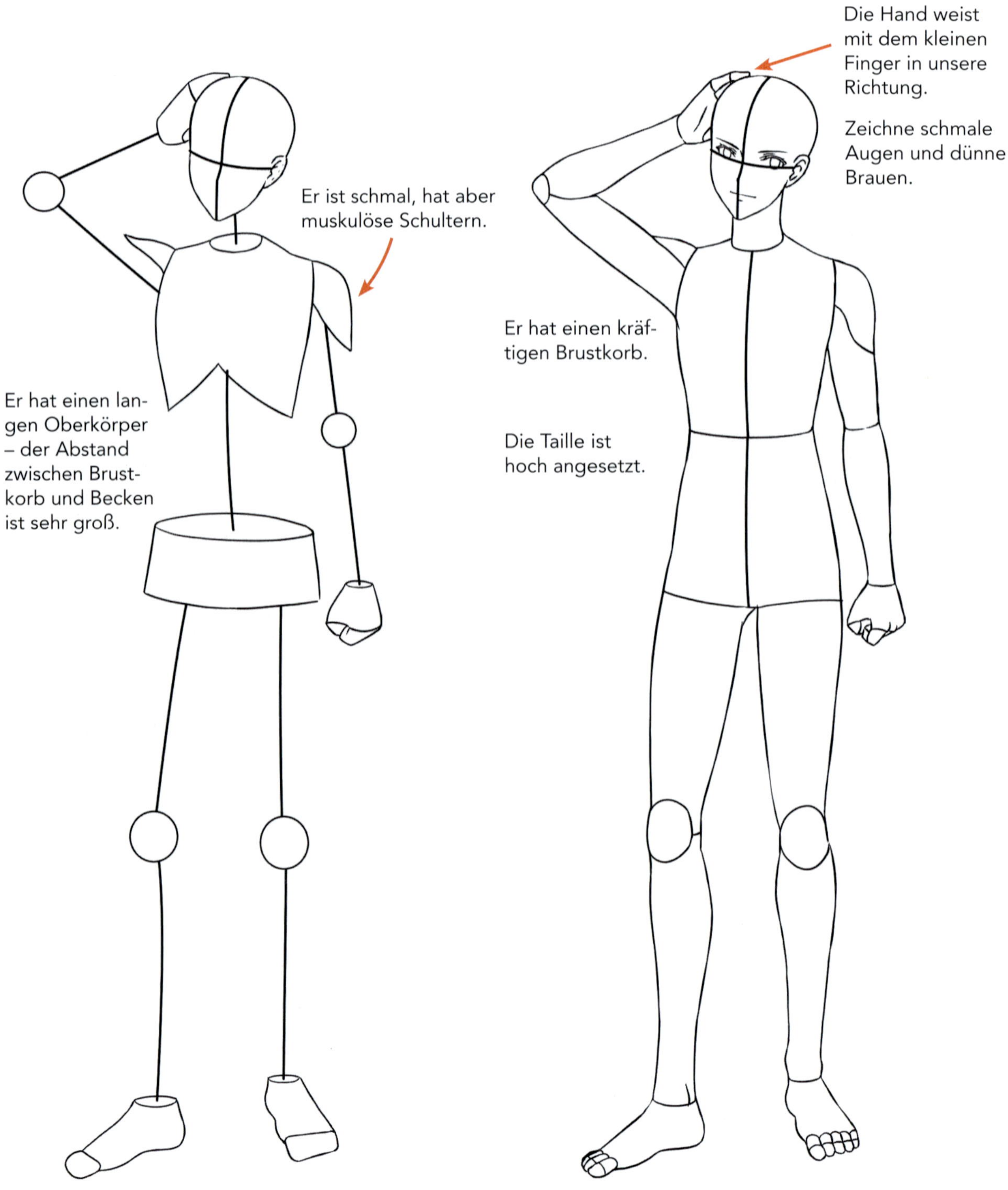

Ob er die Gitarre nur mitnimmt, weil er sich besonders cool damit vorkommt? Ich kann dir zumindest versichern: Wer eine Tuba mit sich herumschleppt, der kann sie auch spielen.

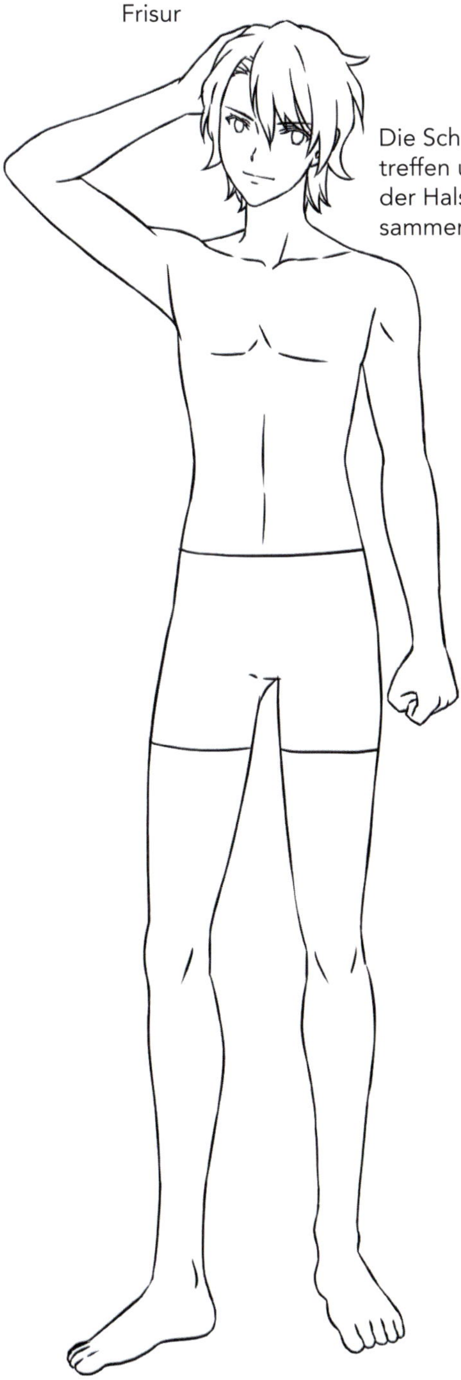

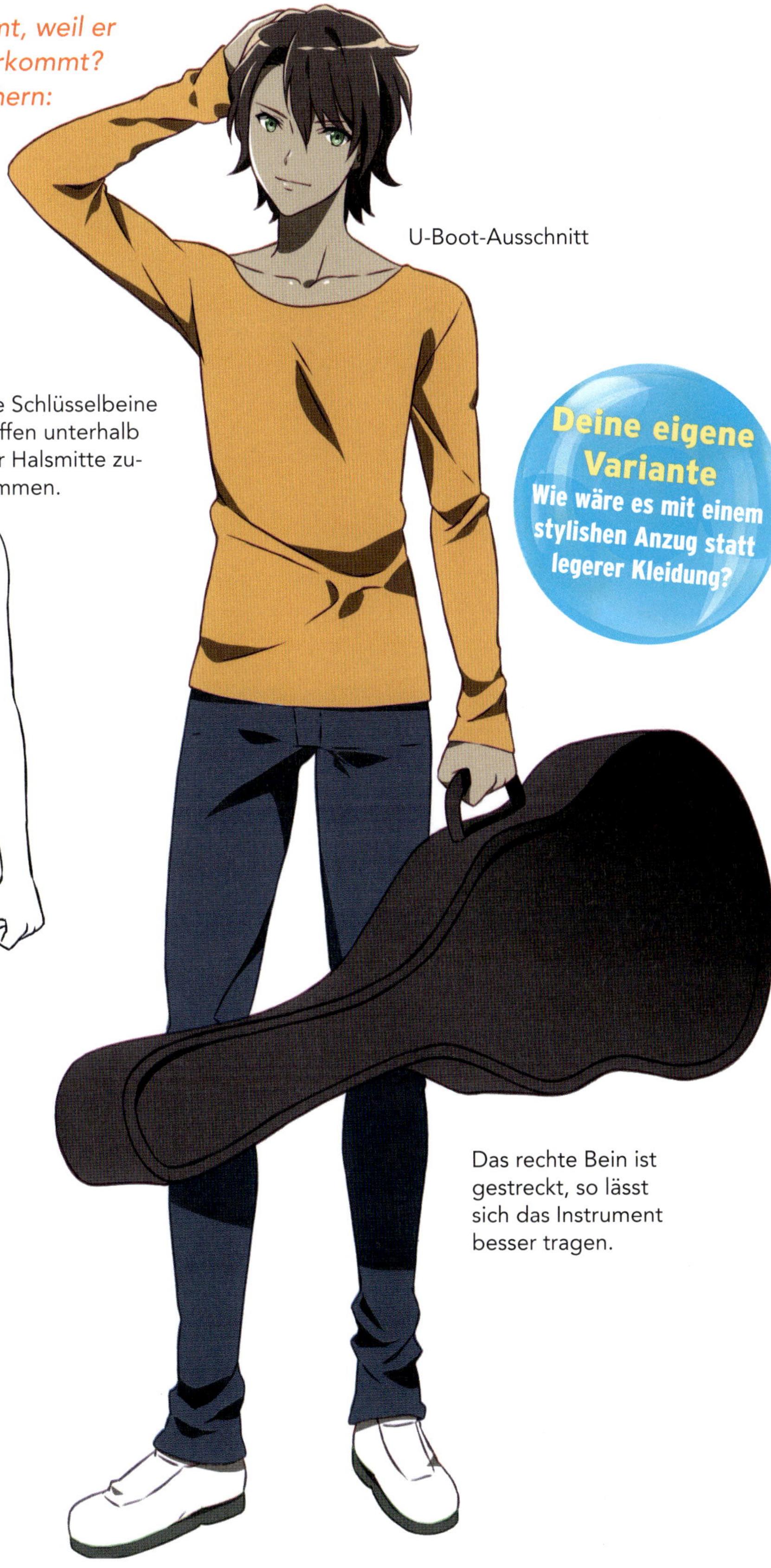

Deine eigene Variante

Wie wäre es mit einem stylishen Anzug statt legerer Kleidung?

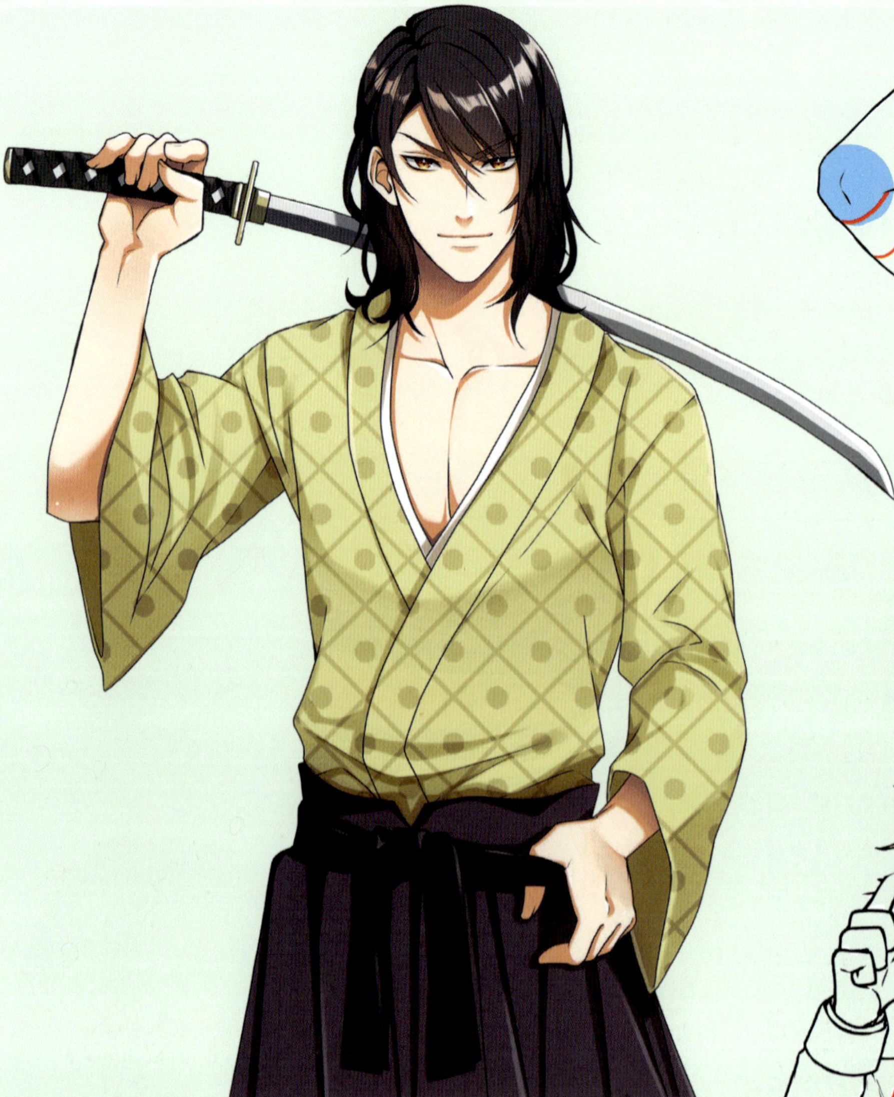

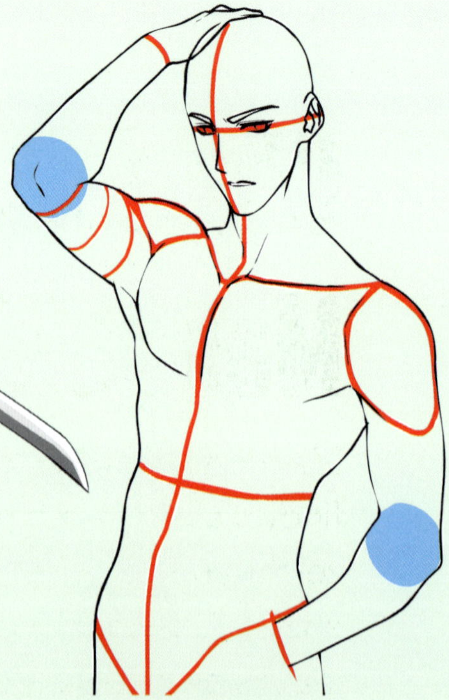

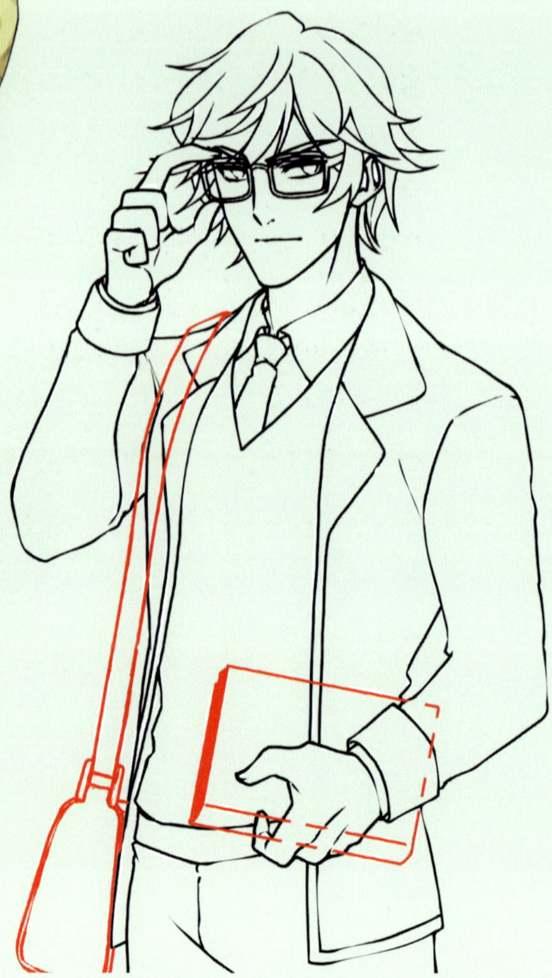

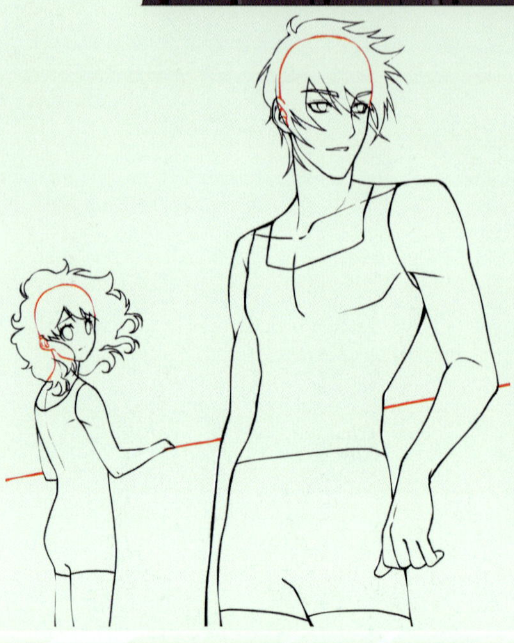

Charismatische Manga-Jungen

Manche aufstrebenden Mangaka finden es schwierig, Jungen zu zeichnen. Das könnte vielleicht an der Gesichtsform liegen. Das idealisierte Gesicht eines Manga-Jungen ist im Allgemeinen hager mit einer langen schmalen Kinnpartie. Die Augen sind eher länglich als rund. Das macht die typischen Merkmale von Manga-Jungen aus. In diesem Kapitel bekommst du die Tipps, die dir helfen, dynamische männliche Charaktere zu zeichnen.

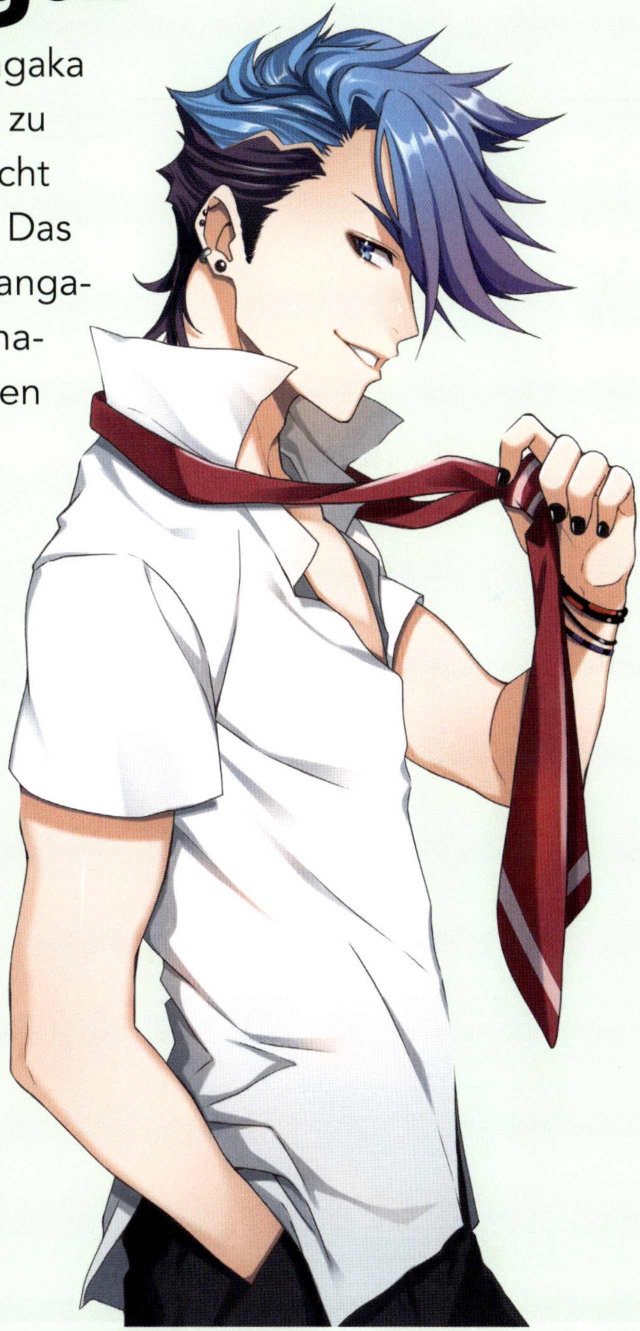

#21 Schmeichler

Dieser aalglatte Typ ist ein guter Zuhörer und vergisst nie einen eurer gemeinsamen Jahrestage, zum Beispiel das erste Mal, an dem ihr euch eine Tüte Chips geteilt habt. Was für ein unvergesslicher Augenblick! Allerdings hält deine Mutter (zu Recht) nicht viel von ihm.

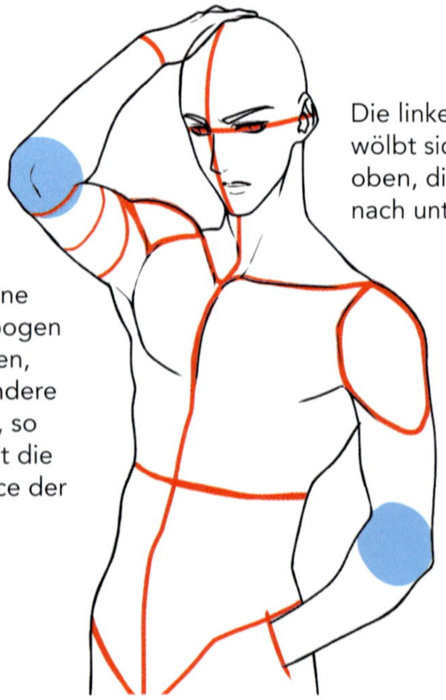

Die linke Schulter wölbt sich nach oben, die rechte fällt nach unten ab.

Der eine Ellenbogen ist oben, der andere unten, so stimmt die Balance der Pose.

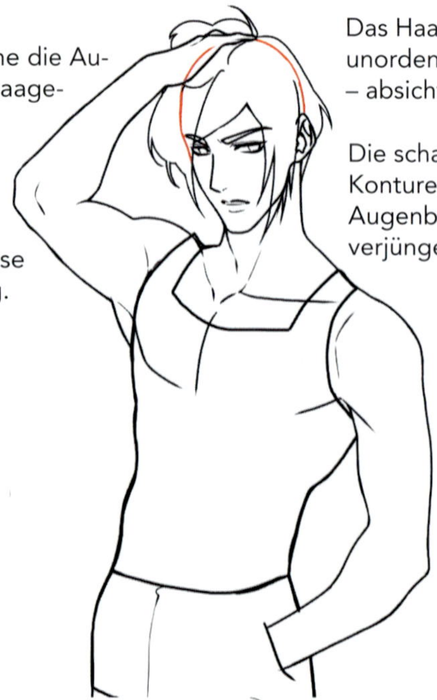

Zeichne die Augen waagerecht.

Das Haar ist unordentlich – absichtlich.

Die scharfen Konturen der Augenbrauen verjüngen sich.

Die Nase ist lang.

Alles an ihm ist locker und lässig, vom Haar über die Krawatte bis hin zum Jackett.

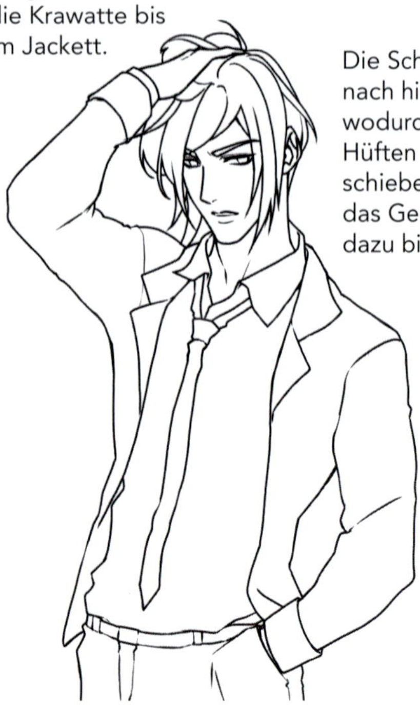

Die Schultern sind nach hinten gezogen, wodurch sich die Hüften nach vorn schieben und so das Gegengewicht dazu bilden.

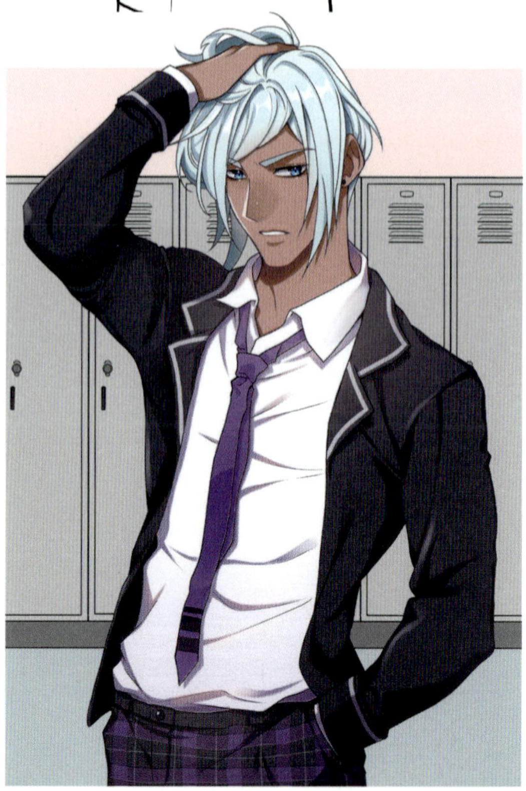

Verantwortungsloser Typ

#22

Dieser Typ gibt seine Hausaufgaben niemals pünktlich ab. Meistens findet er sogar jemanden, der die Aufgaben für ihn macht. Aber sein Haarschnitt ist immer stylish und das Haar absolut super gefärbt.

Aus diesem Blickwinkel gesehen ist der Hals sehr breit.

Die linke Schulter ist nach unten gezogen.

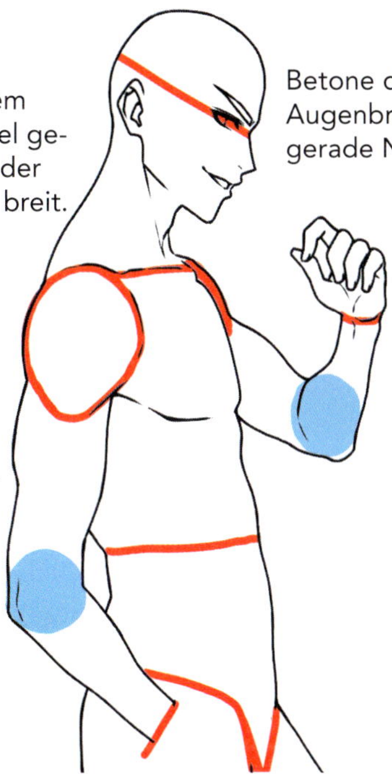

Betone die schmale Augenbraue und die gerade Nase.

Das Haar fällt mit ausgeprägter Zackenkontur in die Stirn.

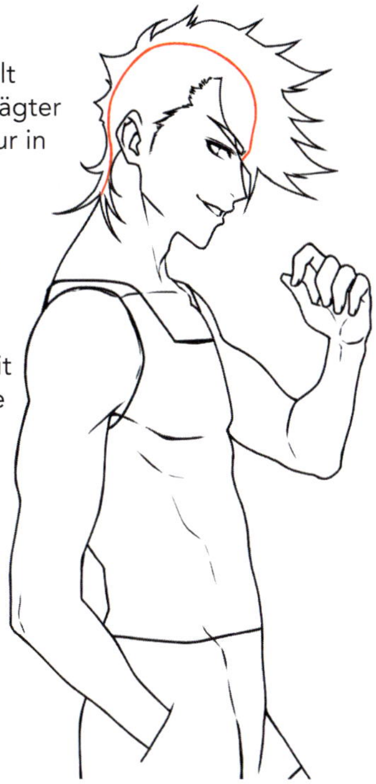

Er lehnt sich etwas nach hinten und betont damit seine lässige Haltung.

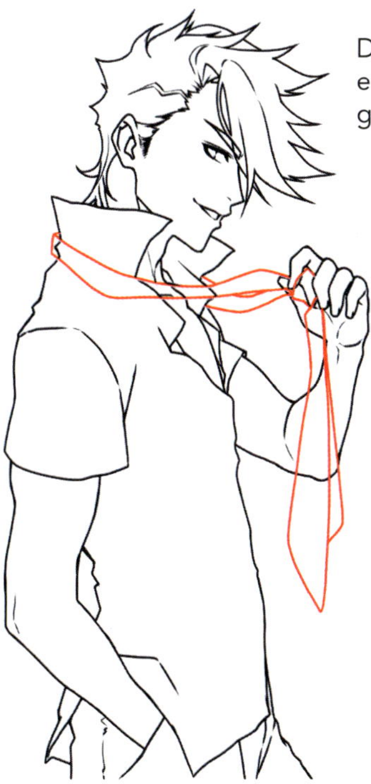

Das Oberlid wird mit einer kräftigen Linie gezeichnet.

Der Hemdkragen ist hochgeschlagen. Wow, er ist so cool, dass er es selbst kaum aushält!

Er ist so verantwortungslos, dass er sogar Geld ausgibt, das er gar nicht hat. Er kann sich gut vorstellen, irgendwann in die Politik zu gehen.

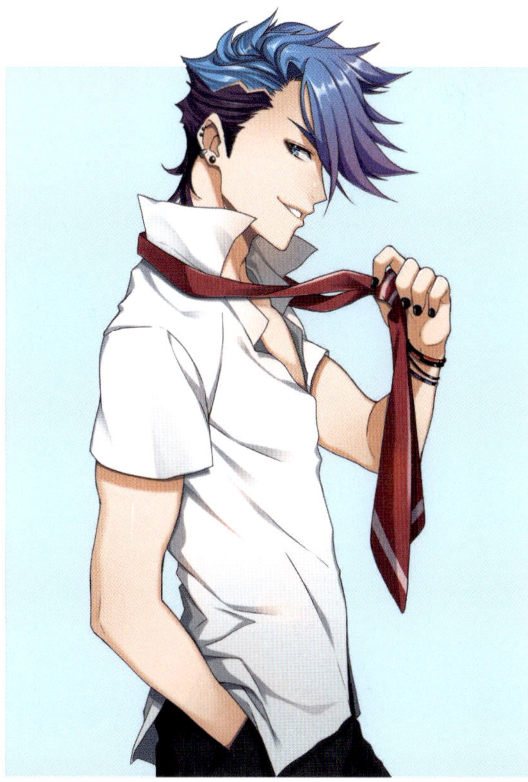

#23 Reicher Adliger

Dieser Charakter klagt, wie schwierig es ist, so schrecklich wohlhabend zu sein. Allerdings hat er auch noch nie angeboten, mit jemandem zu tauschen, der ein bisschen Geld wirklich dringend gebrauchen könnte.

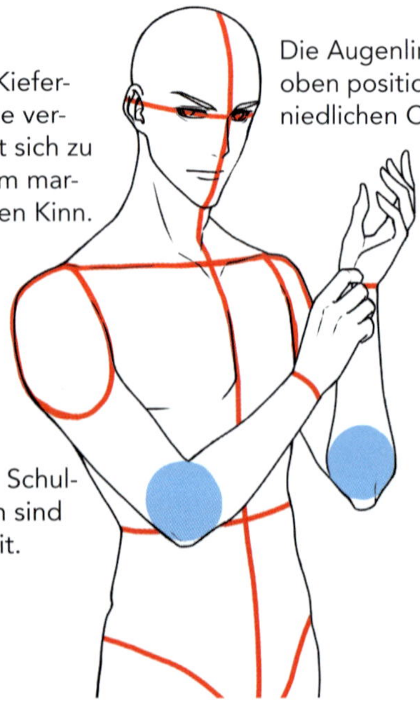

Die Kieferpartie verjüngt sich zu einem markanten Kinn.

Die Augenlinie ist weiter oben positioniert als bei niedlichen Charakteren.

Die Schultern sind breit.

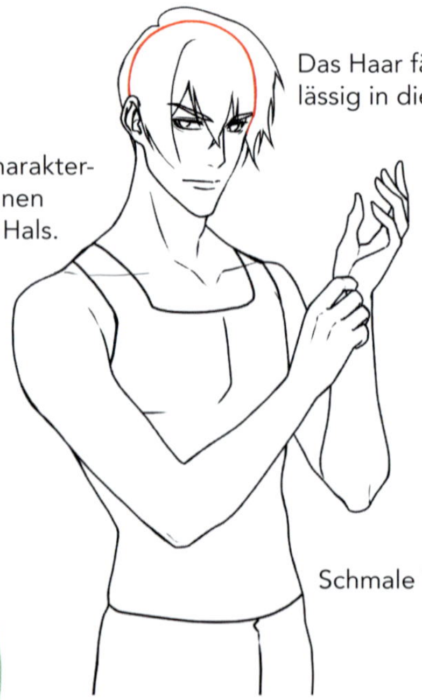

Das Haar fällt ihm lässig in die Stirn.

Dieser Charaktertyp hat einen kräftigen Hals.

Schmale Taille

Deine eigene Variante

Wenn du ihn mit einem langen Rollkragenpullover und löchrigen Jeans malst, sieht er ganz anders aus.

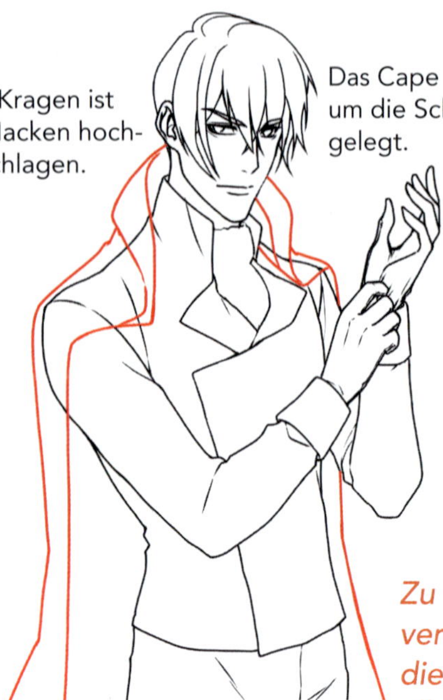

Der Kragen ist im Nacken hochgeschlagen.

Das Cape ist um die Schultern gelegt.

Zu dieser Garderobe verzichtet er auf die Krone, um nicht allzu förmlich zu erscheinen.

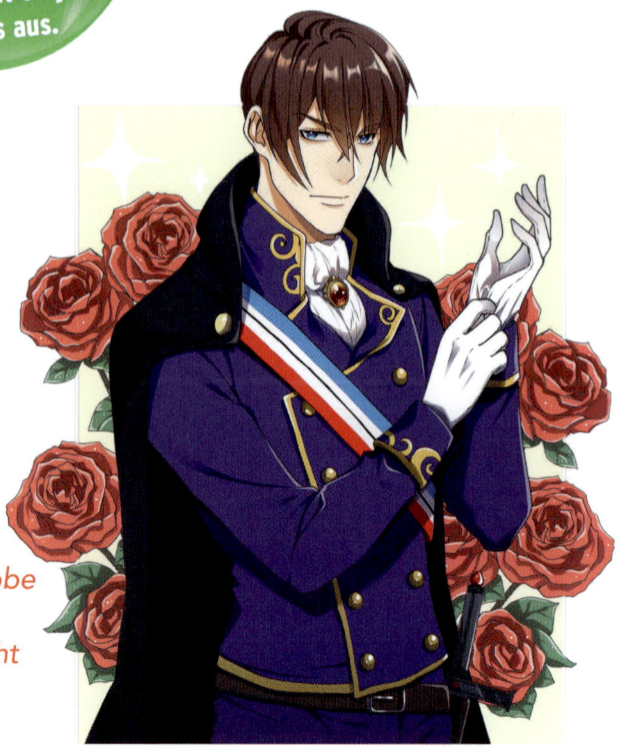

Mutiger Typ

#24

Dieser Charakter lässt sich durch nichts und niemanden beunruhigen. Er sieht der Gefahr unerschrocken ins Gesicht. Wenn Freunde in Not sind, taucht er aus dem Nichts auf, um sie zu retten.

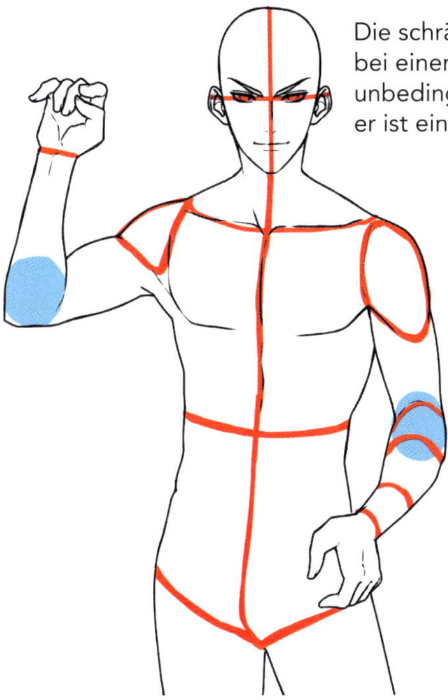

Die schrägen Brauen bedeuten bei einem mutigen Charakter nicht unbedingt, dass er wütend ist – er ist einfach hochkonzentriert.

Seine schmalen Augen sollten auf der waagerechten Augenlinie liegen.

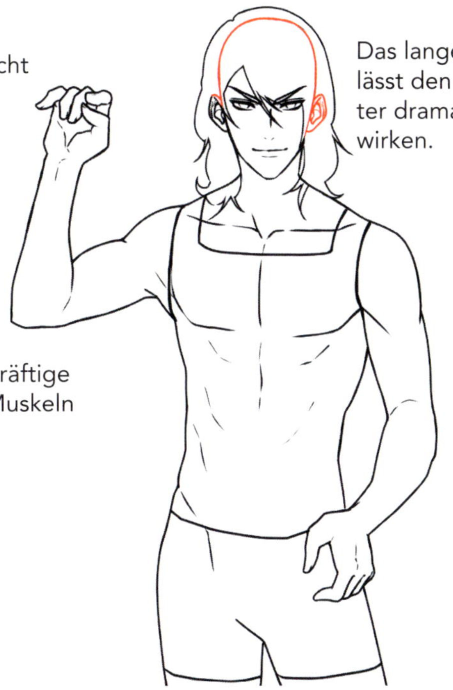

Das lange Haar lässt den Charakter dramatischer wirken.

Kräftige Muskeln

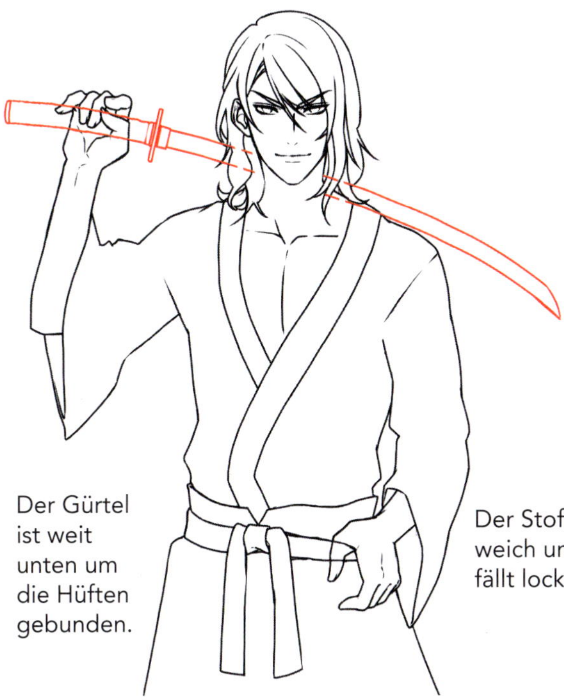

Der Gürtel ist weit unten um die Hüften gebunden.

Der Stoff ist weich und fällt locker.

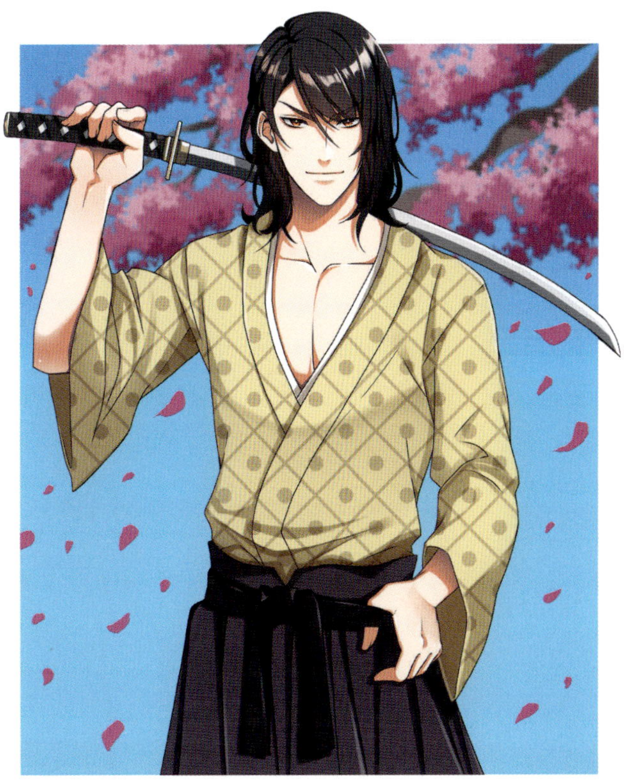

#25 Der kluge Kopf

Der einzige Schüler, der mathematische Funktionen mag. Selbst Newton konnte die Infinitesimalrechnung nicht leiden – und er hat sie erfunden.

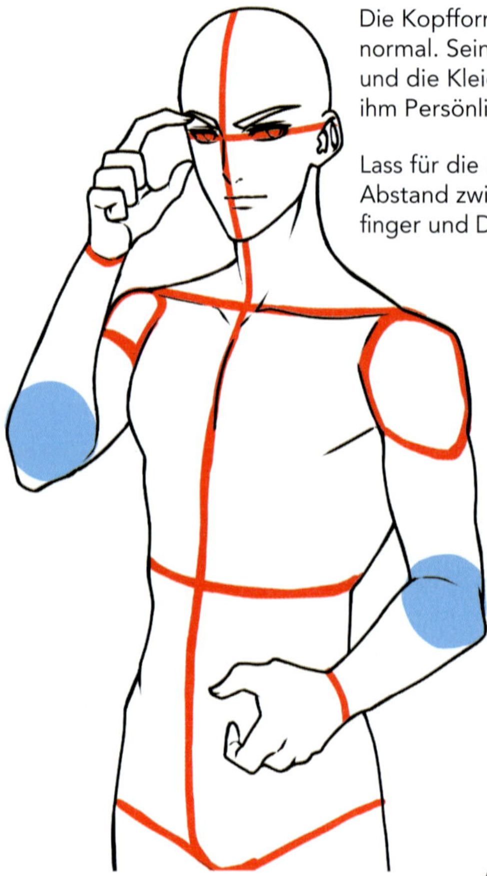

Die Kopfform ist ganz normal. Seine Frisur, Brille und die Kleidung verleihen ihm Persönlichkeit.

Lass für die Brille einen Abstand zwischen Zeigefinger und Daumen.

Er wendet den Kopf nach links, schaut aber geradeaus.

Er hat ein besonders glattes Gesicht und eine sportliche Frisur.

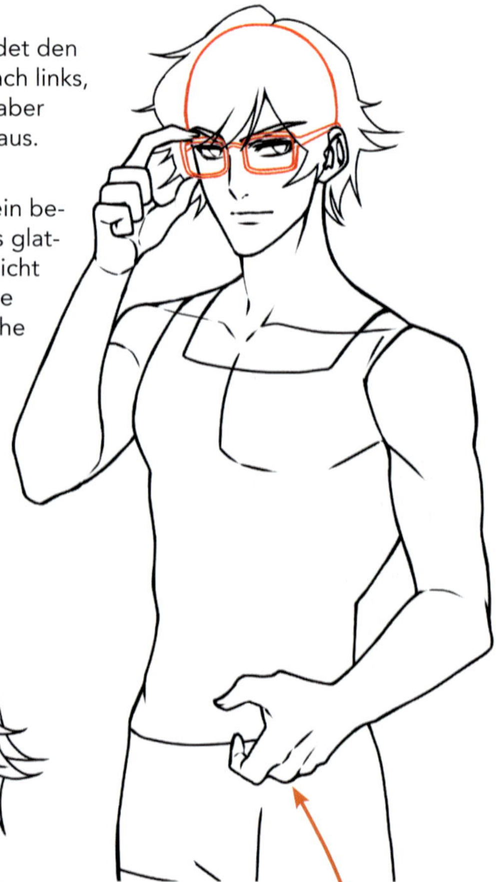

Die Finger der rechten Hand sind nach innen gekrümmt.

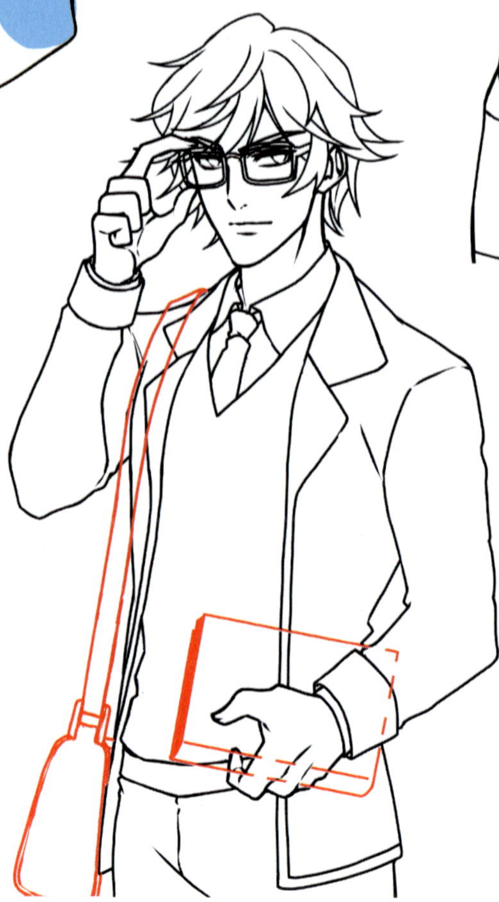

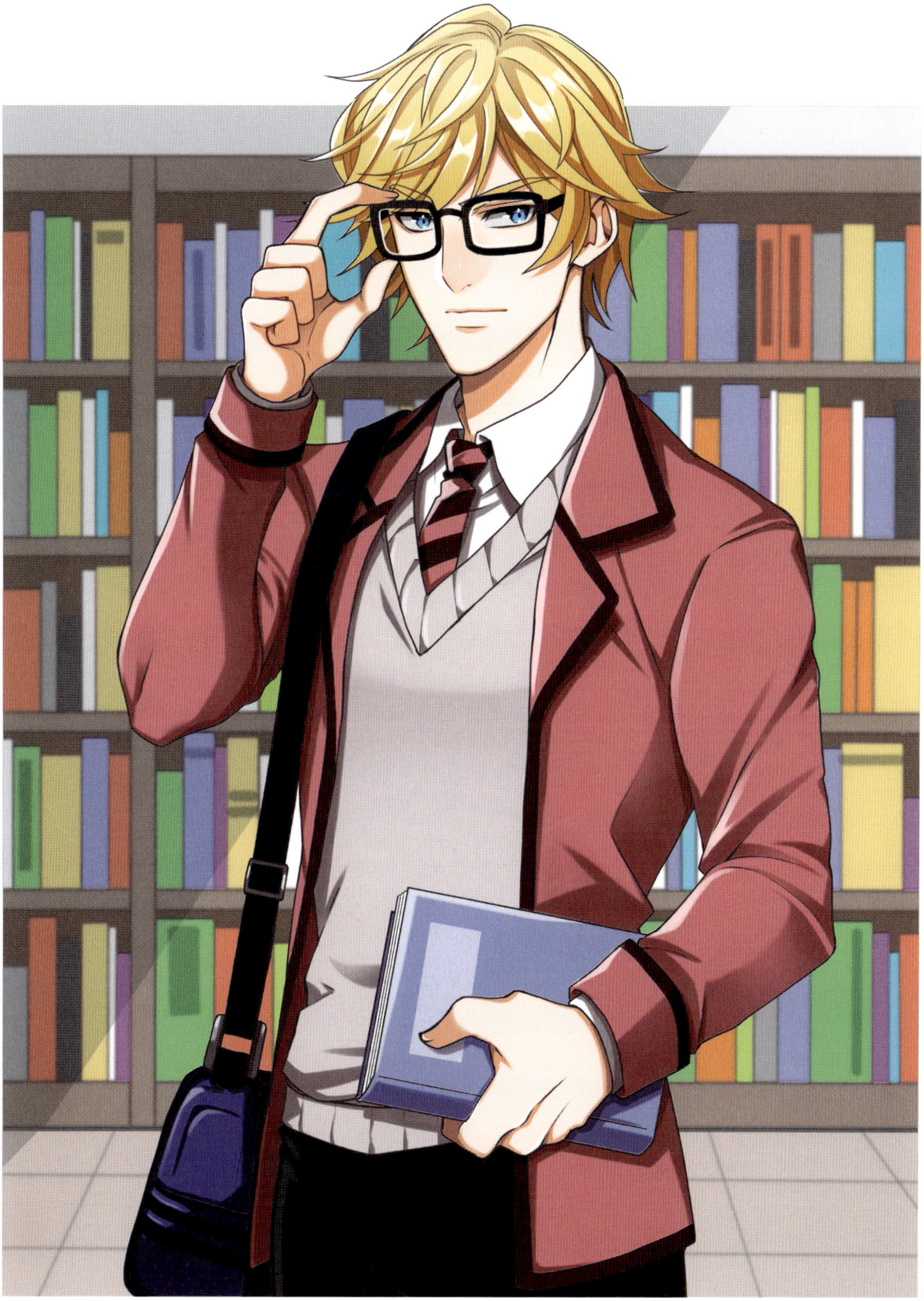

Natürlich hat er auch eine Schultertasche mit jeder Menge Schulbüchern. Es gibt ja noch so viele mathematische Lehrsätze, zu denen er bisher gar nichts gelesen hat!

#26-27 Der geheimnisvolle Typ

Dieser typische Manga-Typ ist immer beunruhigt oder möchte zumindest diesen Eindruck erwecken. Mit siebzehn leidet er mehr unter Angst als irgendjemand anders. Er weiß zwar nicht genau, was Angst bedeutet, aber auf jeden Fall trägt er schwer an dieser Bürde.

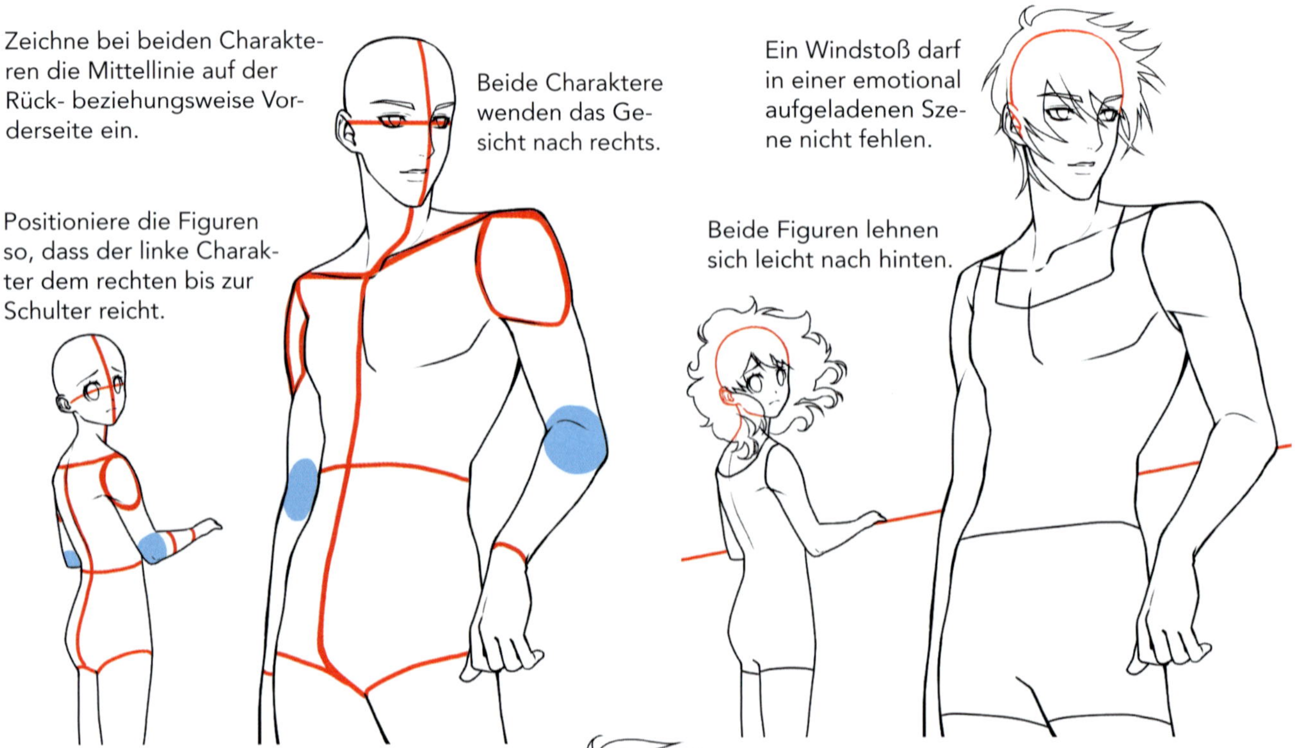

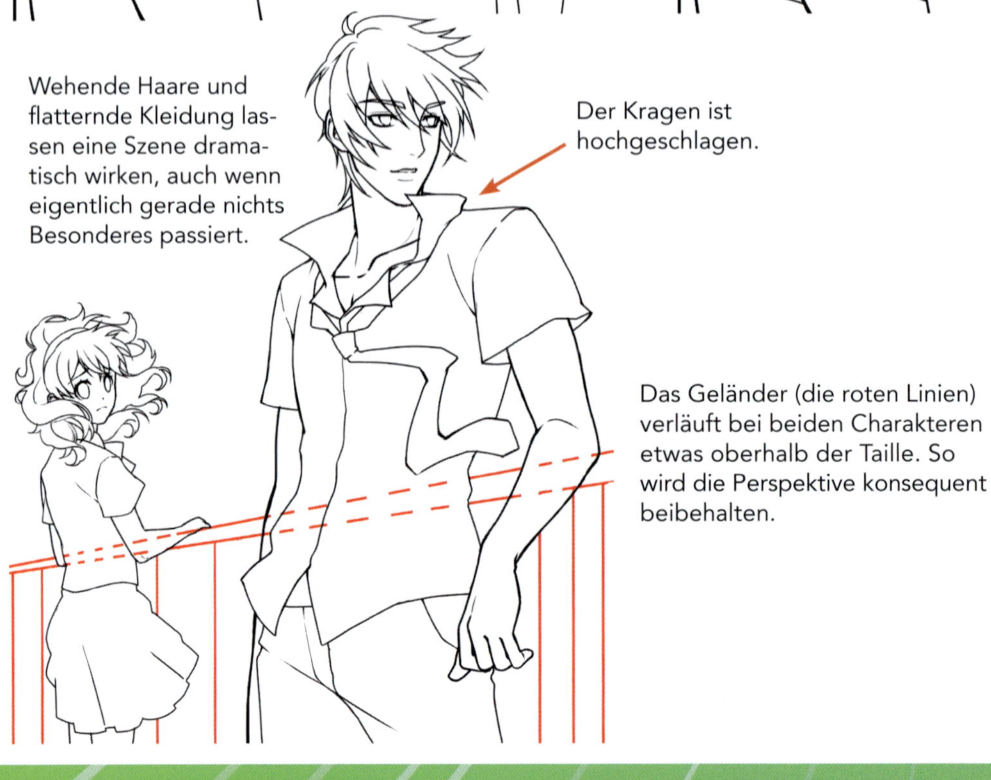

Deine eigene Variante
Wenn die Szene magisch und unheimlich wirken soll, zeichne noch einen Blitz in den Himmel.

Die Wolkenbänke verlaufen diagonal, dadurch wirkt die Szene noch stürmischer.

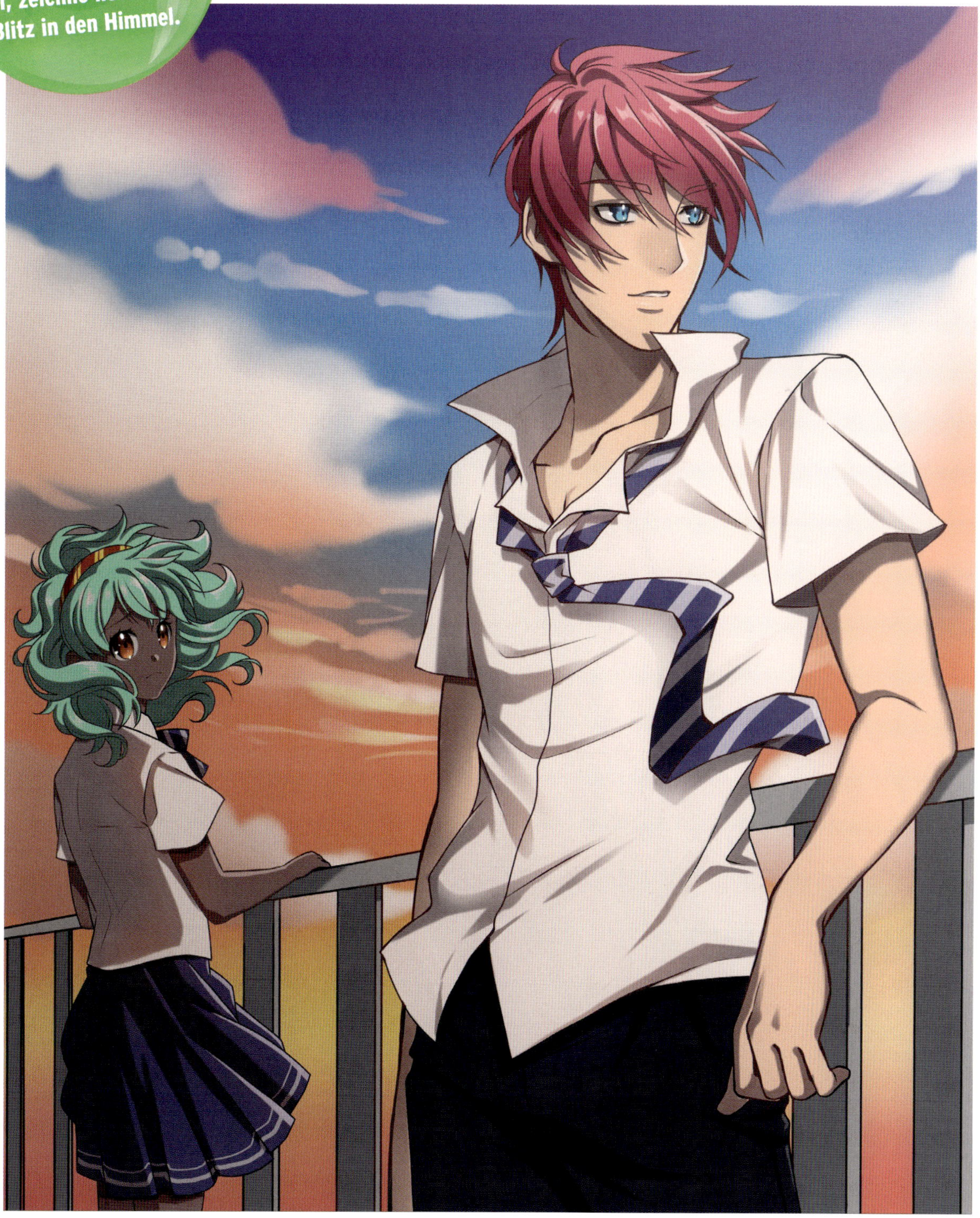

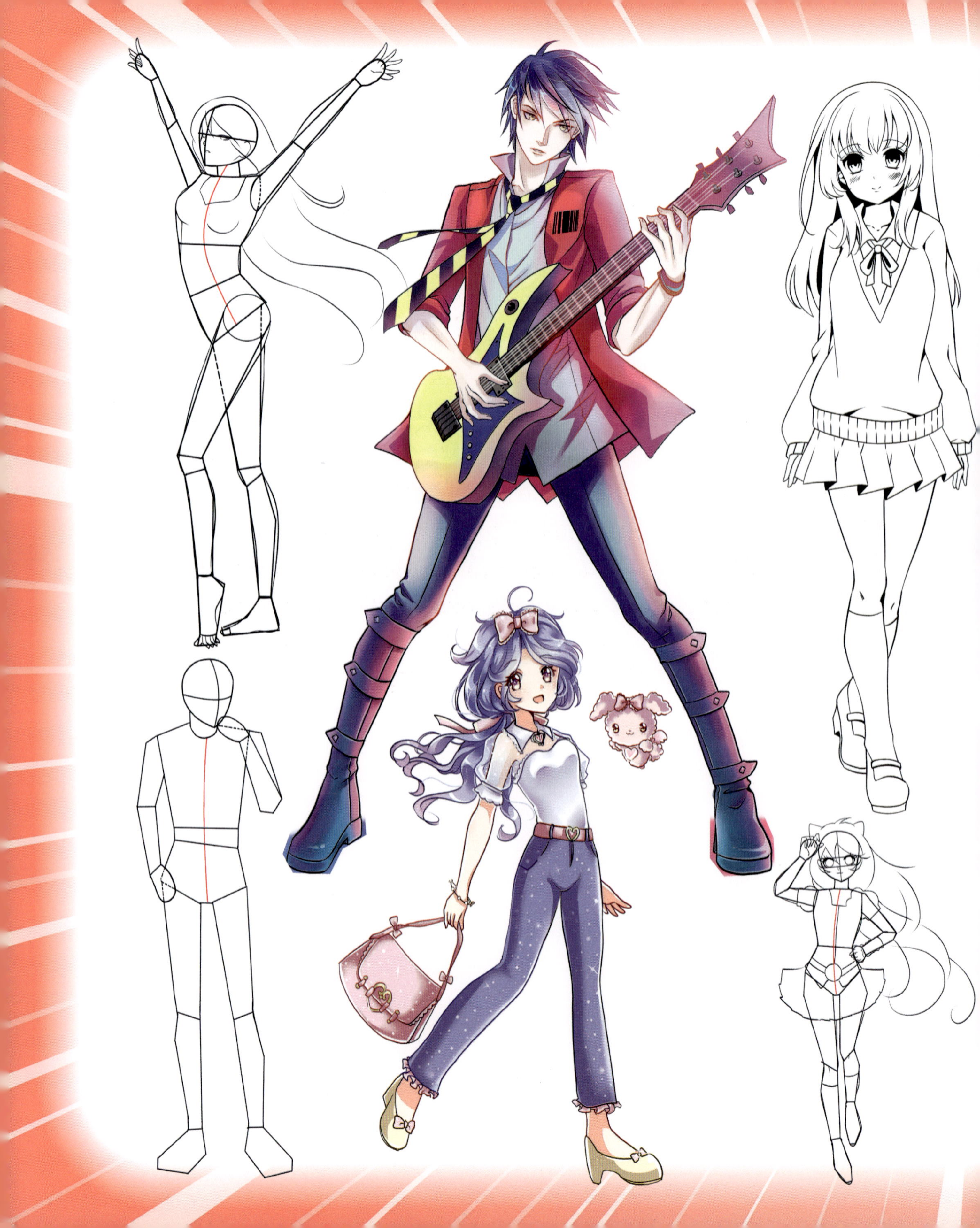

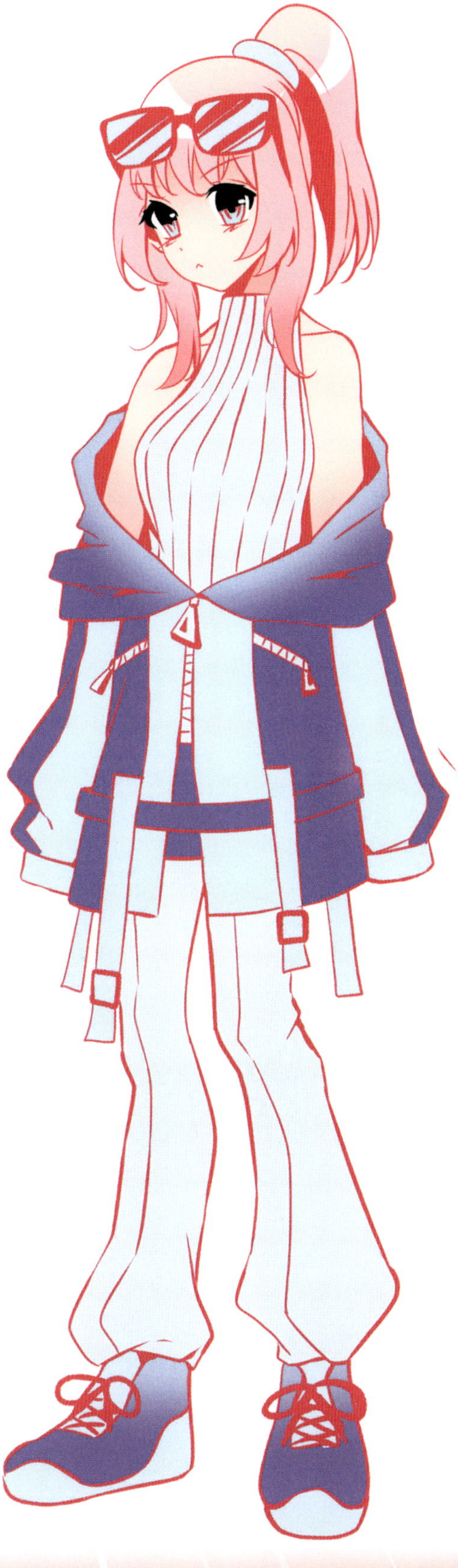

Kleidung und Kostüme

Mit Kleidung und Kostümen verleihen wir unseren Figuren Identität, einen Wiedererkennungswert, und weisen ihnen eine Rolle in der Geschichte zu.

Auf den nächsten Seiten zeige ich dir, wie man eine Vielzahl von Charakteren und ihren Kleidungsstil zeichnet, darunter beliebte Cosplay-Outfits. Zudem werde ich dir auch wieder ein paar Vorschläge machen, wie du deinen eigenen Stil einbringen kannst.

#28 Tipps für den Anfang

Es gibt zwei Grundsätze, die man beim Zeichnen von Kleidung bei Manga-Charakteren unbedingt kennen und beherzigen sollte. Regel Nr. 1: Der Stil bestimmt die Persönlichkeit, Regel Nr. 2: Das Outfit bestimmt das Genre.

Schulmädchen

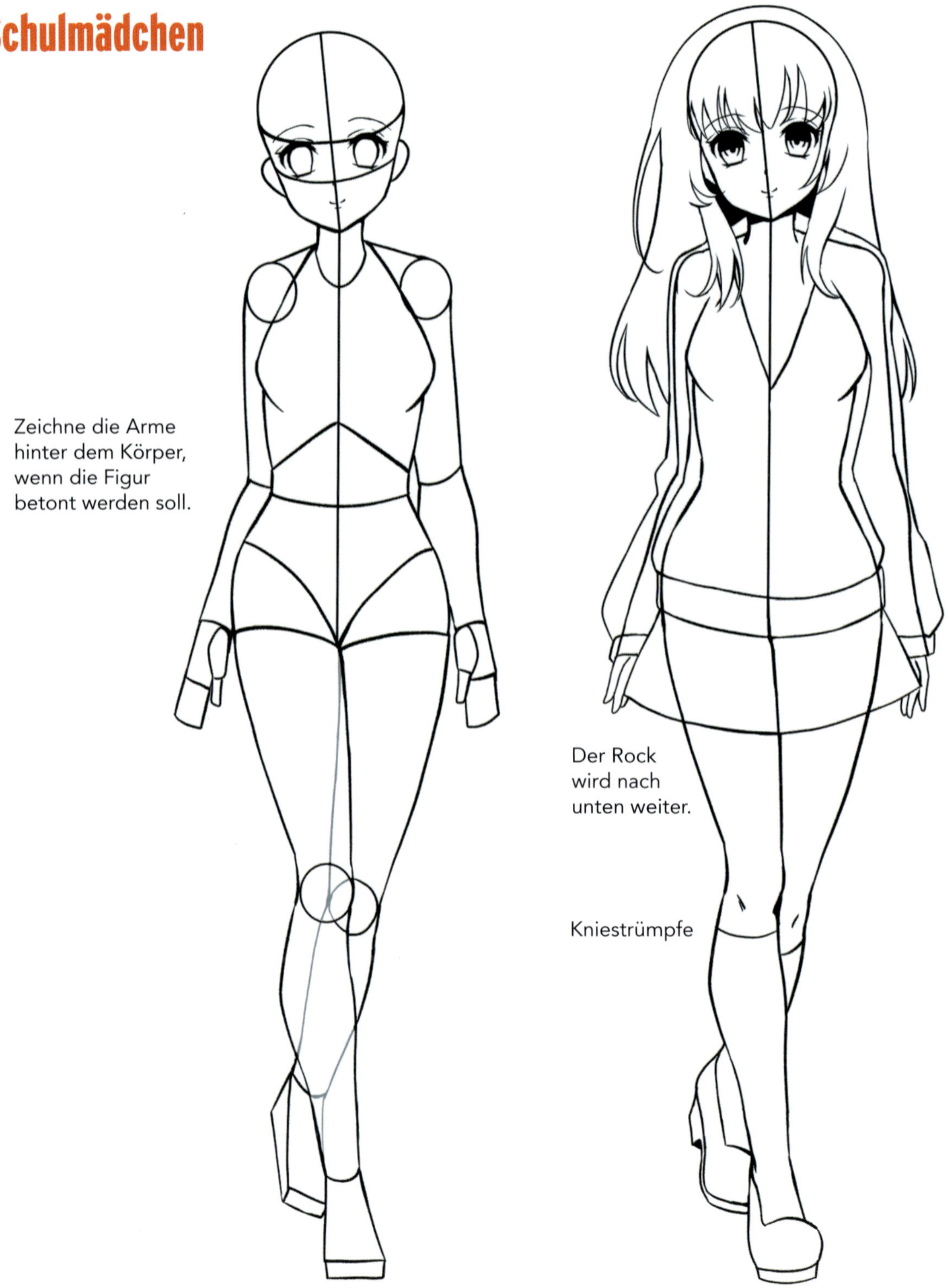

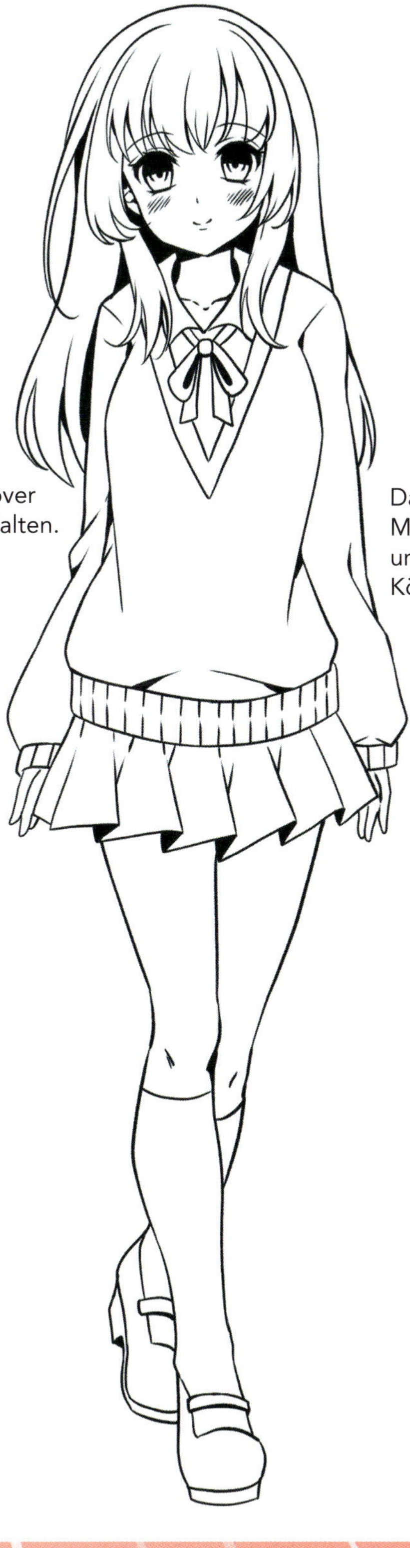

Der Pullover schlägt Falten.

Das weiche Material umspielt den Körper.

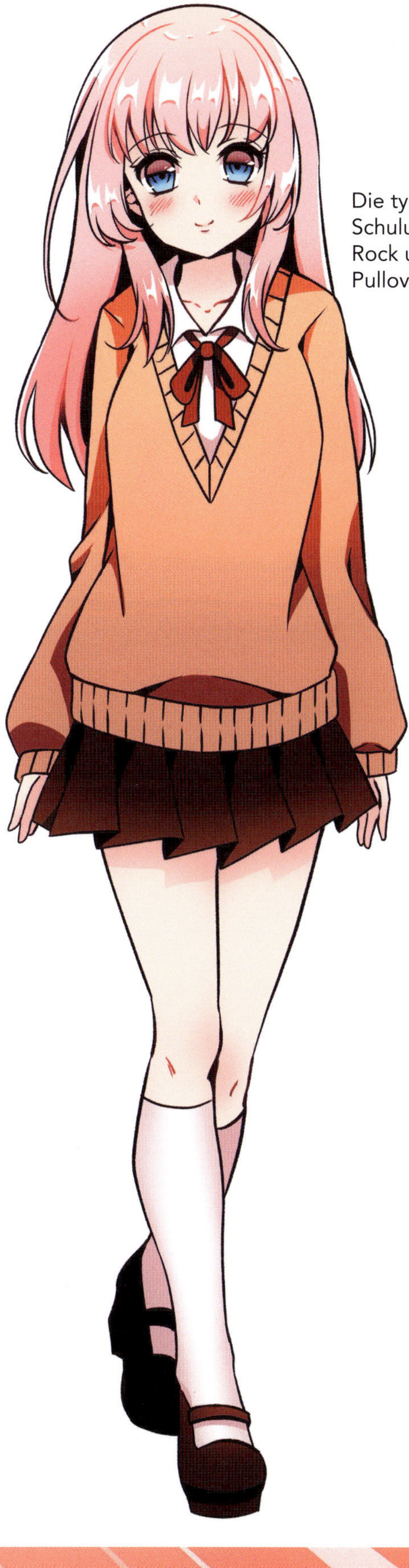

Die typische Schuluniform: Rock und Pullover

#29-30 Verschiedene Varianten

Ein und derselbe Charakter kann in unterschiedlichen Outfits komplett anders wirken. Deshalb sollte die Kleidung so ausgewählt werden, dass sie die Persönlichkeit der Figur betont. Hier sehen wir immer denselben Charakter – nur Outfit und Pose haben sich verändert.

Hübsch und betont weiblich

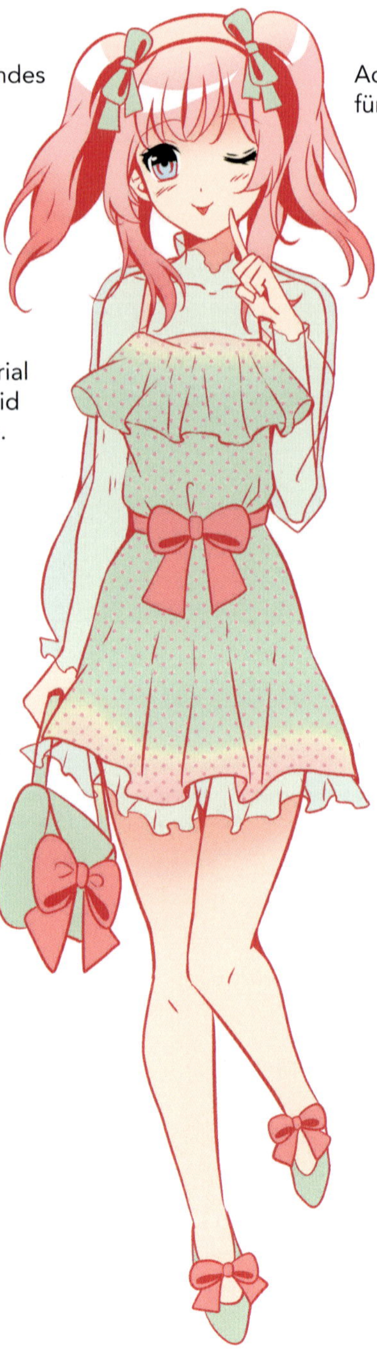

Sportlich

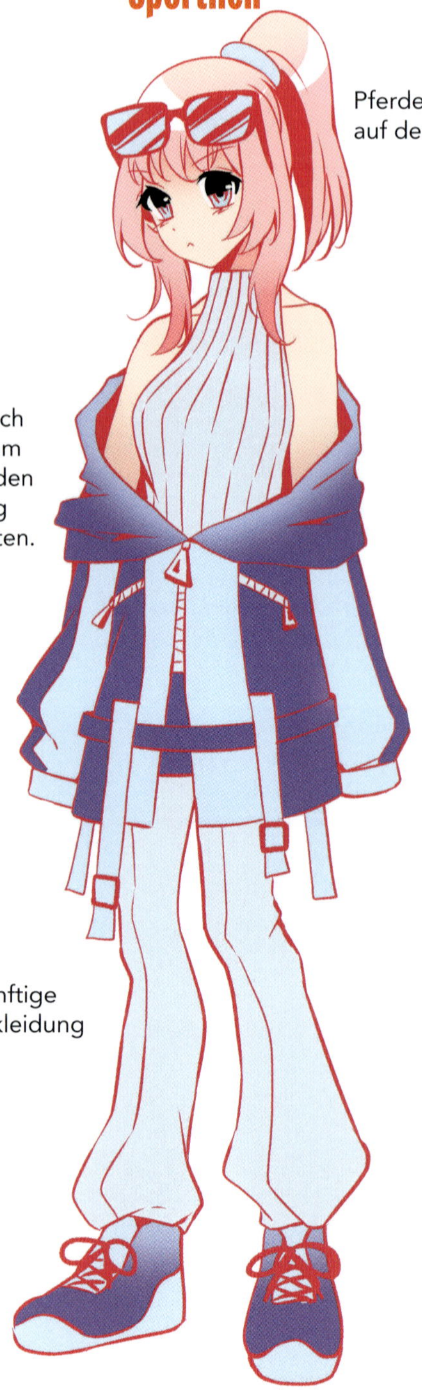

#31-32

Pop-Manga-Stil

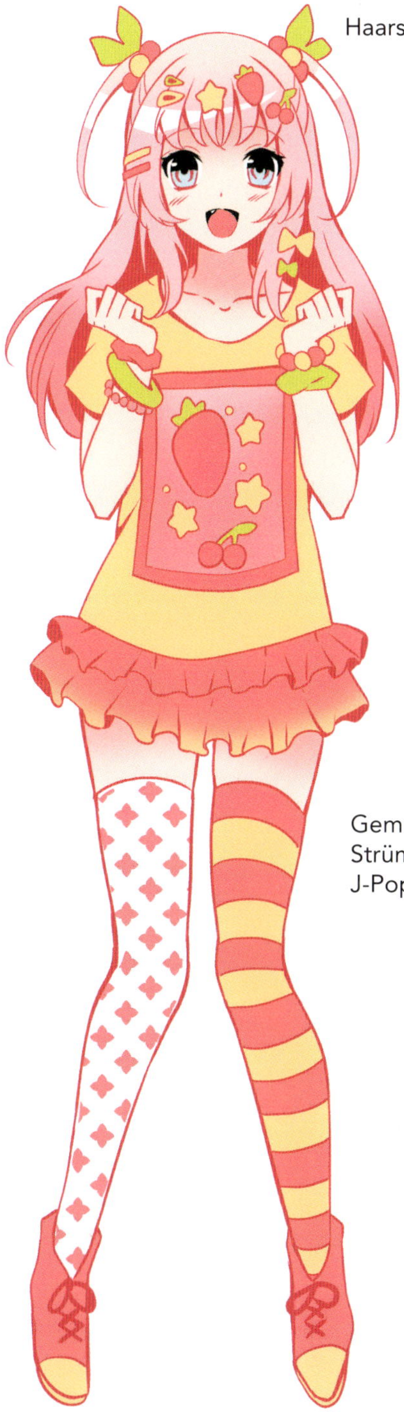

Gruselig und lustig

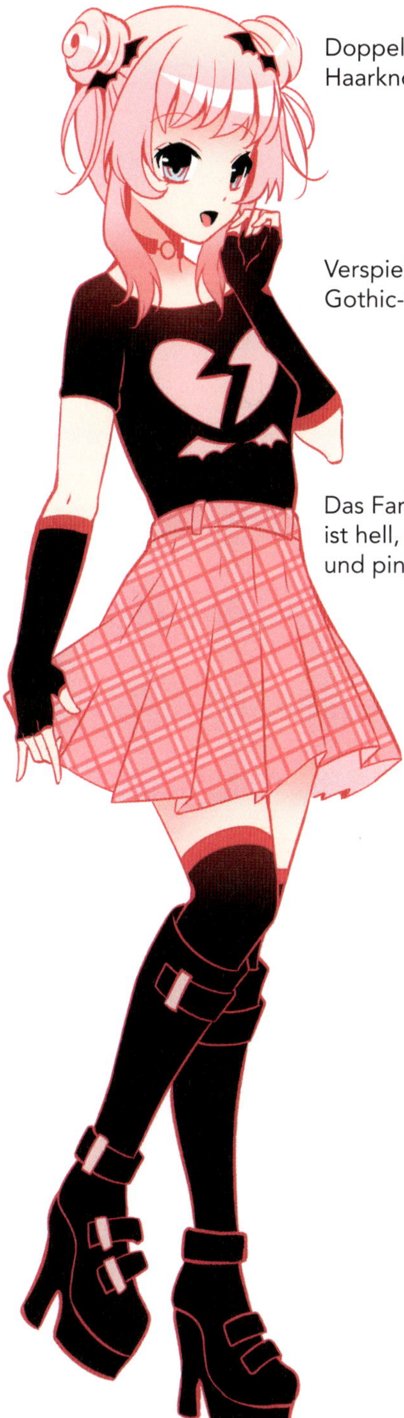

#33-34 Moderne Prinzessinnen

Wir alle haben wohl eine ziemlich genaue Vorstellung davon, wie eine Prinzessin aussehen sollte: Ballkleid, Krönchen, langes Haar usw. Aber was müssen wir tun, wenn wir weg vom Klischee wollen? Wie würde eine moderne Prinzessin heute aussehen? Da sind ganz andere Faktoren zu berücksichtigen wie Job, Freizeitgestaltung, Persönlichkeit und Umgebung. Versuchen wir es einmal.

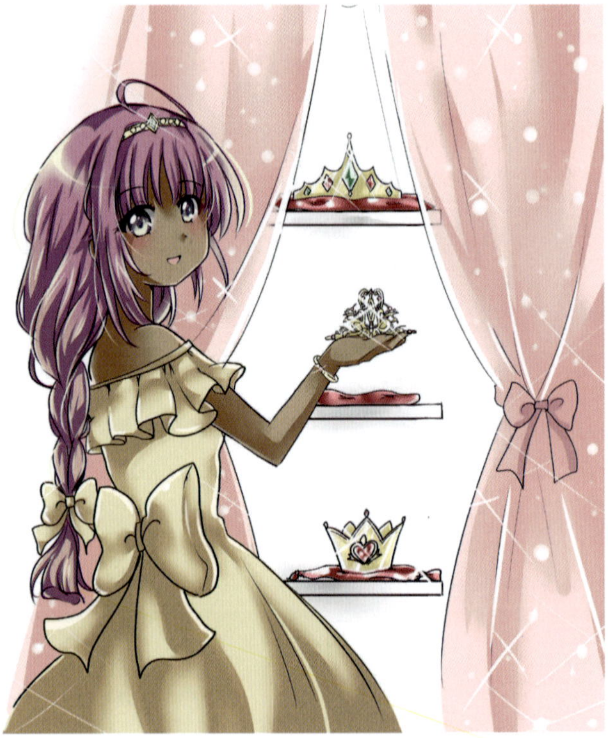

Die schwierige Wahl des richtigen Krönchens

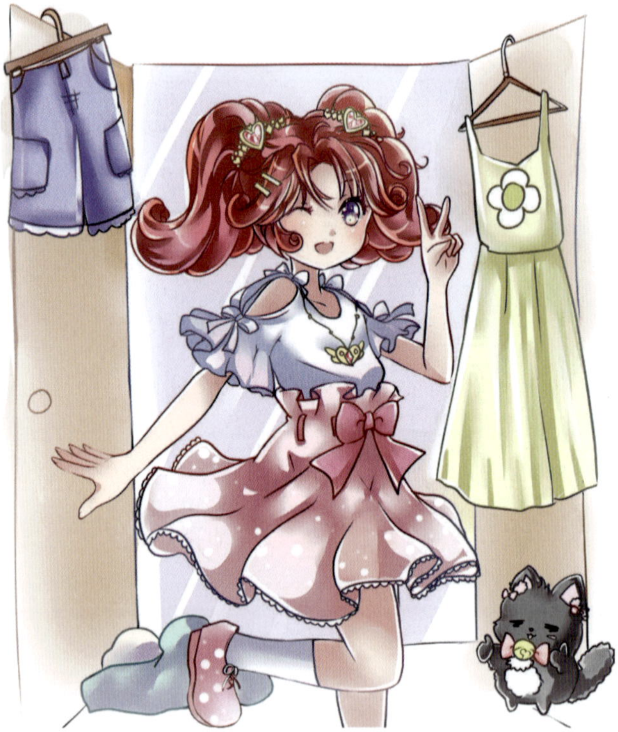

Einfach irgendetwas Schickes aus dem Kleiderschrank fischen!

#35-36

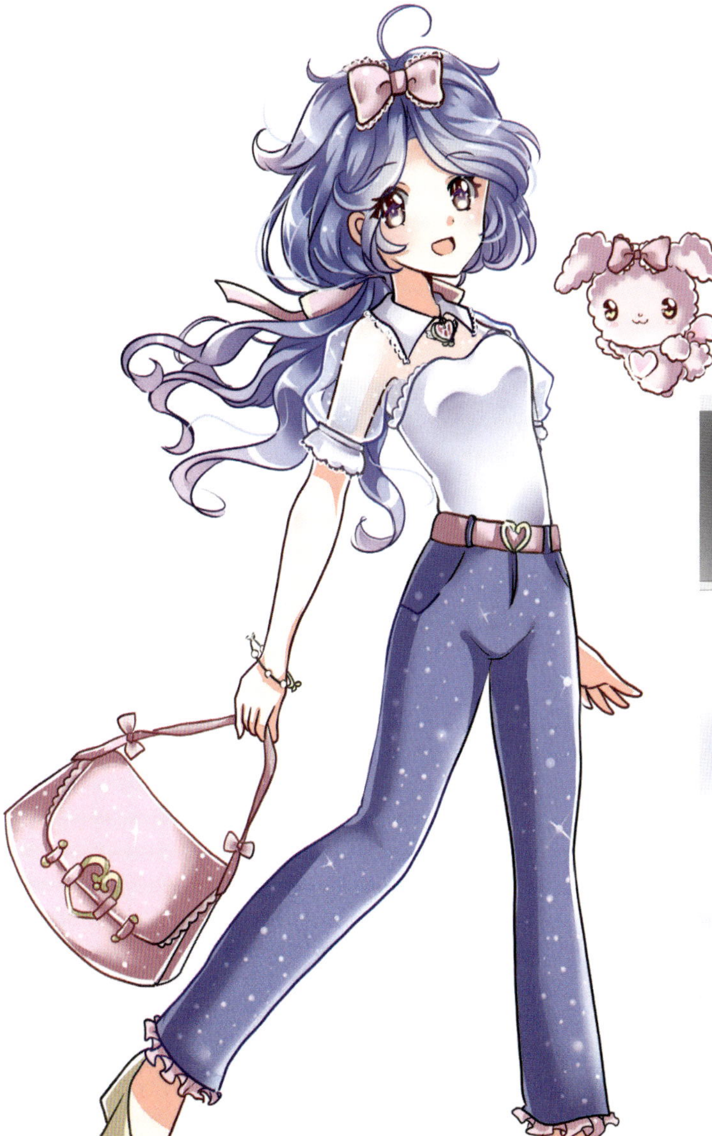

Auf dem Weg zu Freunden

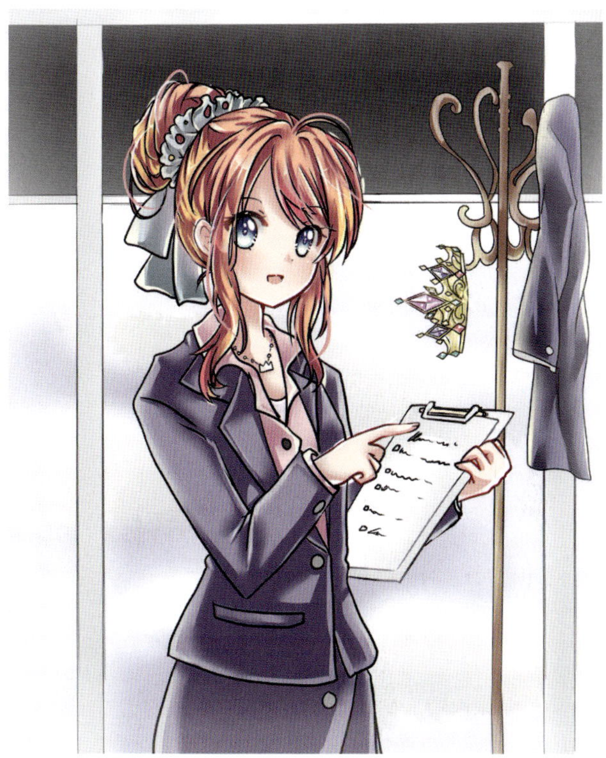

Hauptgeschäftsführerin der Krönchen-GmbH

#37 Ohne Anmut läuft gar nichts

Unsere heutigen Spitzensportlerinnen werden erst zu echten Stars, wenn es ihnen gelingt, Anmut mit sportlicher Höchstleistung zu verbinden und sich dann noch gekonnt in Pose zu setzen.

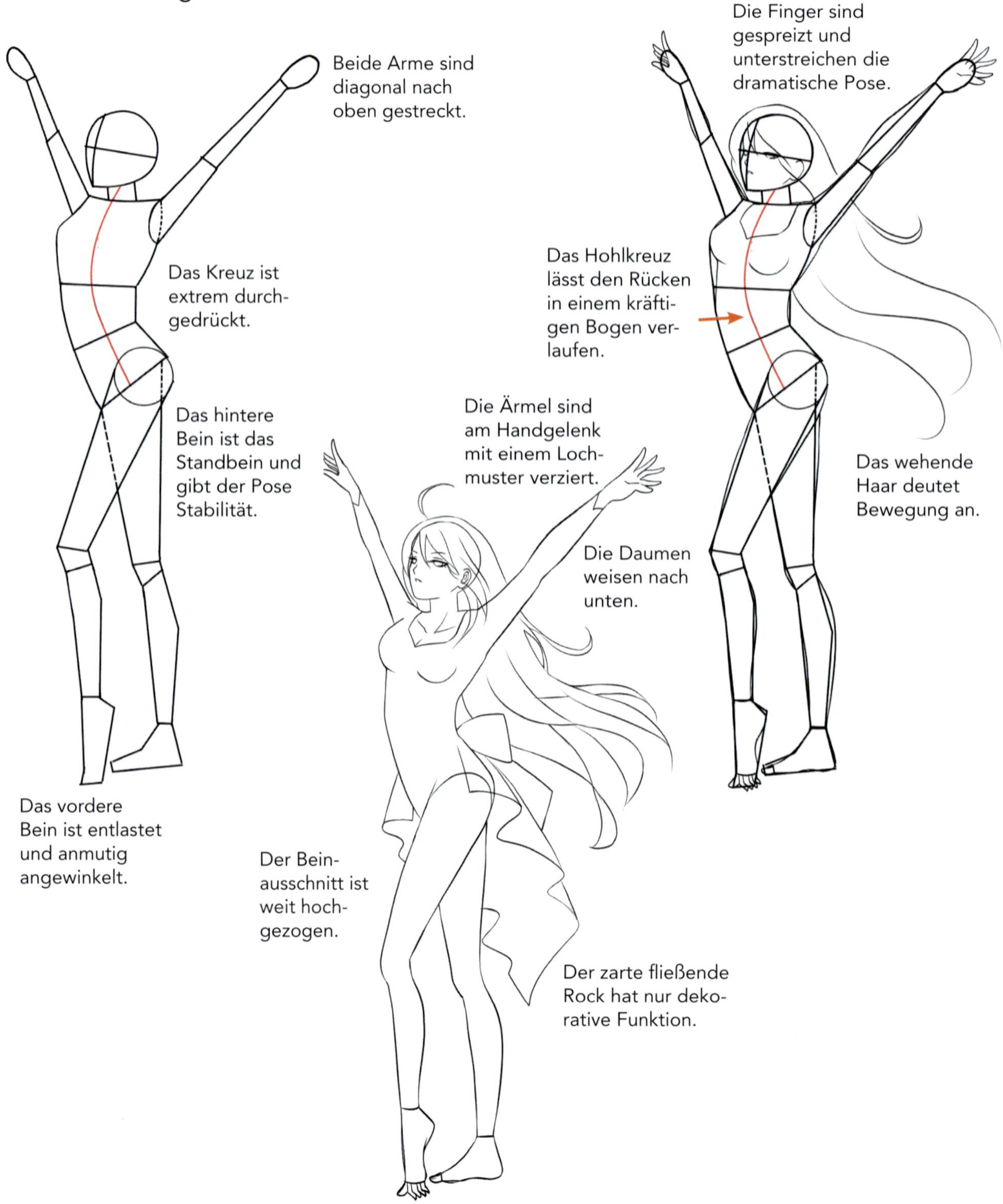

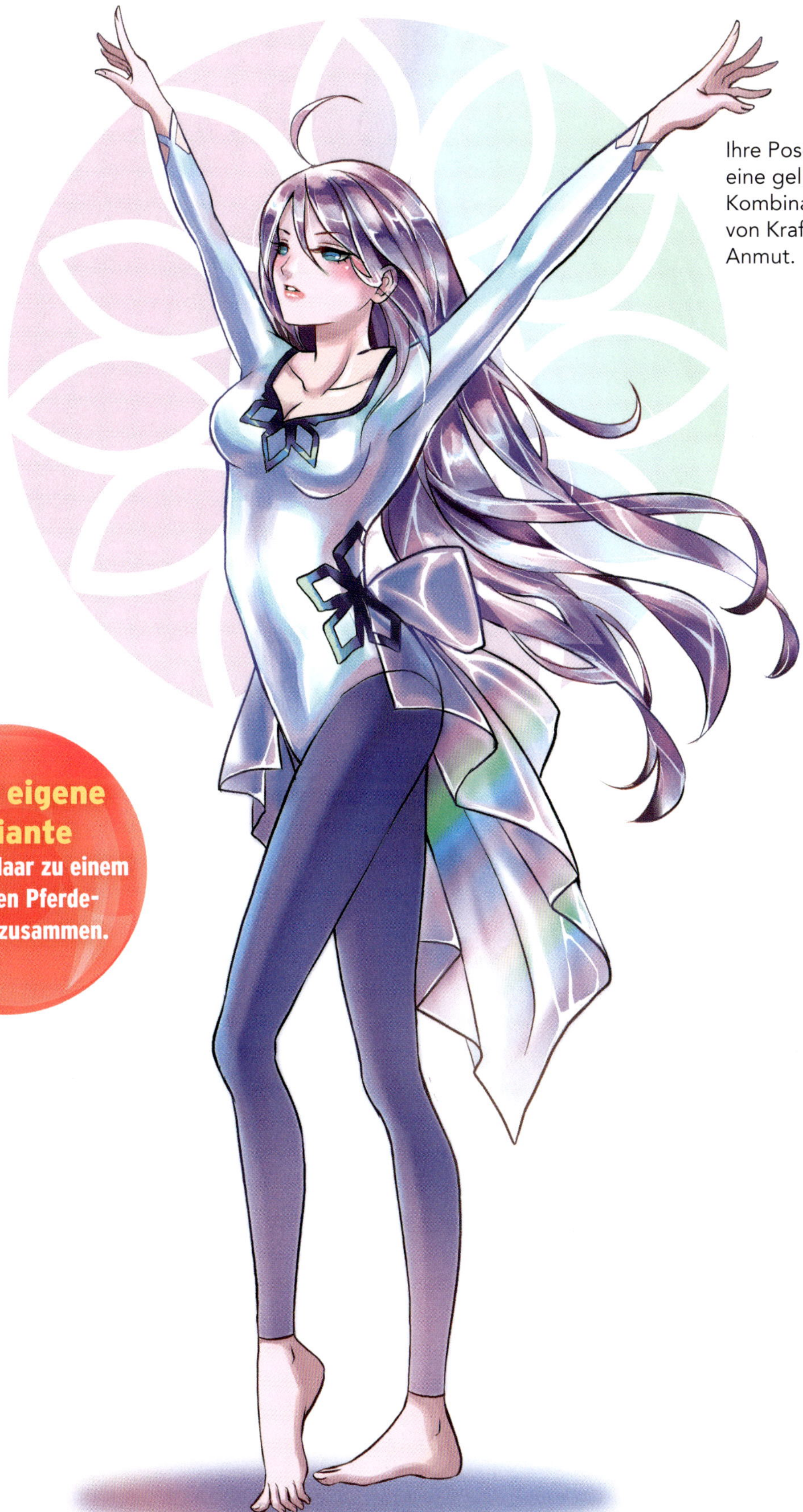

Ihre Pose ist eine gelungene Kombination von Kraft und Anmut.

Deine eigene Variante

Fasse das Haar zu einem fließenden Pferdeschwanz zusammen.

#38 Traditioneller Charakter

Traditionelle Charaktere kleiden sich elegant zu formellen Anlässen. So zum Beispiel zu einer Teezeremonie, bei der das kleinste Detail stimmen muss.

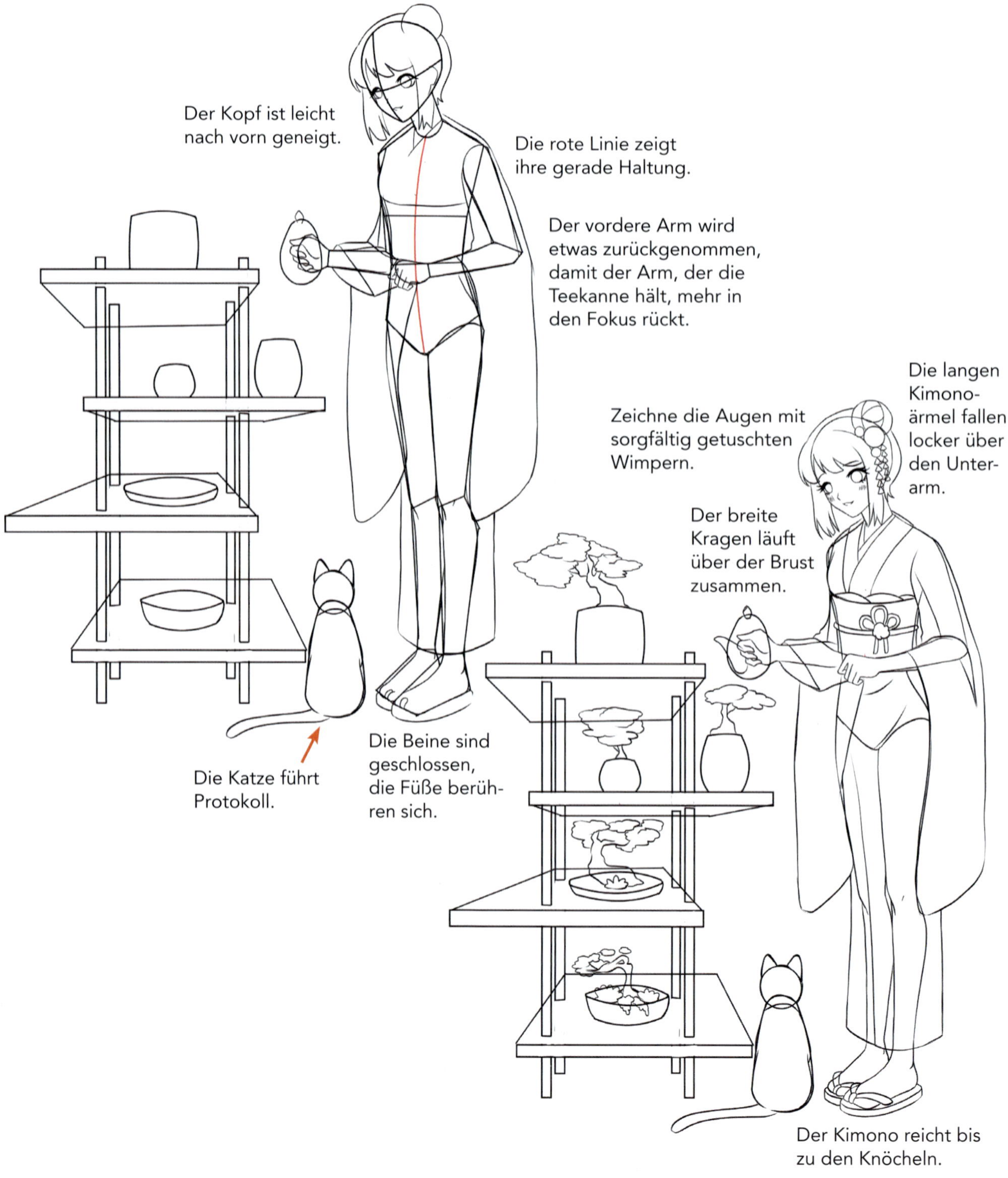

Die Katze bevorzugt entkoffeinierten Tee.

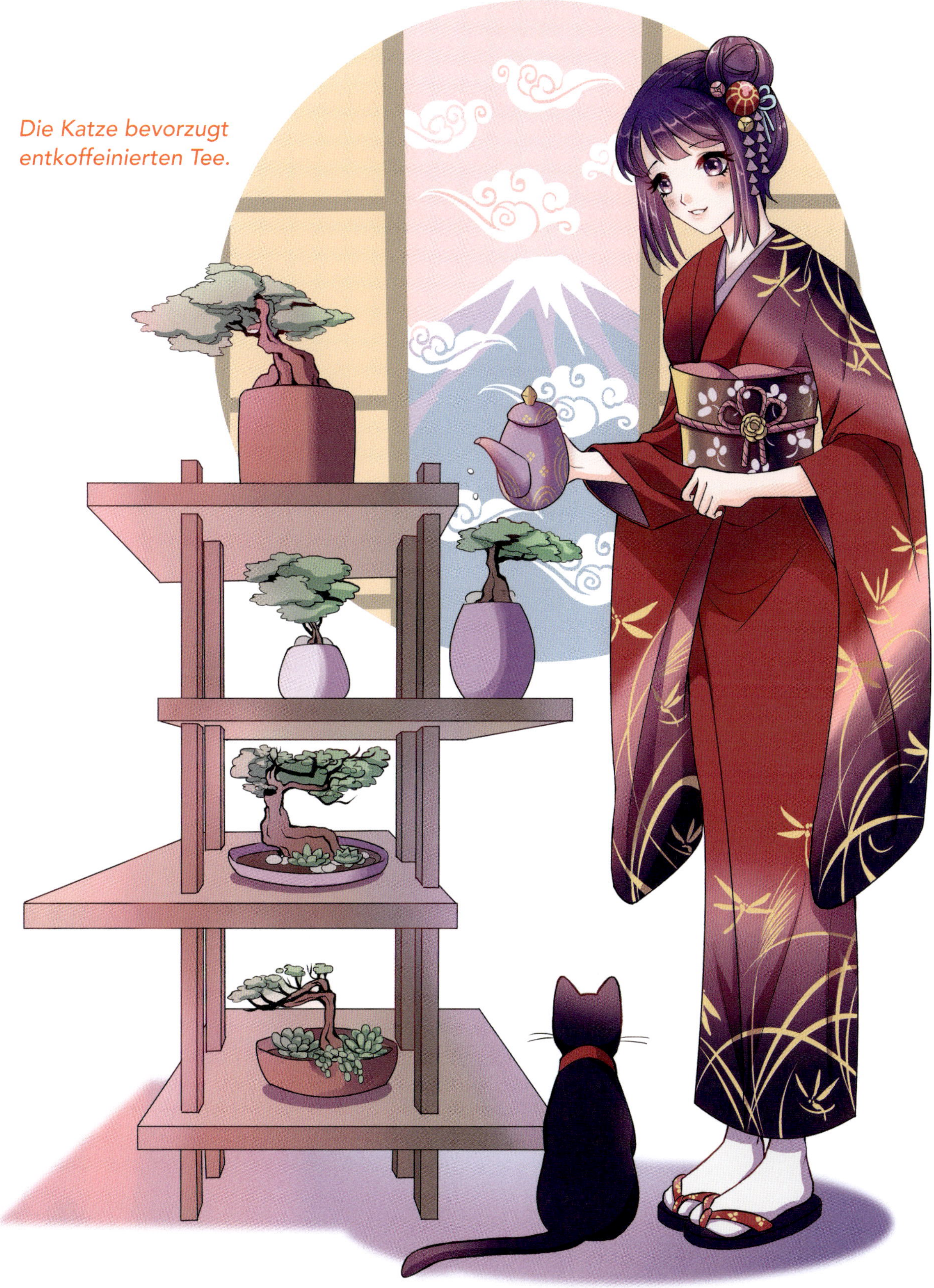

#39 Dramatische Heldin

Dieser Charakter steht mit leicht gespreizten Beinen und zurückgenommenen Schultern, also in typischer Heldenpose, vor uns. Das Cape ermöglicht es ihr, zu fliegen – wobei ich nicht so genau weiß, wie das funktionieren soll. Sie vereint jedenfalls Stärke und Modebewusstsein in sich.

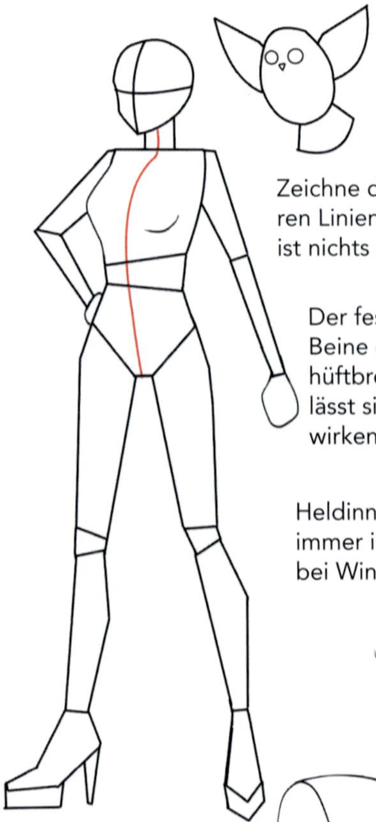

Zeichne die Arme mit klaren Linien – an Heldinnen ist nichts subtil.

Der feste Stand, die Beine etwas mehr als hüftbreit auseinander, lässt sie unerschrocken wirken.

Ein Fuß weist zur Seite.

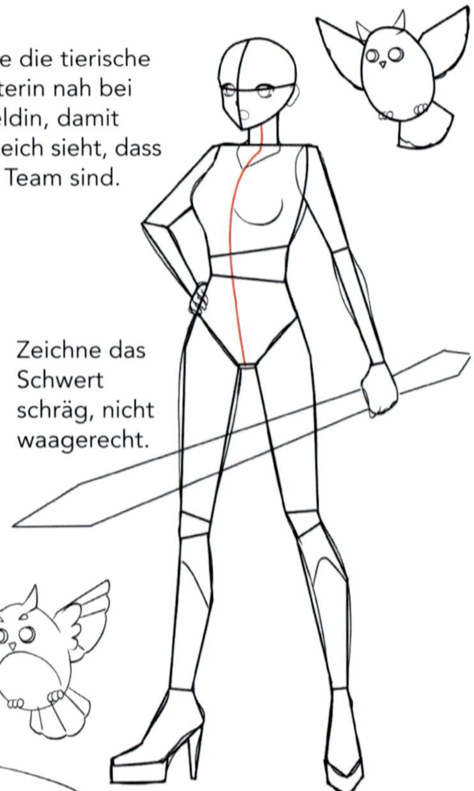

Zeichne die tierische Begleiterin nah bei der Heldin, damit man gleich sieht, dass sie ein Team sind.

Zeichne das Schwert schräg, nicht waagerecht.

Nun werden die Stiefel verziert und bekommen hohe Plateausohlen.

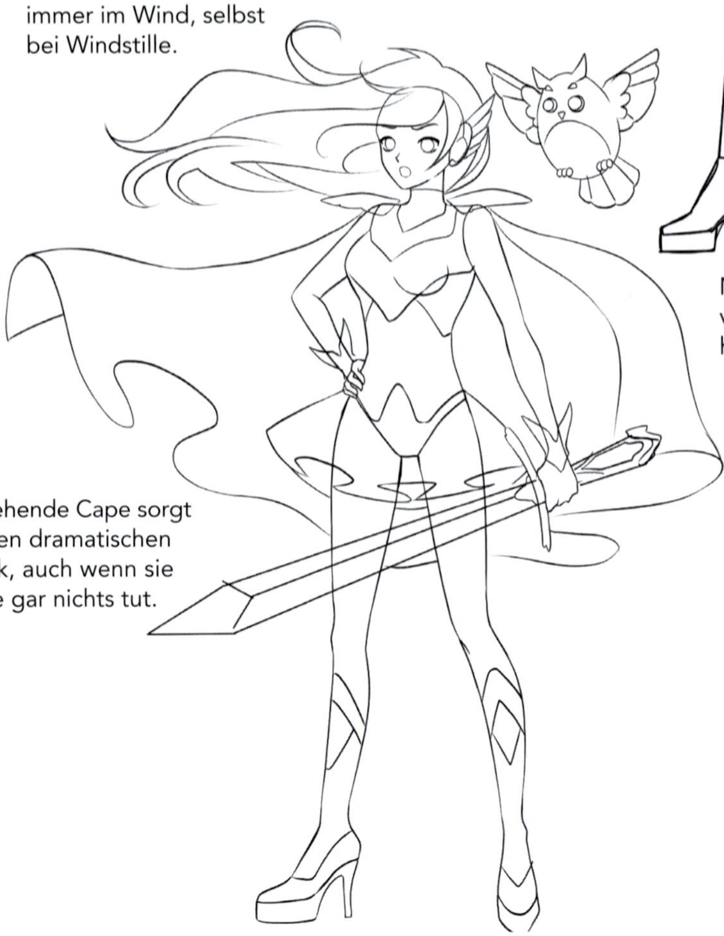

Heldinnenhaar flattert immer im Wind, selbst bei Windstille.

Das wehende Cape sorgt für einen dramatischen Anblick, auch wenn sie gerade gar nichts tut.

Sie macht die Welt sicher für niedliche Manga-Monster.

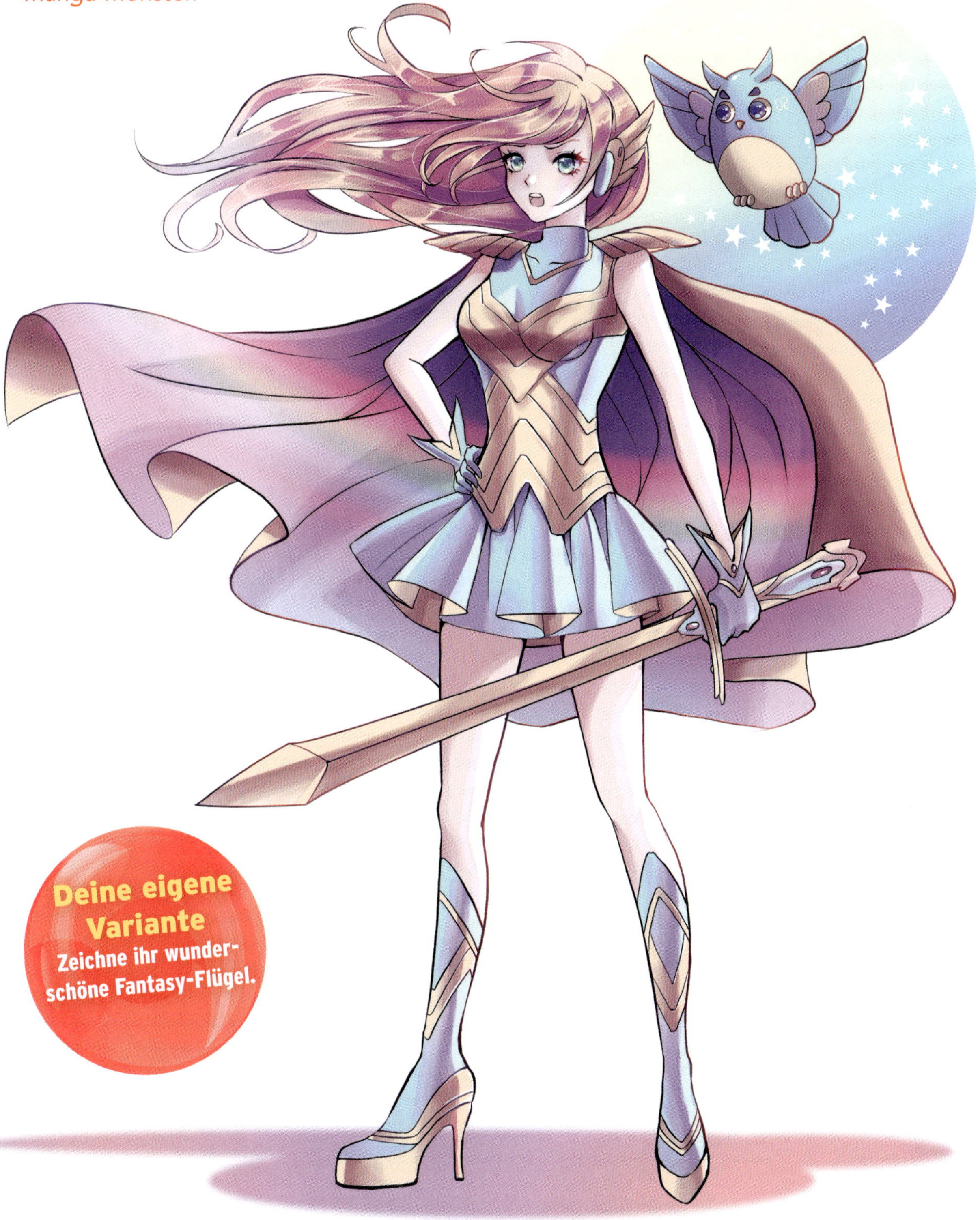

Deine eigene Variante

Zeichne ihr wunderschöne Fantasy-Flügel.

#40 Kleidung als Metapher

Kleidung kann als Metapher dienen. Der Junge auf dieser Seite hat wegen irgendetwas ein schlechtes Gewissen (welcher Teenager hätte keinen Grund, schuldbewusst zu sein?), und er möchte das verbergen. Die Kapuze betont seine Haltung. Ich bin gespannt, wann sein Vater herausfindet, dass die Telefonrechnung diesmal um 1500 Euro höher ist als sonst.

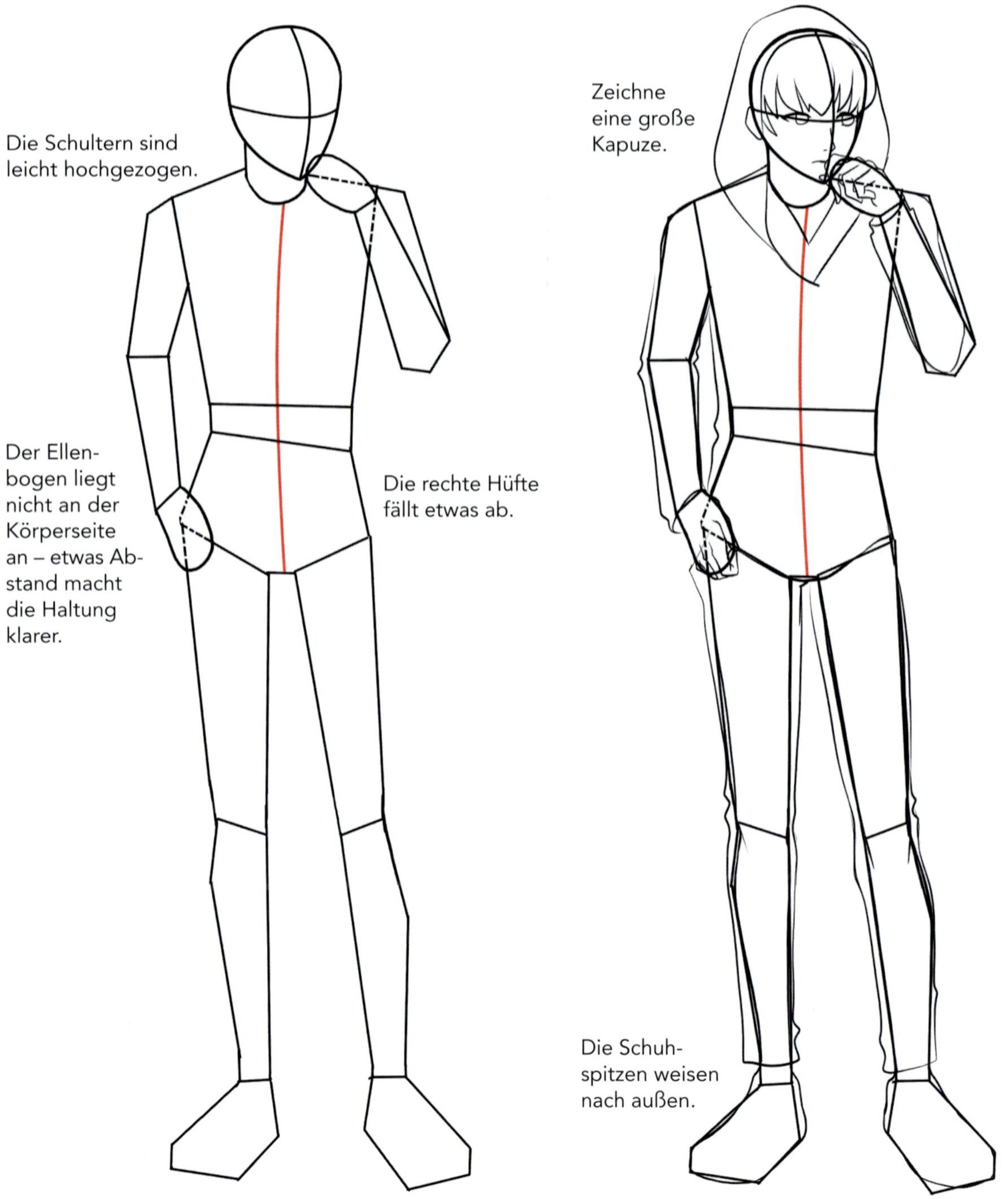

Die Jacke ist hochgeschlossen und soll ihn schützen, für den Fall, dass jemand hinter sein Geheimnis kommt.

Der Knöchel der rechten Hand berührt die Lippen.

Das Gesicht sollte trotz der Kapuze vollständig sichtbar sein.

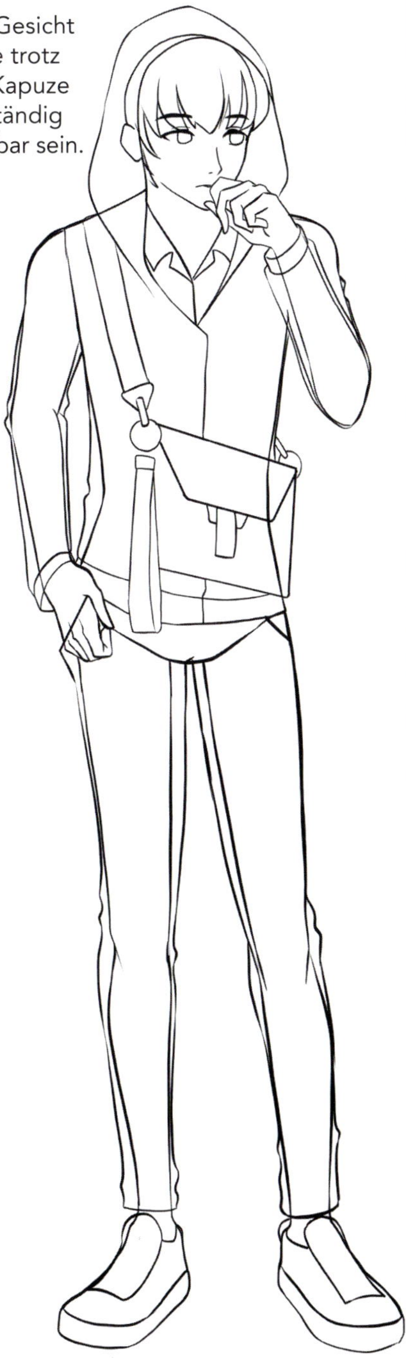

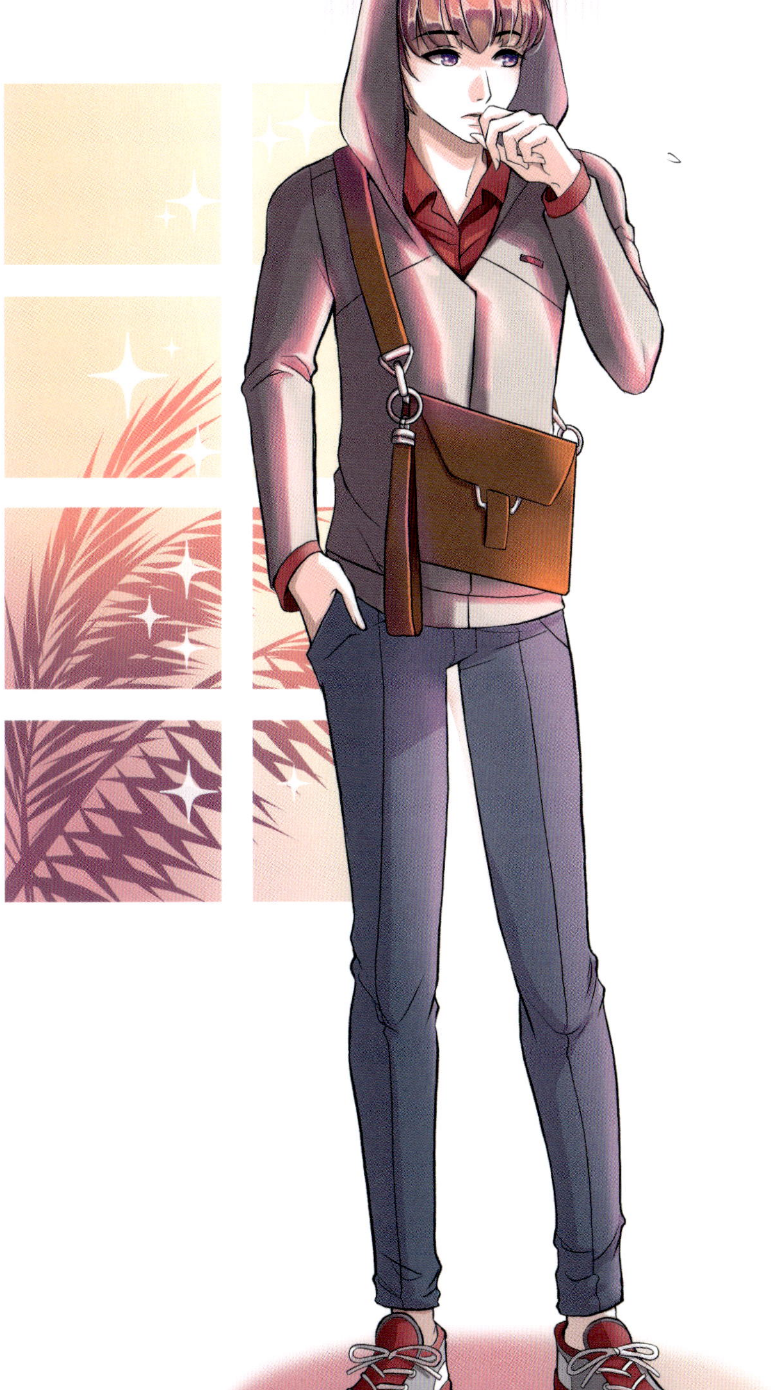

#41 Kleidung für Väter

Der typische Vater kümmert sich um alle Probleme im Haus und versucht, den Schaden zu beheben, wenn etwa das Dach undicht ist. Anschließend erklärt er stolz und in allen Einzelheiten, wie er das bewerkstelligt hat. Er meint es gut, geht seiner Familie aber ziemlich auf die Nerven. Nicht, dass ich da aus eigener Erfahrung sprechen könnte.

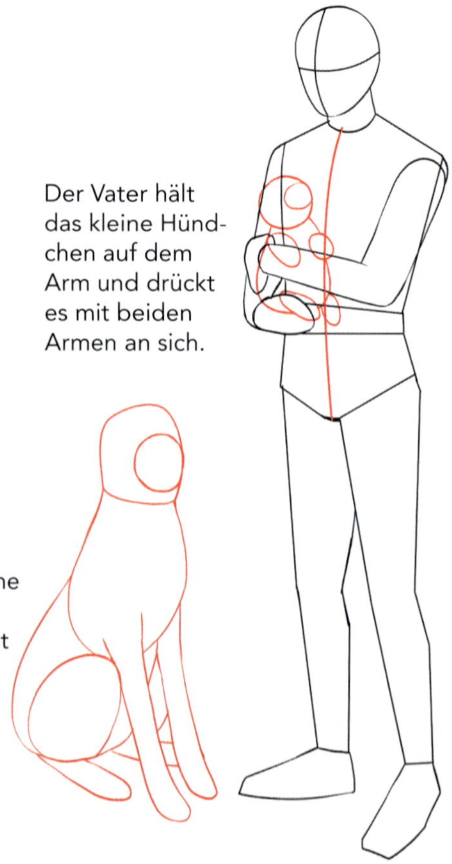

Der Vater hält das kleine Hündchen auf dem Arm und drückt es mit beiden Armen an sich.

Der ausgewachsene Hund sitzt schräg vor ihm und schaut zum Betrachter.

TIPP

Wenn du mehrere Charaktere zeichnest, muss zuerst ihre Positionierung zueinander festgelegt werden.

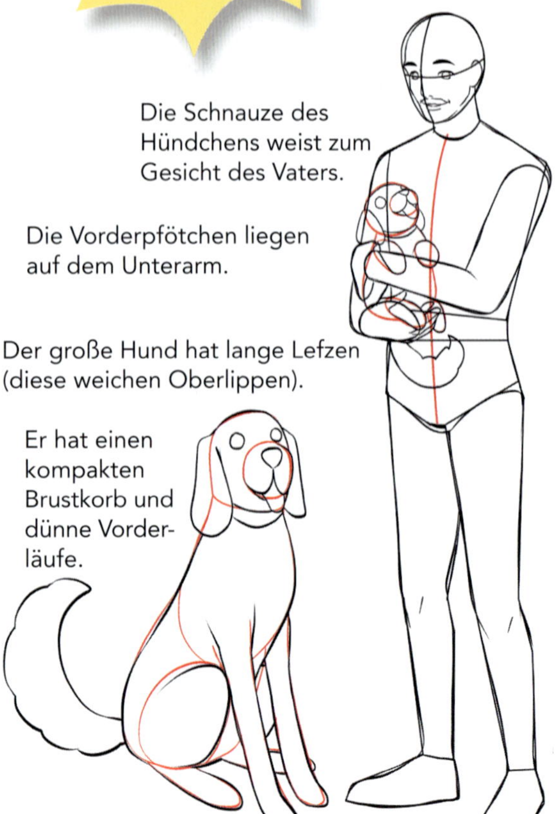

Die Schnauze des Hündchens weist zum Gesicht des Vaters.

Die Vorderpfötchen liegen auf dem Unterarm.

Der große Hund hat lange Lefzen (diese weichen Oberlippen).

Er hat einen kompakten Brustkorb und dünne Vorderläufe.

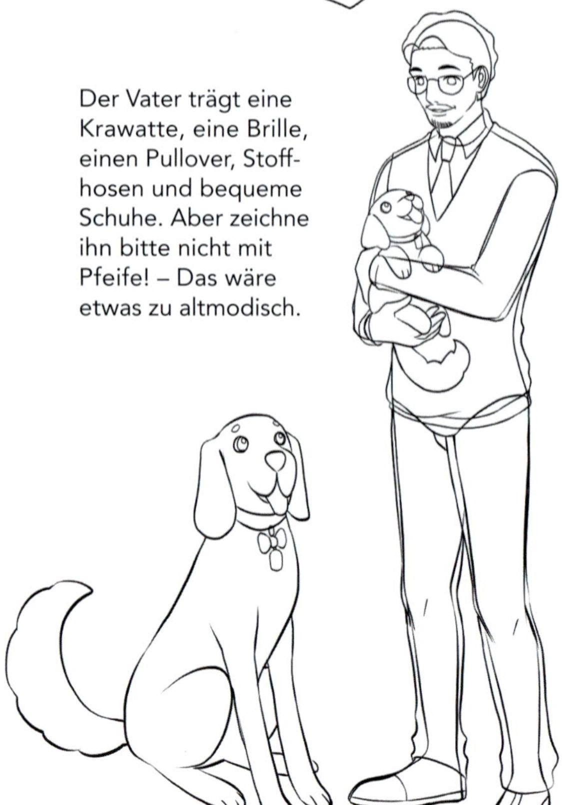

Der Vater trägt eine Krawatte, eine Brille, einen Pullover, Stoffhosen und bequeme Schuhe. Aber zeichne ihn bitte nicht mit Pfeife! – Das wäre etwas zu altmodisch.

Junge Hunde sind so niedlich, dass sie sich fast alles erlauben können.

Deine eigene Variante

Ergänze noch einen zweiten Welpen. Man kann nie genug Hundebabys haben!

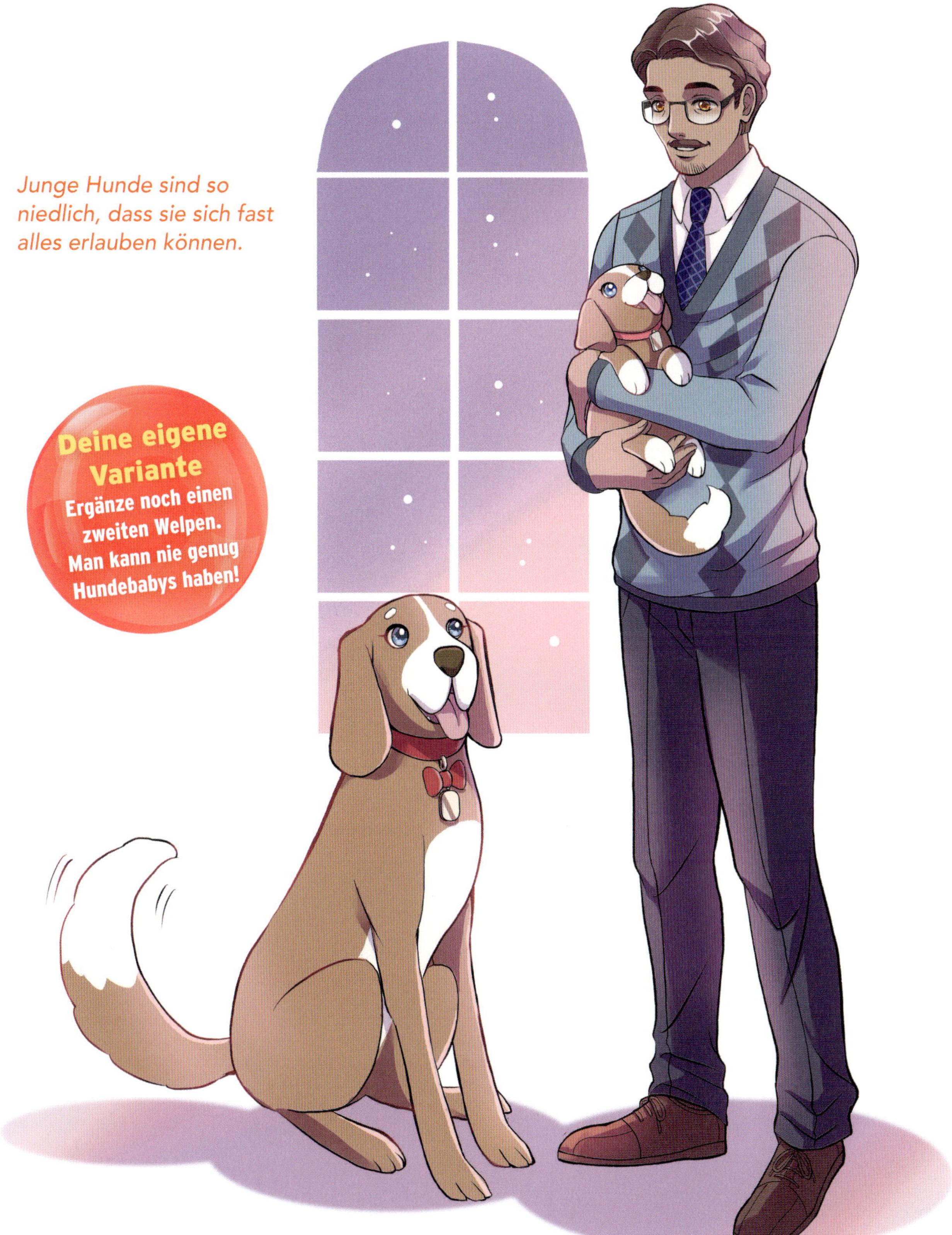

#42 Beliebte Cosplay-Outfits

Eine Attraktion bei Manga-Conventions sind die Cosplayer mit ihren ausgefallenen Kostümen, die sie oft sehr aufwendig selbst genäht haben. Manche von ihnen sind bekannte Performer bei den Conventions, einige sind inzwischen richtige Berühmtheiten. Sehen wir uns einmal an, wie ein paar beliebte Cosplayer ihre raffinierten Kostüme zusammenstellen.

Dystopische Charaktere

Voraussetzung einer Dystopie ist eine Welt, die zugrunde gegangen ist und sich selbst ohne zusammenhängenden Plan wieder aufgebaut hat. Auf Manga-Conventions begegnet man häufig solchen Kostümen. Kreative Cosplayer entwerfen und schneidern sie meist selbst nach ihren ganz eigenen Vorstellungen. Die Accessoires sollen dabei aussehen wie technische Apparate aus einer Zukunft, die es nie gegeben hat.

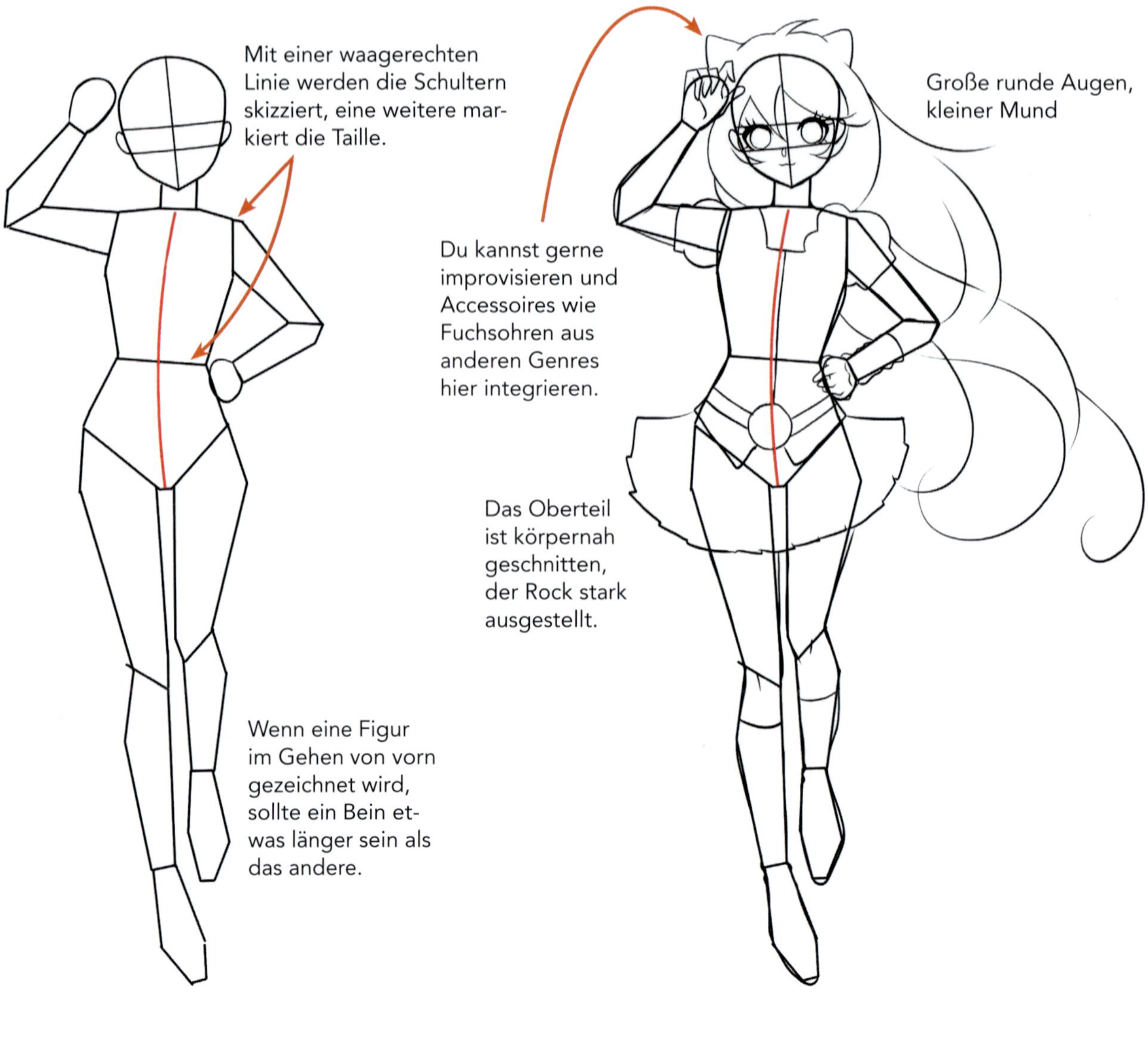

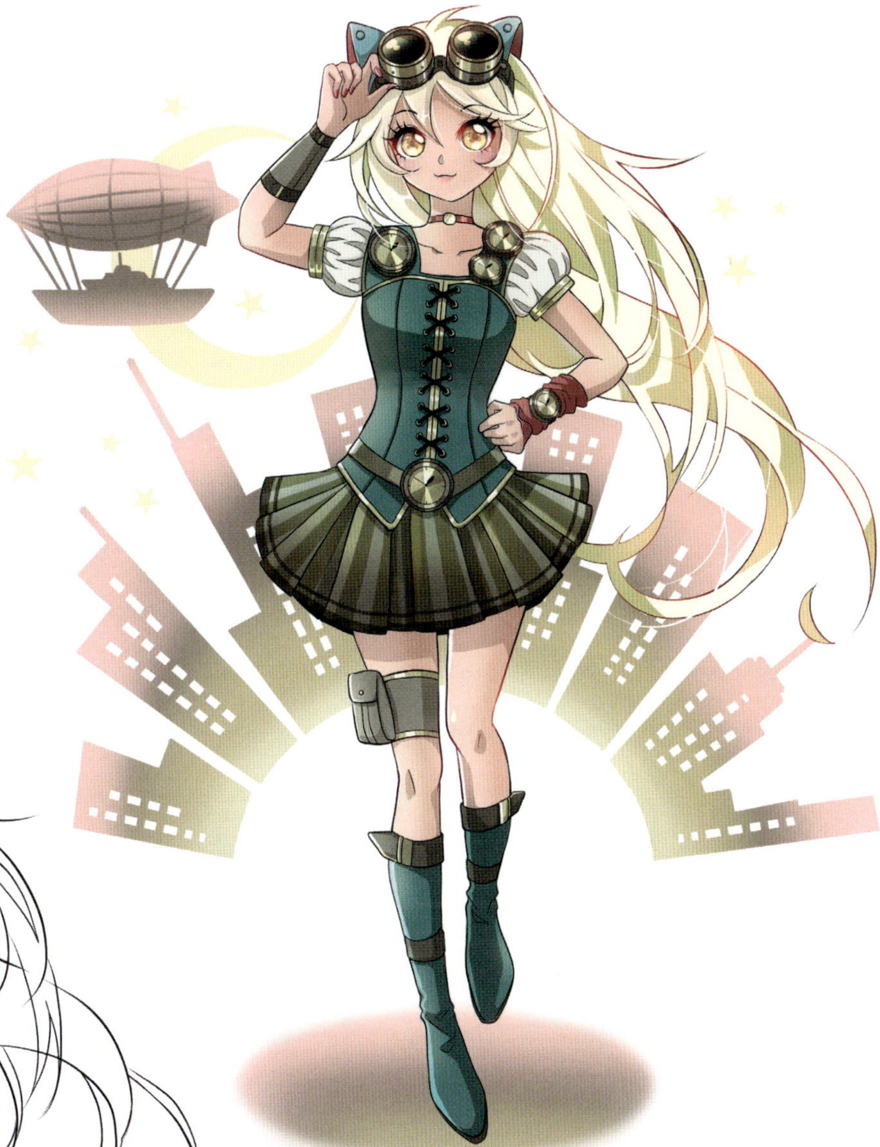

In einer dystopischen Zukunft wirkt alles ein bisschen retro. Aber stopp: Wie kann die Zukunft aussehen wie die Vergangenheit? Ich hasse Paradoxe! Andererseits mag ich sie auch – schon wieder ein Paradox!

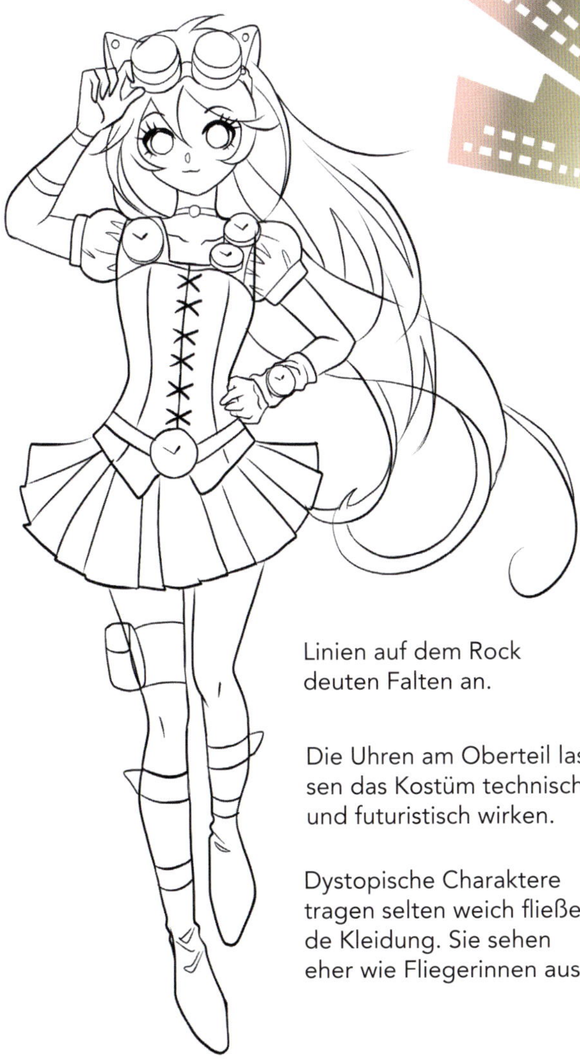

Linien auf dem Rock deuten Falten an.

Die Uhren am Oberteil lassen das Kostüm technisch und futuristisch wirken.

Dystopische Charaktere tragen selten weich fließende Kleidung. Sie sehen eher wie Fliegerinnen aus.

#43 Pyjama

Als Cosplayer gehst du in einem gewöhnlichen Pyjama mit superniedlichen Requisiten und Accessoires zu einer Manga-Convention. Allerdings solltest du dich rechtzeitig auf den Weg machen, weil du zwanzig Minuten zusätzlich einplanen musst, um deiner Mutter zu erklären, wieso du in diesem Aufzug aus dem Haus gehen willst.

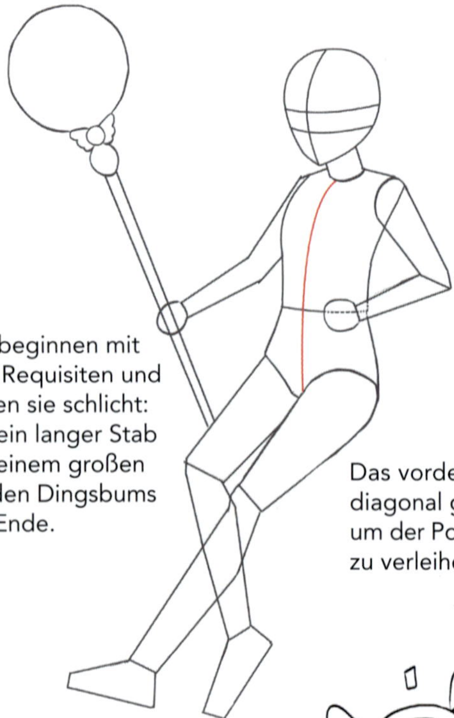

Wir beginnen mit den Requisiten und halten sie schlicht: nur ein langer Stab mit einem großen runden Dingsbums am Ende.

Das vordere Bein ist diagonal gezeichnet, um der Pose Dynamik zu verleihen.

Ich weiß übrigens auch nicht, ob es sich bei dem Ding um einen Ball glühender Energie oder um einen Lolli der Venus handelt.

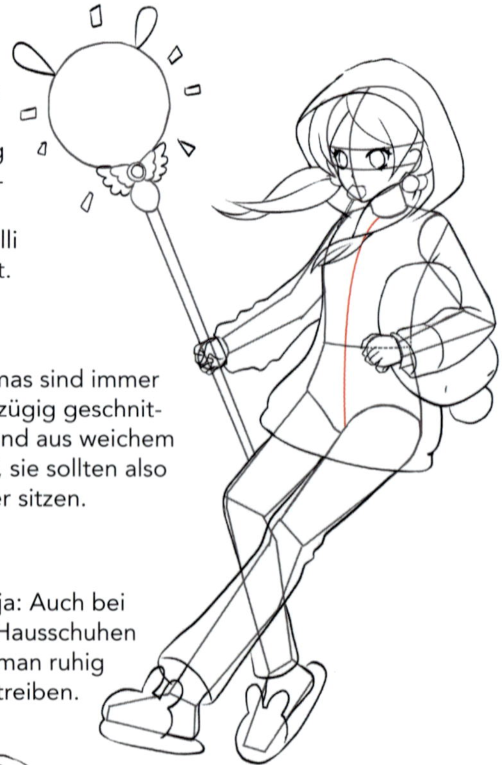

Pyjamas sind immer großzügig geschnitten und aus weichem Stoff, sie sollten also locker sitzen.

Und ja: Auch bei den Hausschuhen darf man ruhig übertreiben.

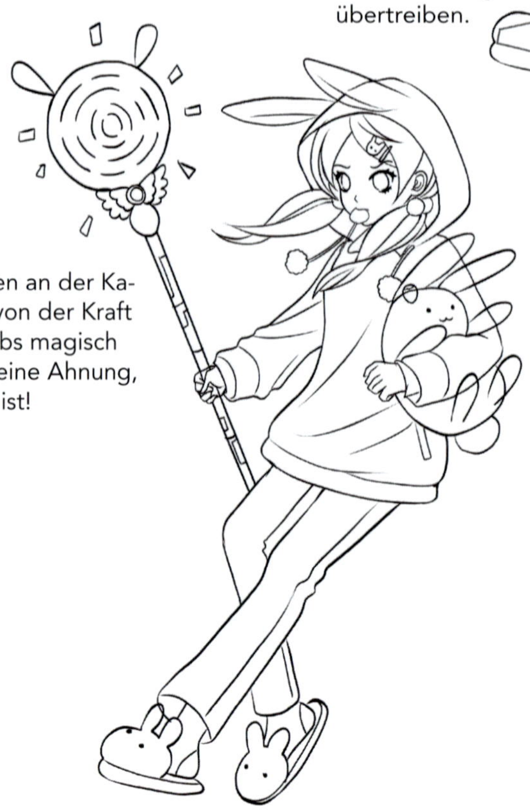

Die Hasenohren an der Kapuze werden von der Kraft des Zauberstabs magisch angezogen. Keine Ahnung, warum das so ist!

Das Häschen darf zum ersten Mal mit zu einer Manga-Convention, und es scheint ihm Spaß zu machen!

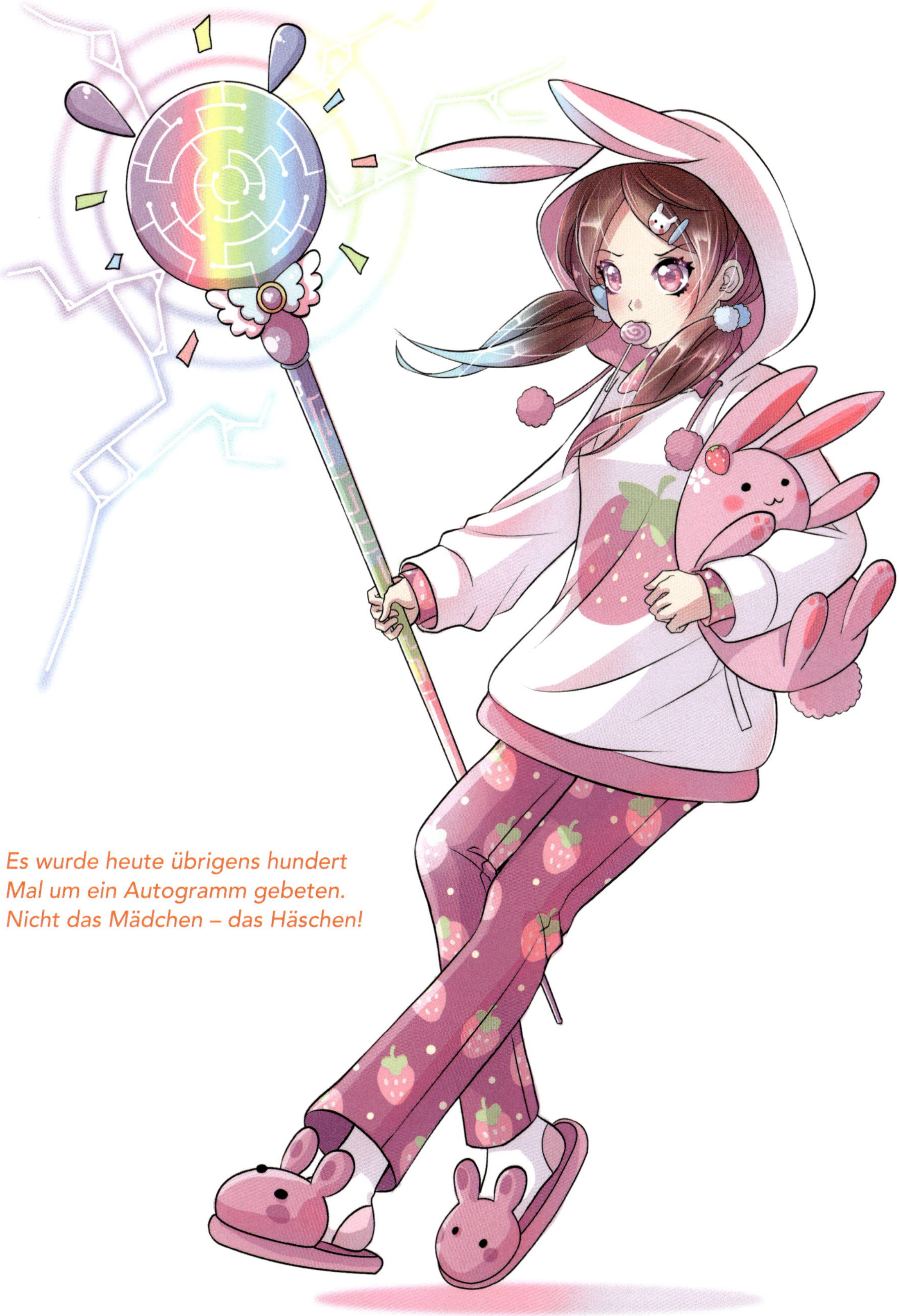

Es wurde heute übrigens hundert
Mal um ein Autogramm gebeten.
Nicht das Mädchen – das Häschen!

#44 Star der Boygroup

Dieser Gitarrist ist übrigens wesentlich eindrucksvoller, wenn er mit seinem Instrument posiert, als wenn er darauf spielt. Aber die Frisur ist wirklich gut! Seine Pose gehört unbedingt zum Look, und deshalb bekommst du hier ein paar Anregungen, wie man diesen Look kreiert.

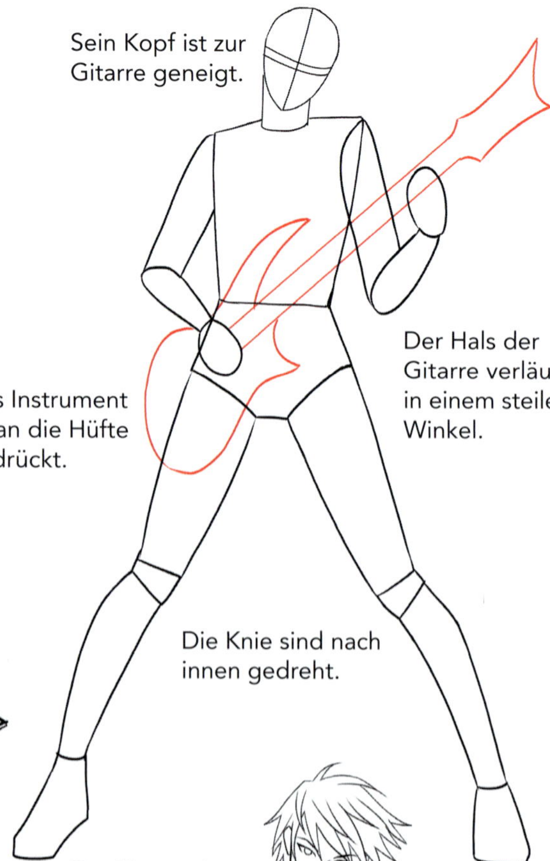

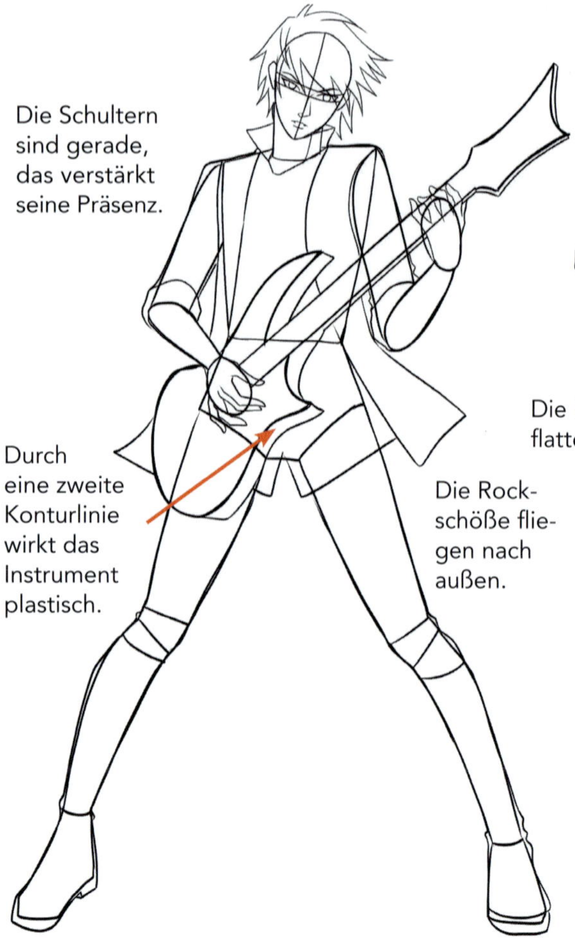

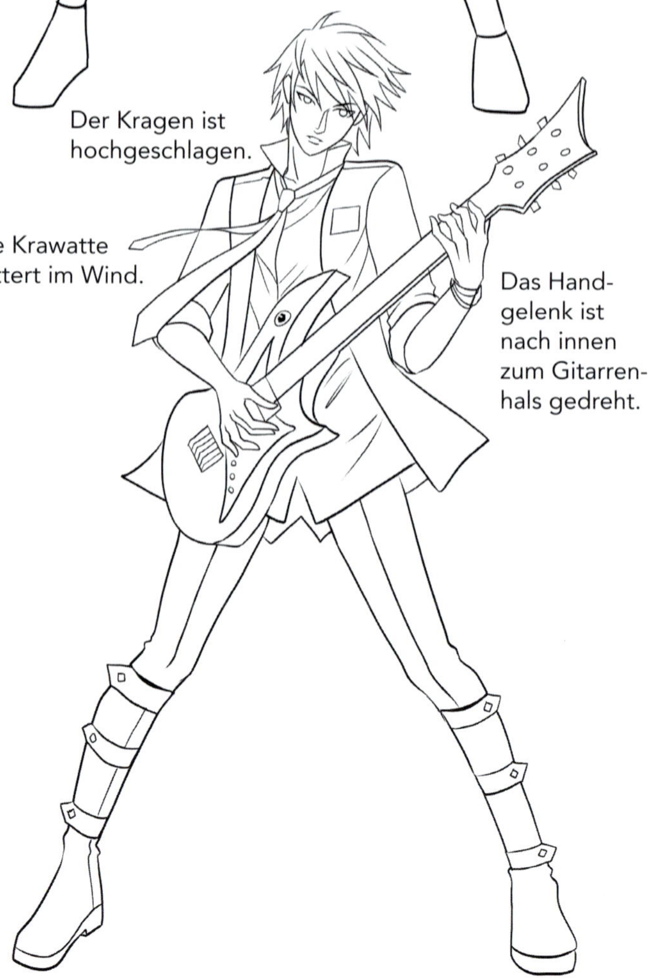

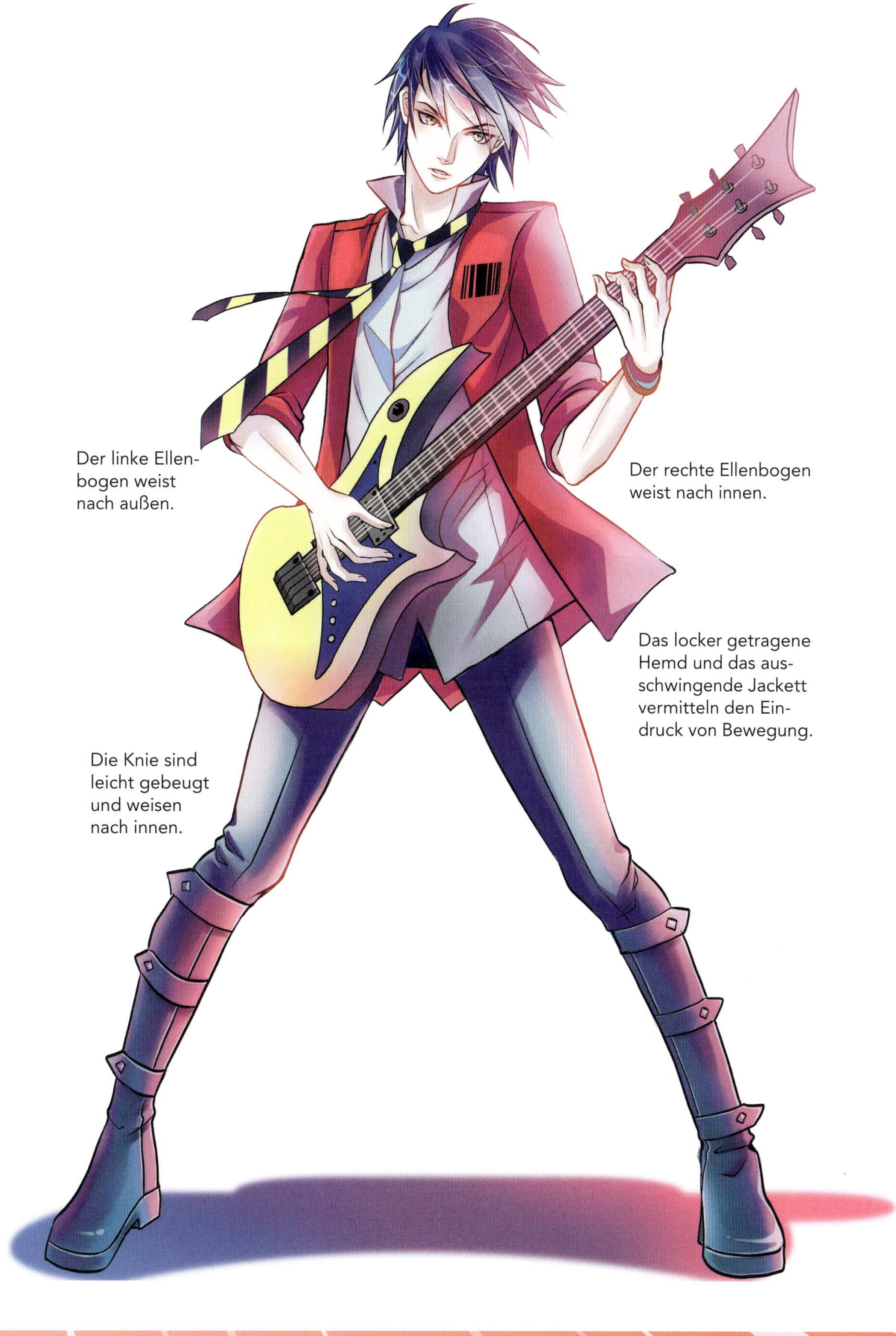
Der linke Ellenbogen weist nach außen.
Der rechte Ellenbogen weist nach innen.
Das locker getragene Hemd und das ausschwingende Jackett vermitteln den Eindruck von Bewegung.
Die Knie sind leicht gebeugt und weisen nach innen.

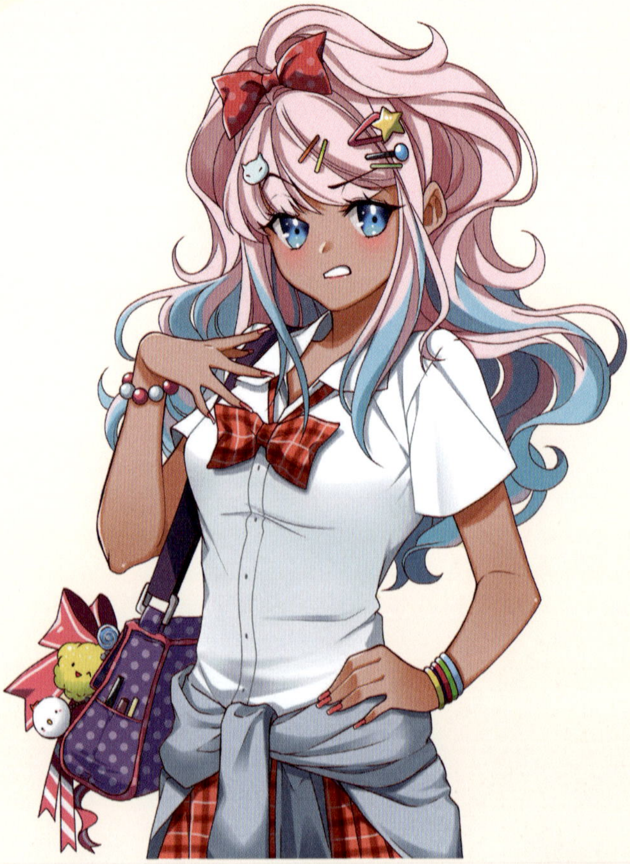

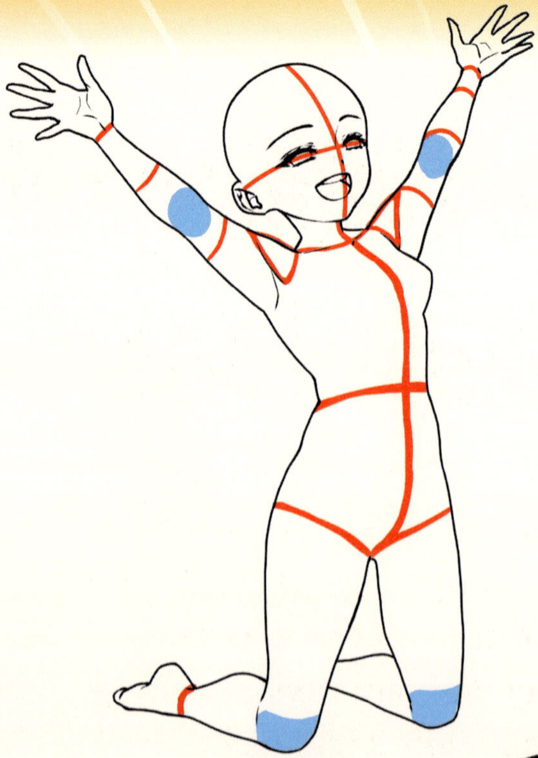

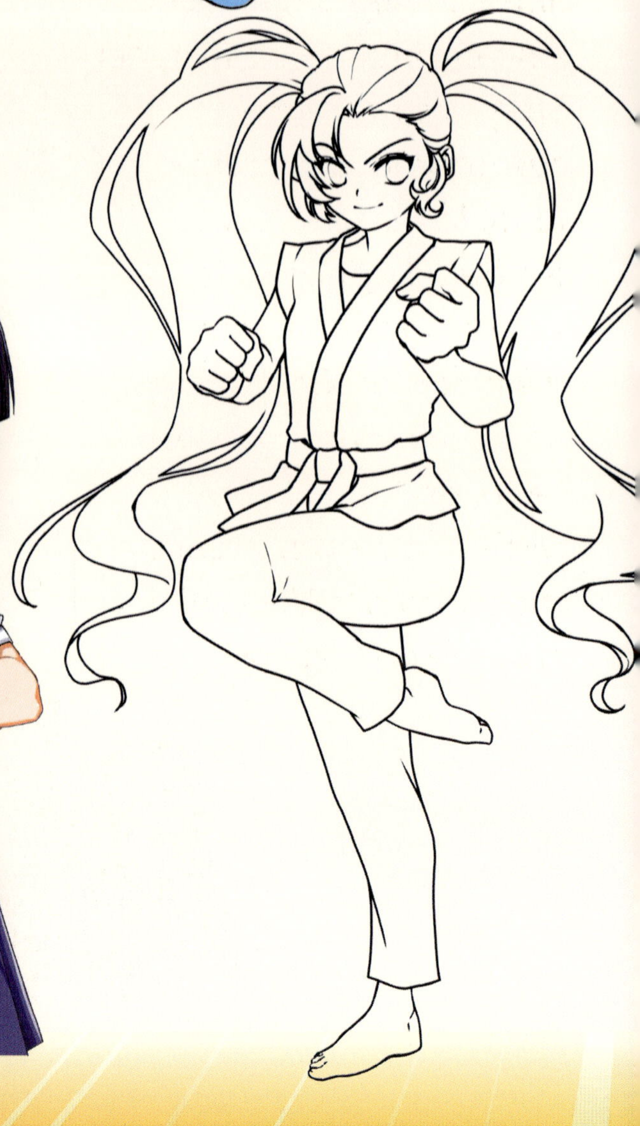

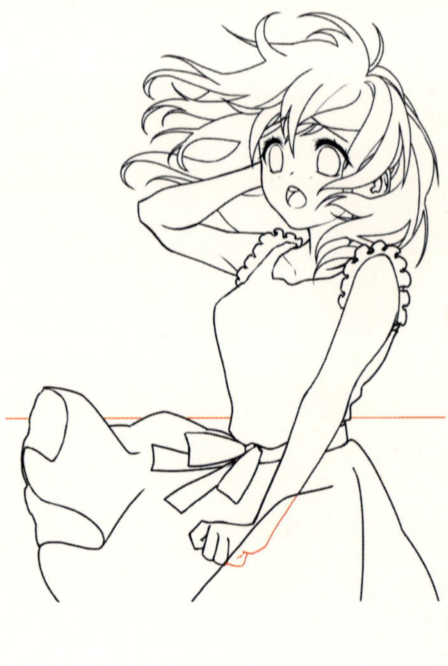

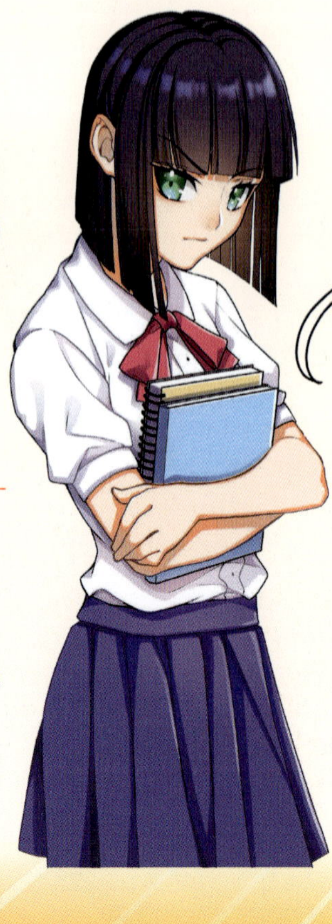

Die Lieblinge der Manga-Fans

Es gibt Charaktere, und es gibt Lieblingscharaktere. Die Favoriten haben eine große Fangemeinde, und sie sind es, die die Handlung bestimmen und zusammenhalten. Sie übernehmen dabei nicht nur eine bestimmte Rolle in der Story, sie sind auch ausgesprochen unterhaltend. In diesem Kapitel erhältst du praktische Anleitungen, wie man die einzelnen Charaktere und Situationen am besten zeichnet. Keine Sorge, es wird nicht zu kompliziert, sodass du alle Vorschläge ausprobieren kannst.

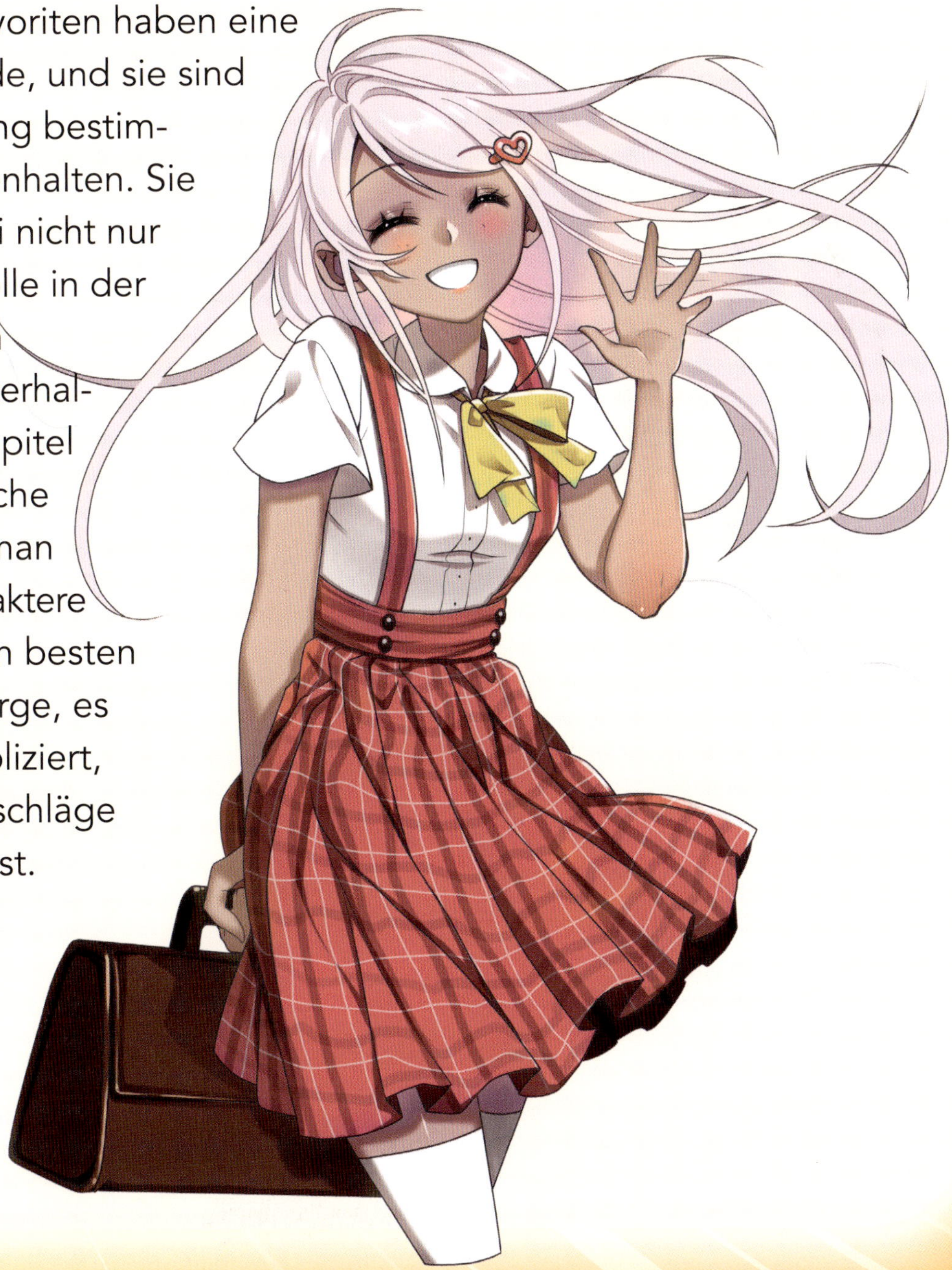

#45 Verlässliche Freundin

Unsere Hauptfigur braucht eine Freundin, auf die sie sich hundertprozentig verlassen kann und die mit ihr durch Dick und Dünn geht. Es geht also darum, eine fröhlich-optimistische Figur zu erschaffen, die völlig ohne Hintergedanken handelt.

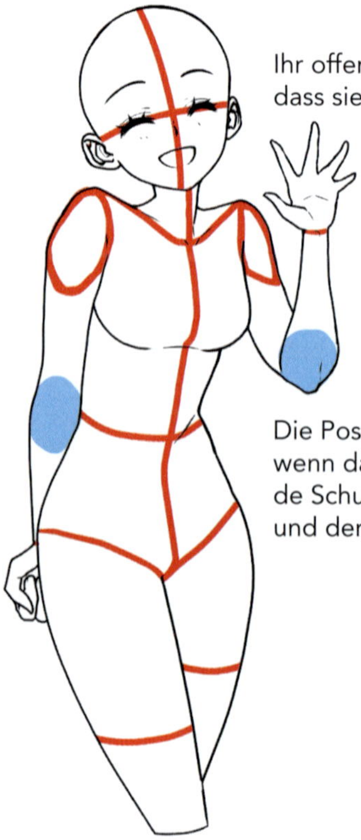

Ihr offenes Lächeln zeigt, dass sie gut gelaunt ist.

Die Pose wirkt niedlich, wenn das Mädchen beide Schultern hochzieht und den Bauch einzieht.

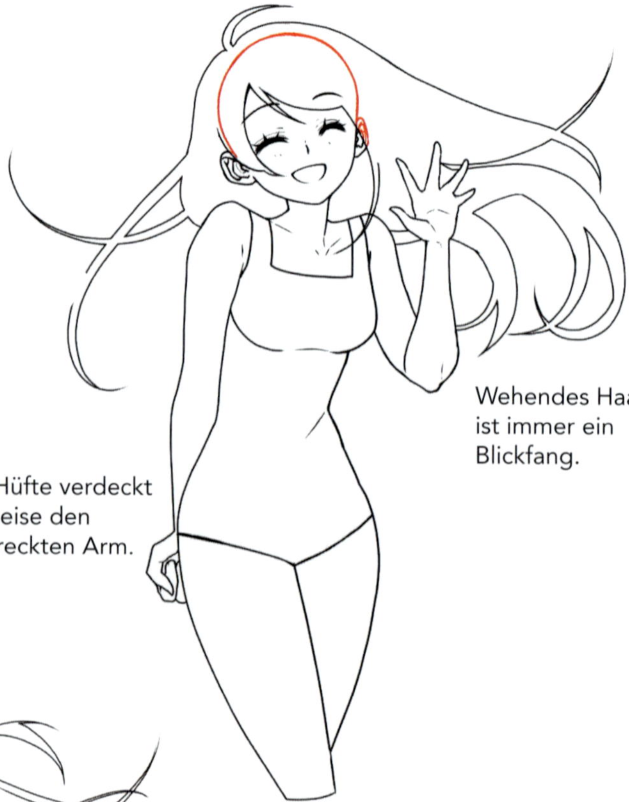

Wehendes Haar ist immer ein Blickfang.

Die Hüfte verdeckt teilweise den gestreckten Arm.

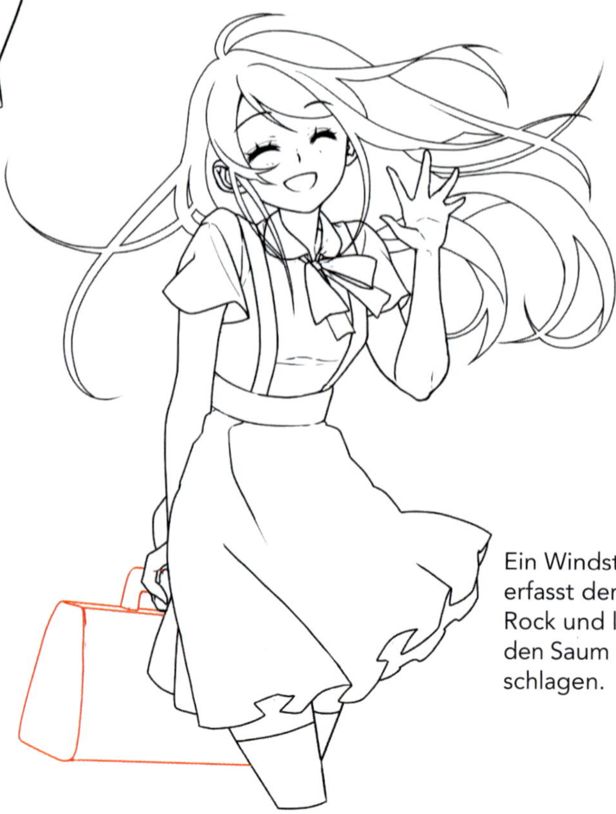

Ein Windstoß erfasst den Rock und lässt den Saum Falten schlagen.

TIPP

Ehrliche Charaktere haben Augenbrauen, die nach oben weisen, bei zwielichtigen Charakteren weisen sie nach unten.

Du könntest ihr dein größtes Geheimnis anvertrauen, und sie würde es niemandem verraten!

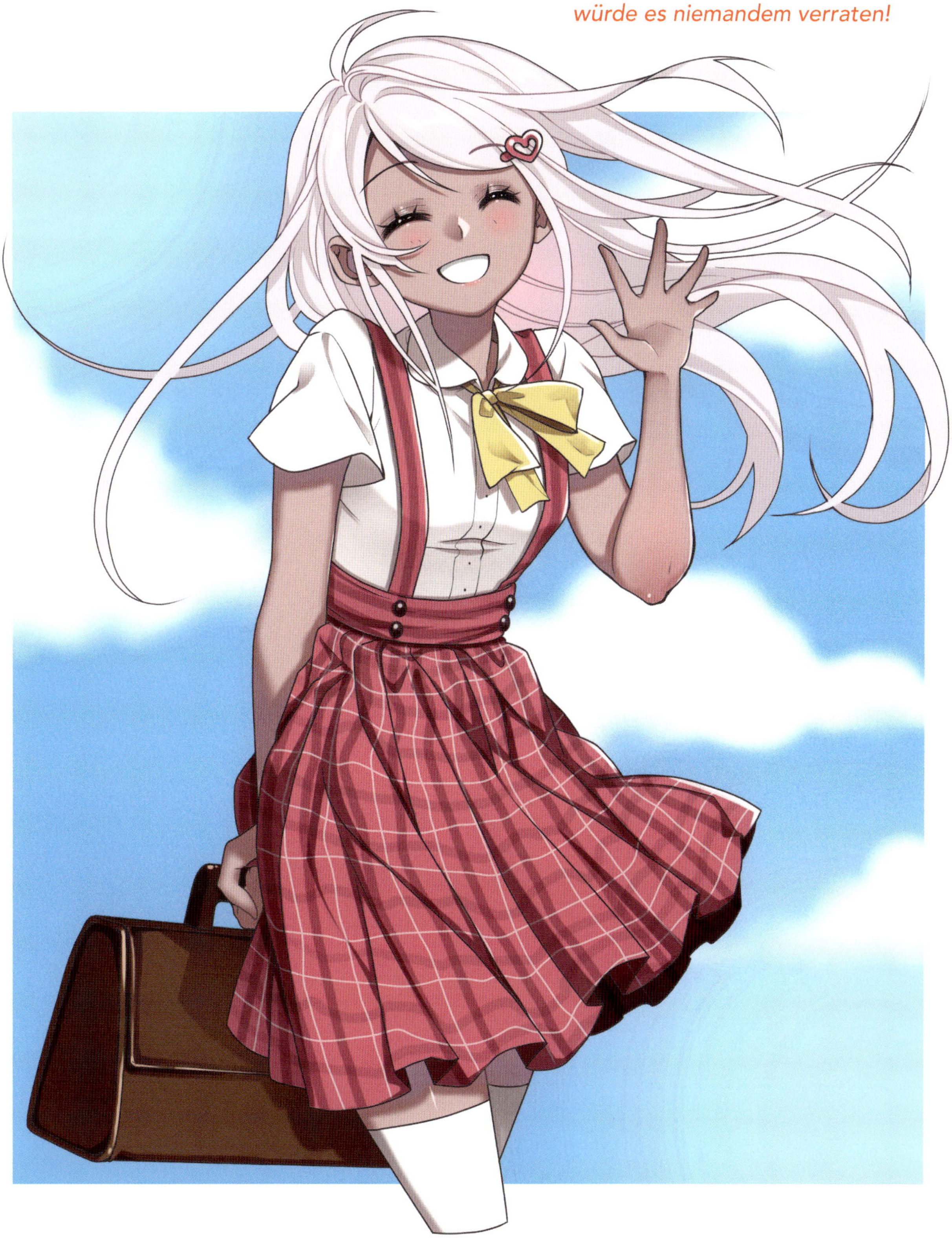

#46 Lustiges Mädchen

Jeder von uns braucht eine Freundin, die uns aufmuntern kann. Diese hier hat noch dazu immer eine Schachtel Pralinen griffbereit, die sie gern mit dir teilt.

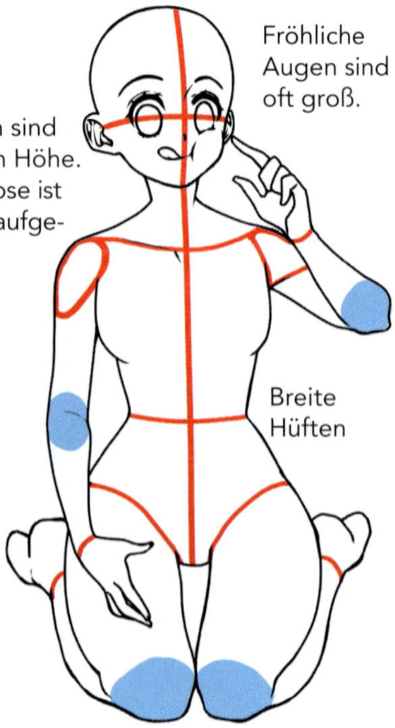

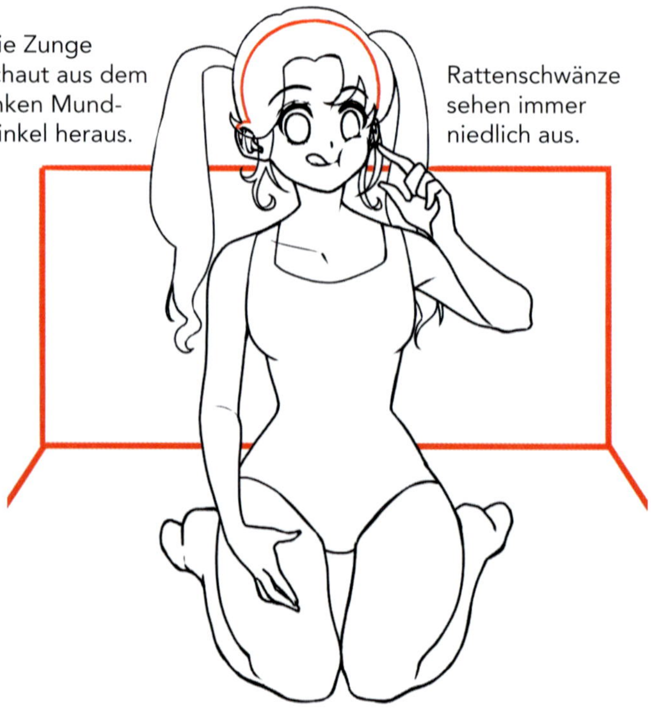

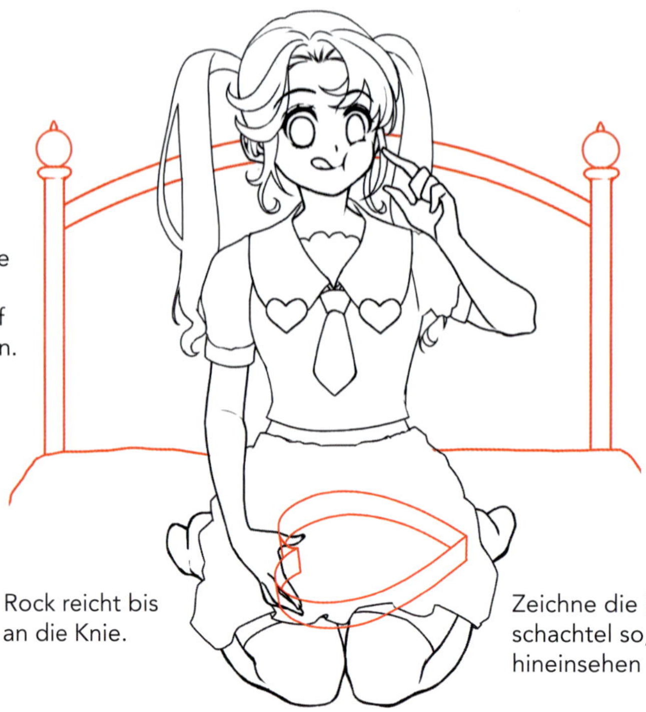

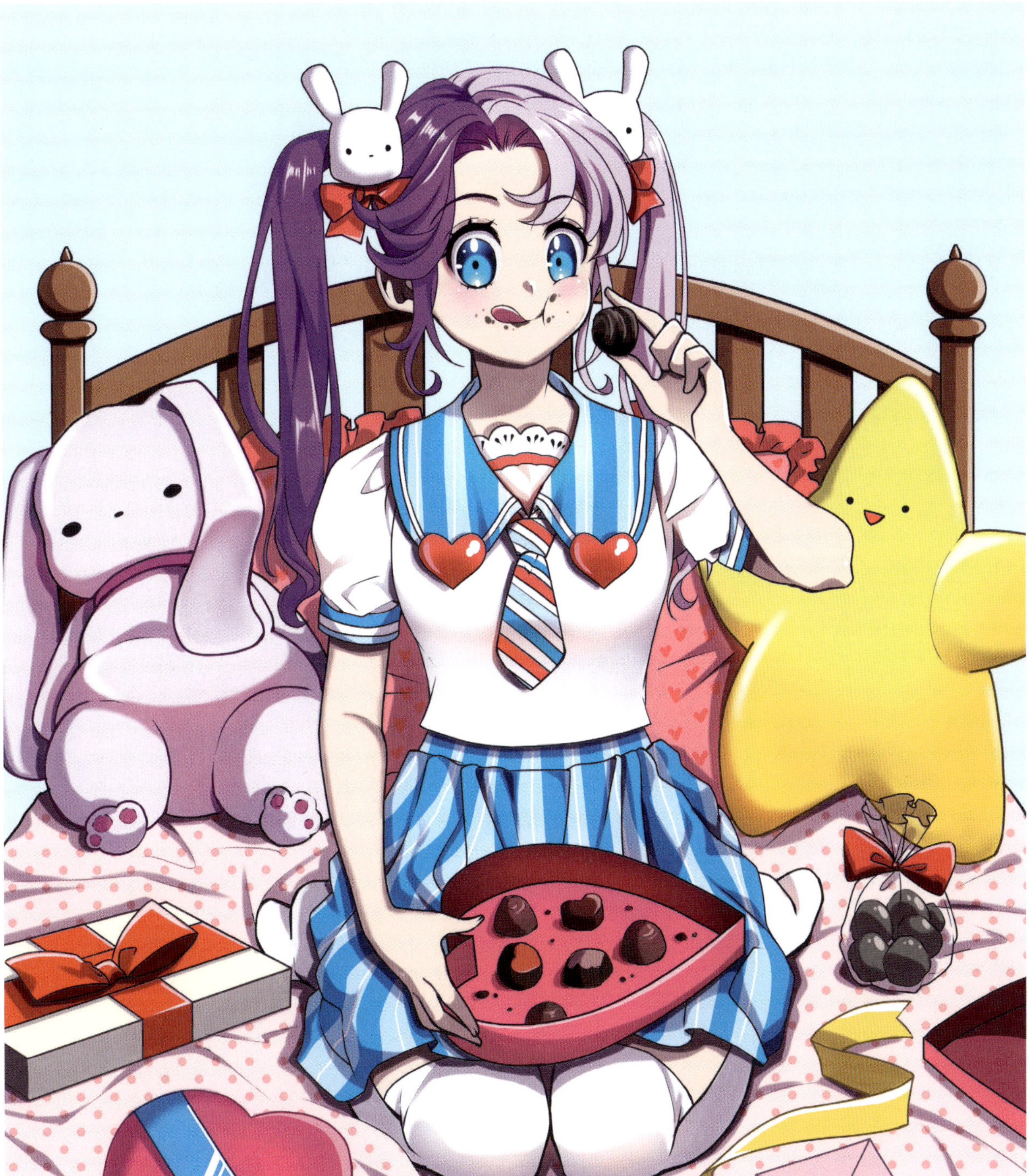

#47 Nie im Leben!

Dieser nervige Klassenkamerad ruft sie an und will sich mit ihr verabreden. Welches Wort ist das nur, das ihr gerade nicht einfällt? Vielleicht „Nein". Dabei hat er noch gar nicht gesagt, wann er sich mit ihr treffen will! Egal, sie hat auf gar keinen Fall Zeit für ihn.

TIPP
Dieser Blick ist so wirkungsvoll, weil ihr Körper von ihrem Gegenüber abgewandt ist.

Die Handbewegung, bei der die Finger auf sie selbst deuten, unterstreicht ihre Einstellung.

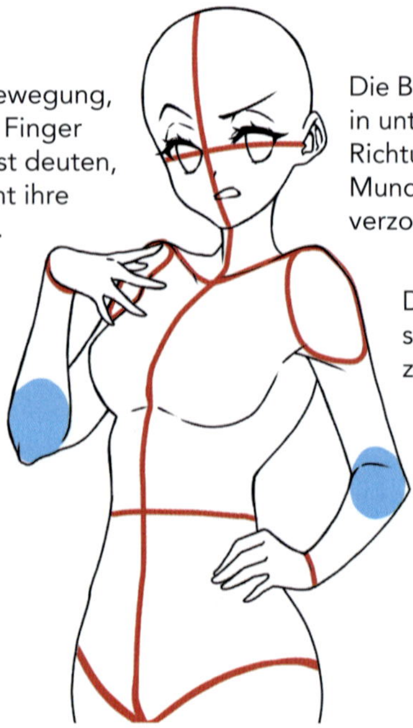

Die Brauen weisen in unterschiedliche Richtungen, der Mund ist unwillig verzogen.

Die Schultern sind hochgezogen.

Eine übertriebene üppige Frisur

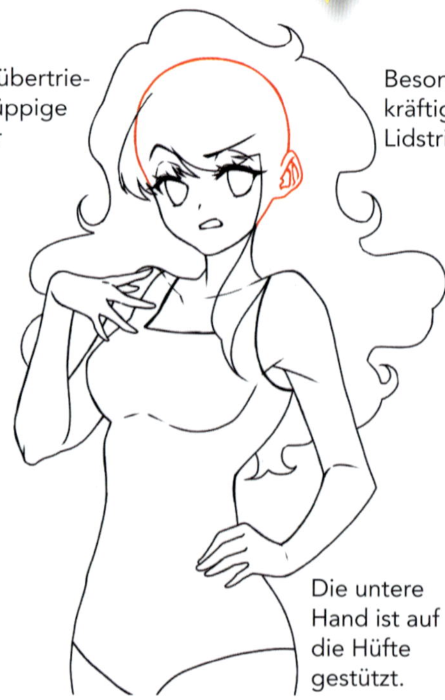

Besonders kräftiger Lidstrich

Die untere Hand ist auf die Hüfte gestützt.

Das Kreuz durchgedrückt, die Hand auf der Hüfte blickt sie über ihre Schulter.

Die Handtasche wird perspektivisch gezeichnet, damit sie plastisch wirkt.

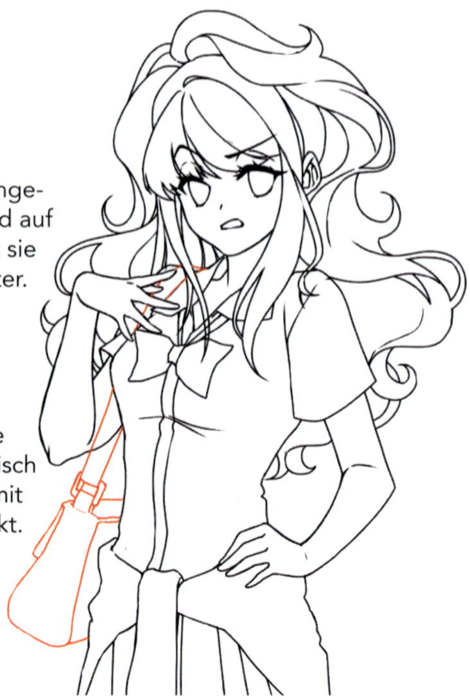

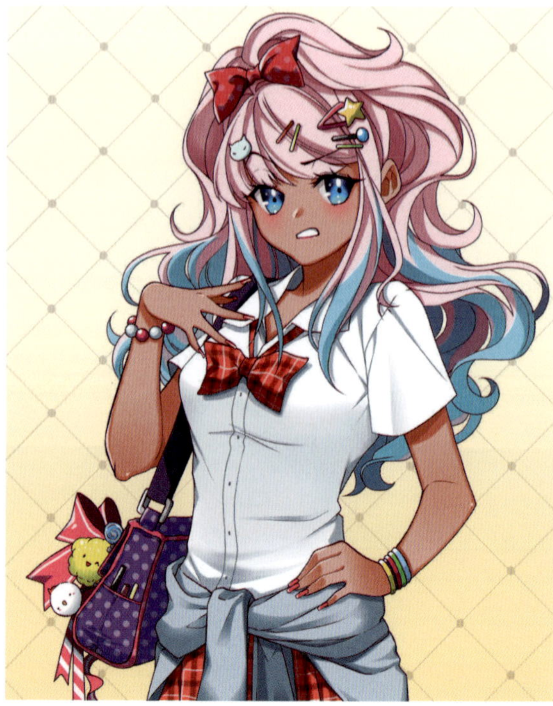

Immer derselbe Ärger!

#48

Es gibt nur eine einzige Gelegenheit, bei der ich so wütend werde: Wenn ich bei meiner Versicherung anrufe und in die Wartschleife gerate. Egal. Hier sehen wir deutlich, dass der Gesichtsausdruck durch die Körperhaltung verstärkt wird: Sie stürzt sich praktisch in das Gespräch.

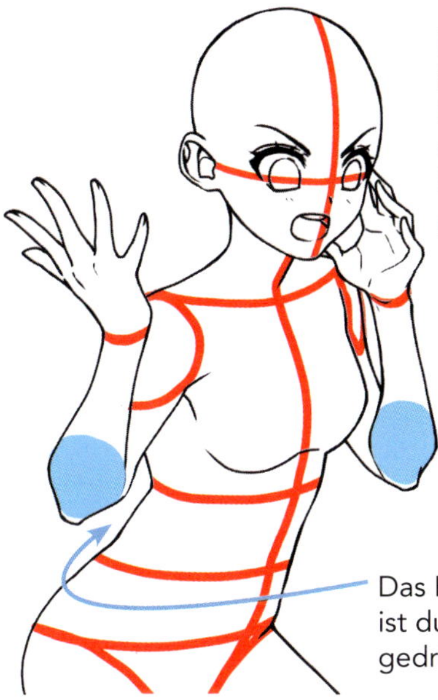

Ihre Brauen laufen steil auf die Nasenwurzel zu, die Augen bleiben dabei weit geöffnet.

Der Unterarm verdeckt teilweise den Oberarm.

Das Kreuz ist durchgedrückt.

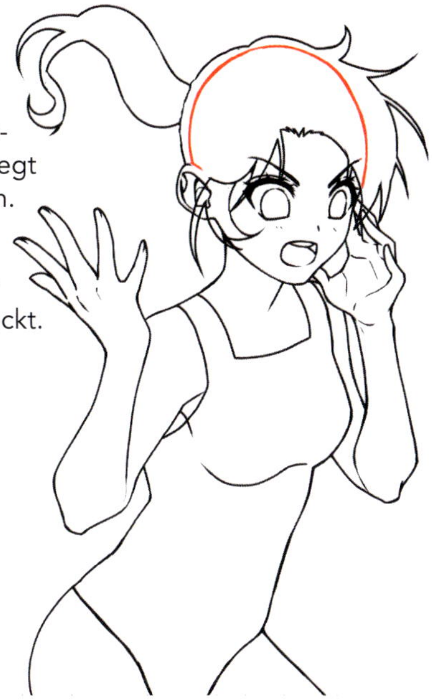

Der Pferdeschwanz fliegt nach hinten.

Ihre Finger sind gestreckt.

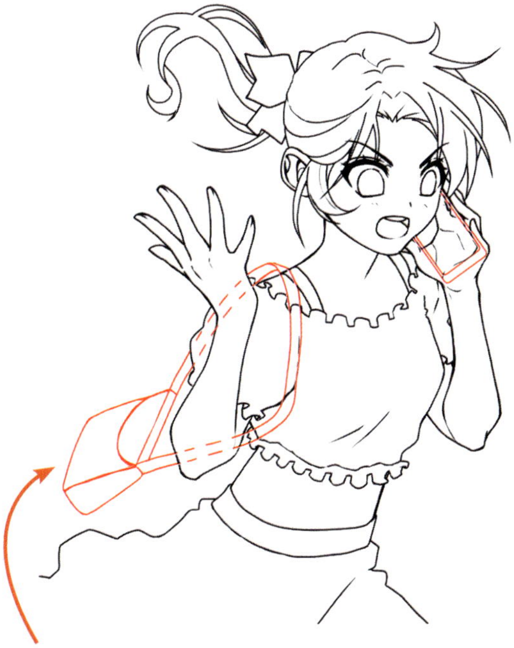

Warum ihre Tasche nach hinten fliegt? Das unterstreicht die Heftigkeit ihrer Gefühle.

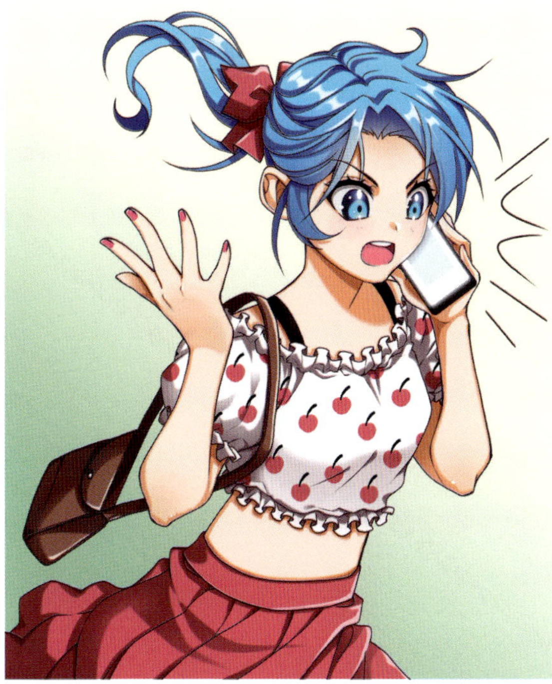

#49 Herausforderung angenommen

So manche Schülerin würde sich zutiefst verletzt am liebsten irgendwo verkriechen, wenn sie so gemobbt und lächerlich gemacht wird. Nicht so unsere Hauptfigur! Siehst du die wilde Entschlossenheit in ihren Augen? Sie wird es ihnen schon zeigen und überall besser sein als ihre gemeinen Mitschülerinnen, im Sport und in allen anderen Fächern erst recht.

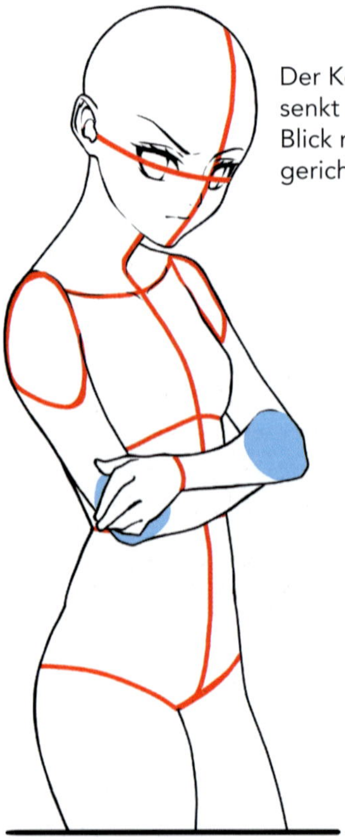

Der Kopf ist gesenkt und der Blick nach oben gerichtet.

Bei verschränkten Armen liegen die Oberarme eng am Körper an.

TIPP
Schweigen kann eine Emotion deutlicher ausdrücken als viele Worte.

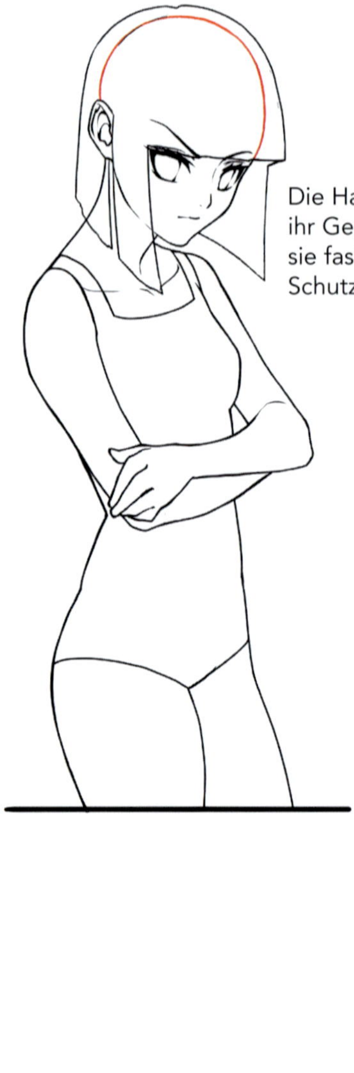

Bei gesenktem Kopf muss das Ohr höher am Kopf platziert werden.

Die Haare umrahmen ihr Gesicht so, dass sie fast wie ein Schutzschild wirken.

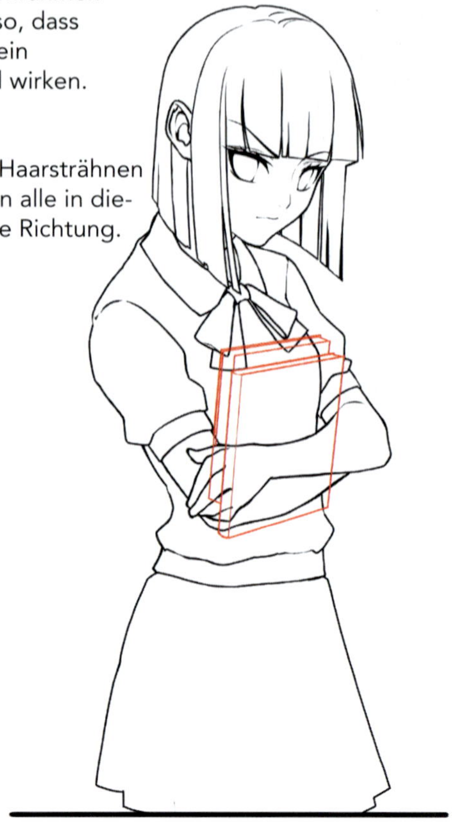

Die Haarsträhnen fallen alle in dieselbe Richtung.

Zeichne die Bücher perspektivisch, damit sie plastisch wirken.

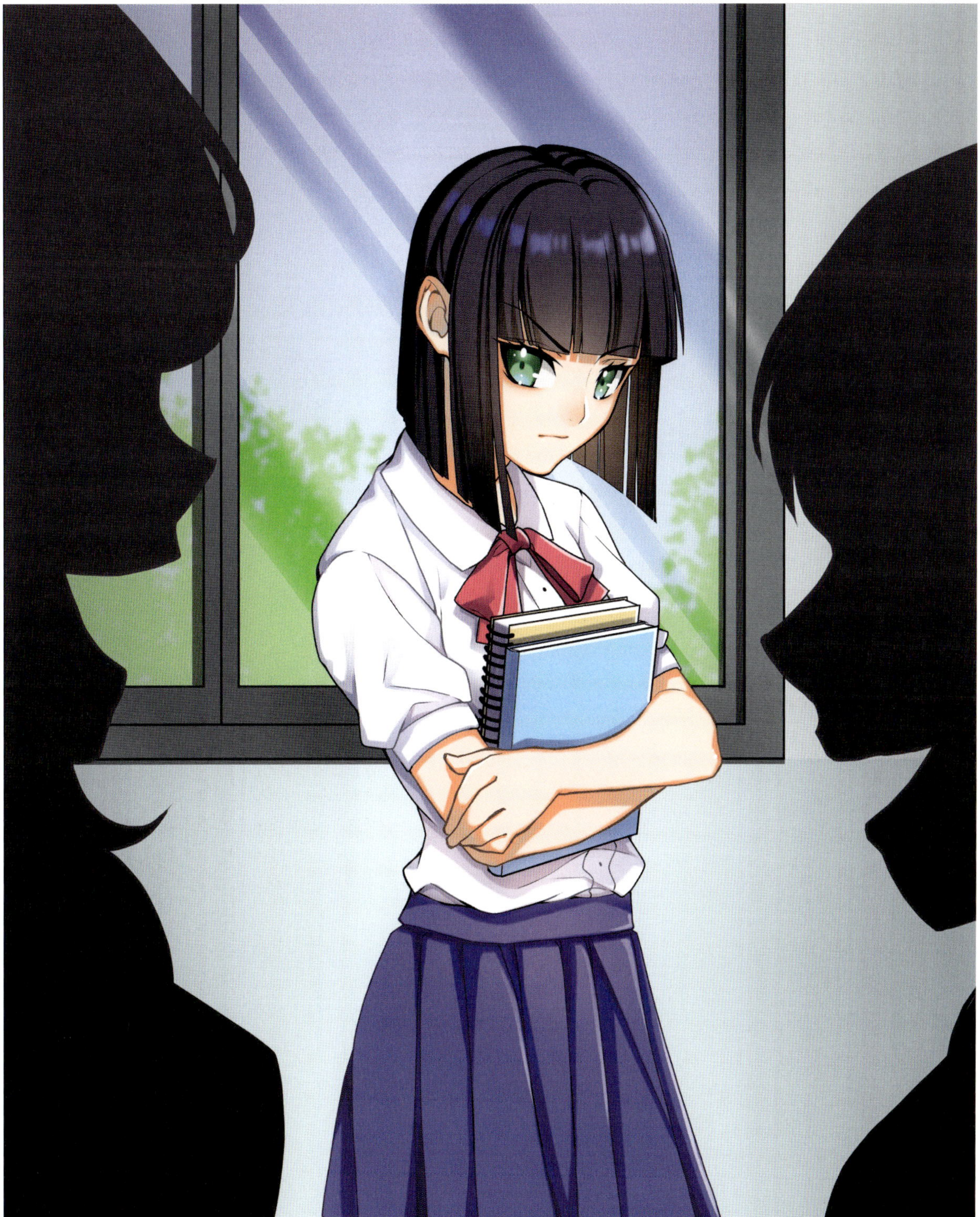

Die Silhouetten im Vordergrund sind im Profil dargestellt: Die beiden Mädchen reden ganz offensichtlich über sie und nicht mit ihr.

#50 Schnell aus der Fassung gebracht

Wenn ein Charakter ein wenig unsicher ist, reicht manchmal schon ein Windstoß, um ihn völlig aus der Fassung zu bringen. Wetterbedingungen wie Wind oder Regen lassen sich in jeder Szene unterbringen, um die Stimmung eines Charakters zu verdeutlichen.

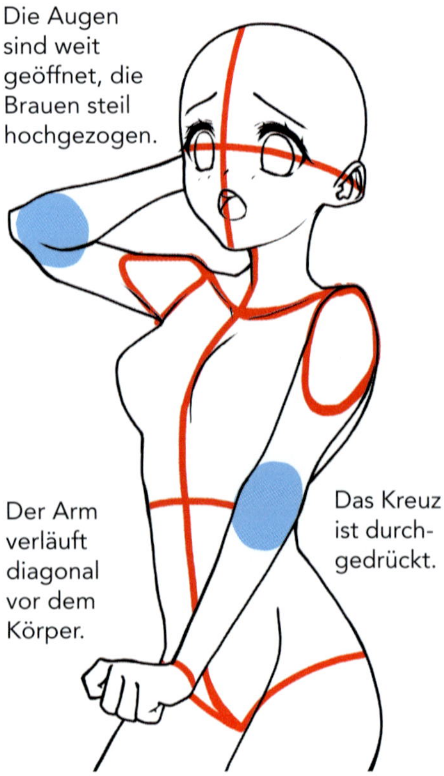

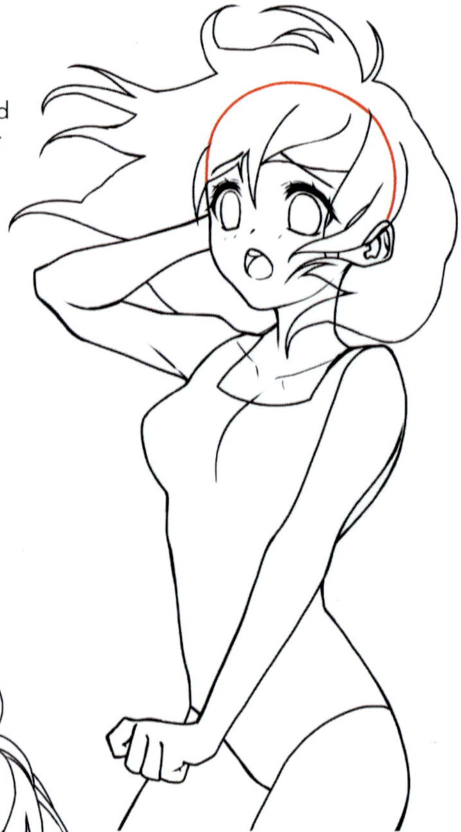

TIPP
Wenn jemand fassungslos ist, macht er den Rücken steif.

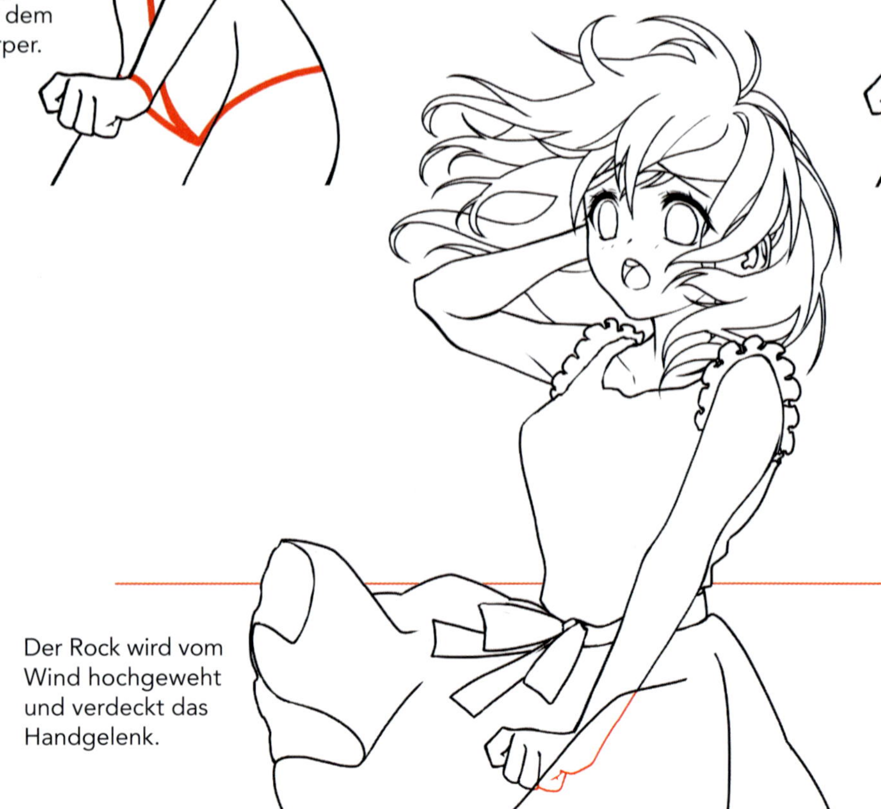

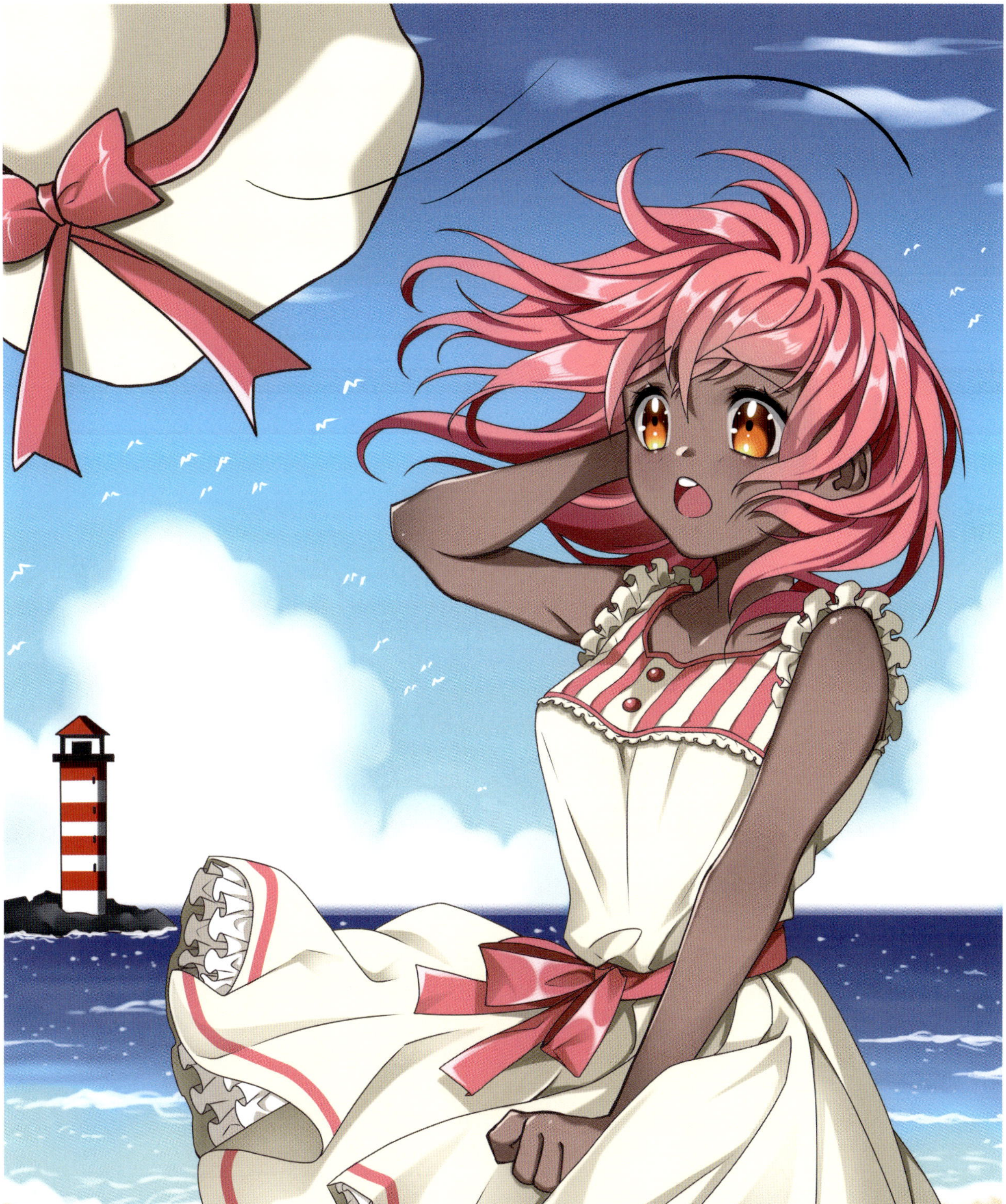

Es ist doch nur der Hut! Eine echte Katastrophe wäre es, jetzt in einem U-Boot zu sein, wenn die Luft knapp wird. Aber trotzdem sehr ärgerlich – das mit dem Hut.

#51 Kampfsportlerin

Manche Charaktere können es absolut nicht leiden, herumgeschubst zu werden. Und wehe dem, der es versucht! Eigentlich ist sie ein ganz normales Schulmädchen, wenn man sie jedoch herausfordert, zeigt sie, was sie als Kampfsportlerin drauf hat.

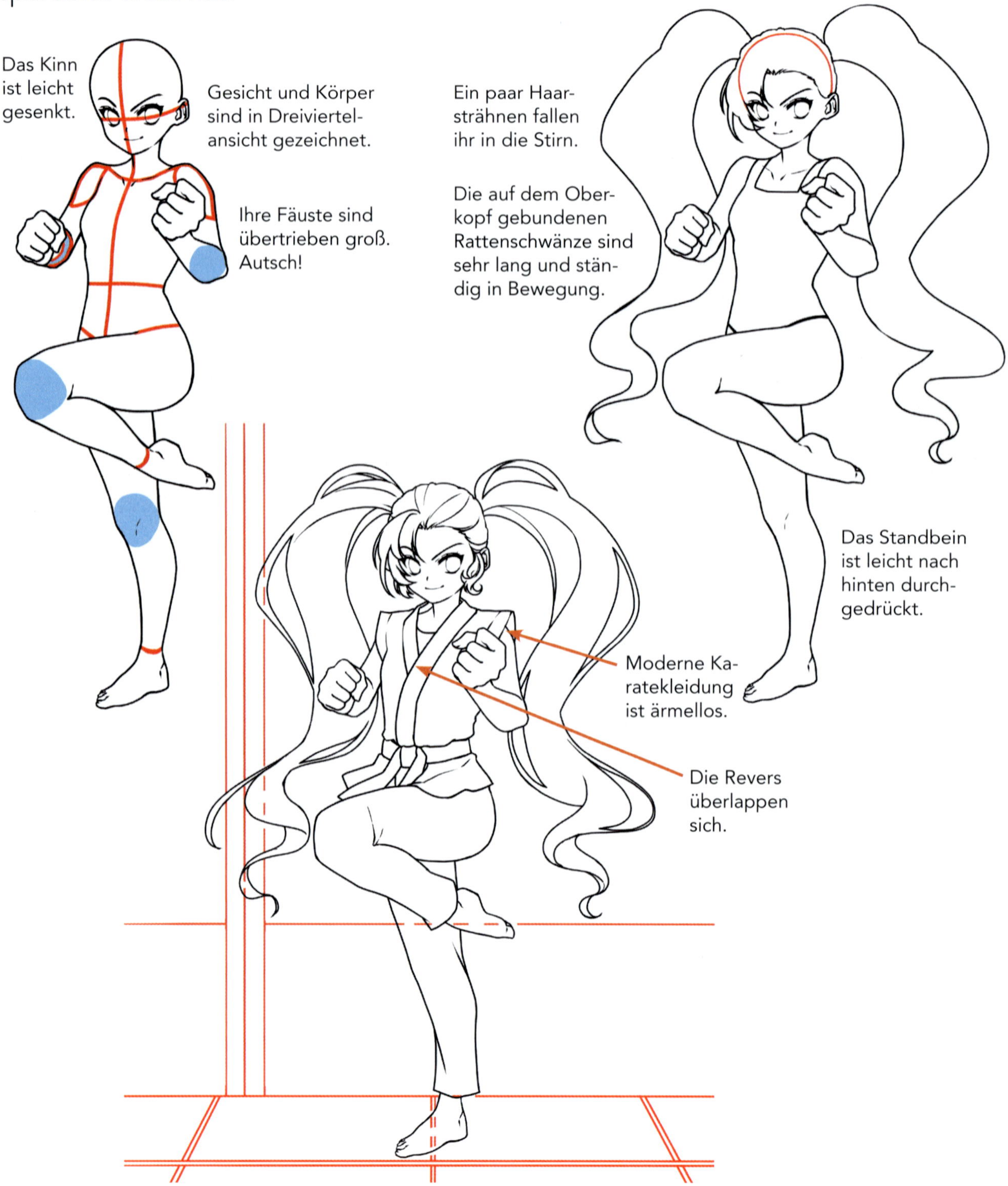

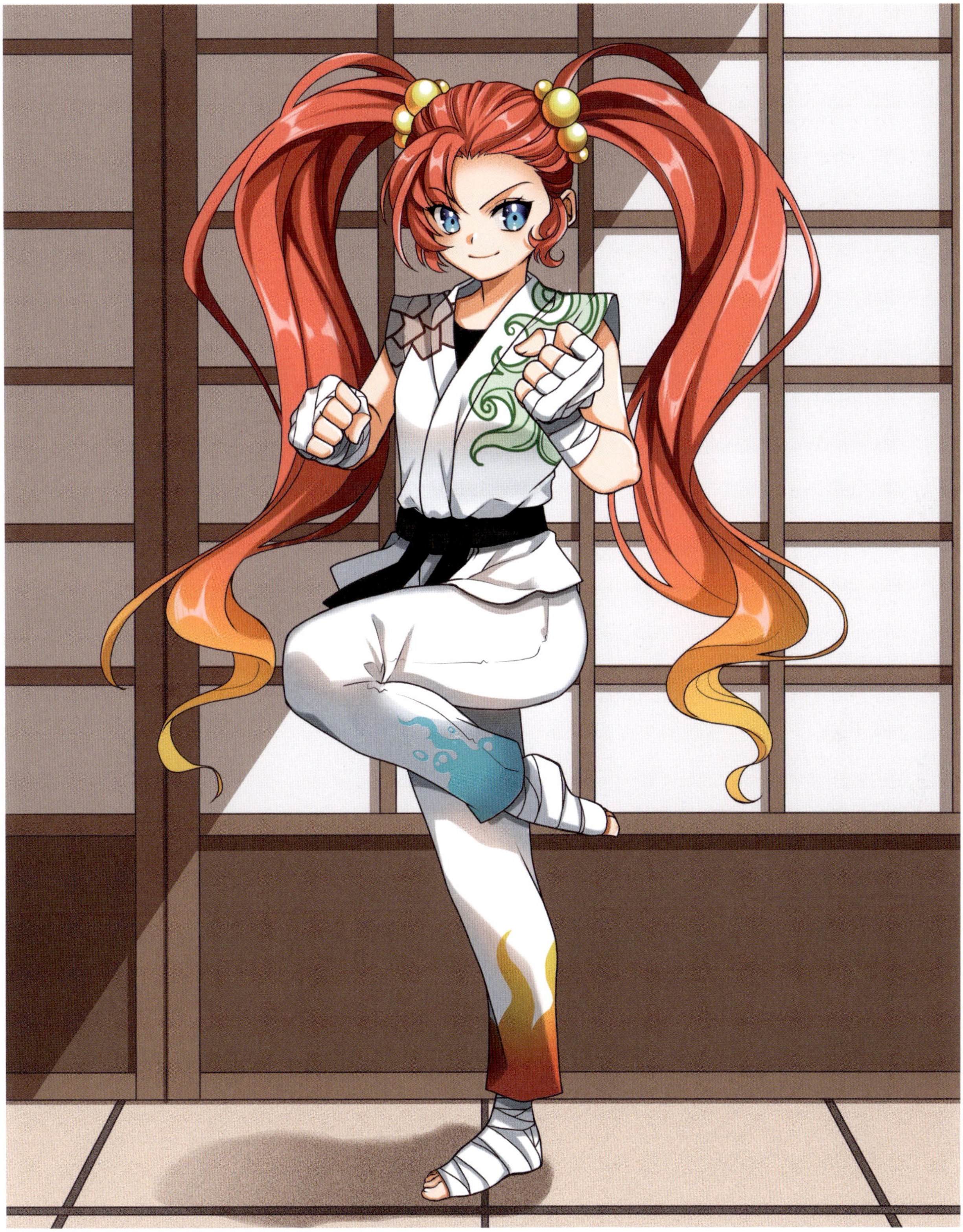

Vorsicht! Dieses Lächeln verheißt nichts Gutes.

#52 Im Überschwang!

Gibt es Schöneres, als in einen riesigen Haufen Laub zu springen? Na, vielleicht in einen riesigen Haufen Geldscheine zu springen. Jedenfalls geben spontane Bekundungen von Begeisterung sehr eindrucksvolle Posen ab.

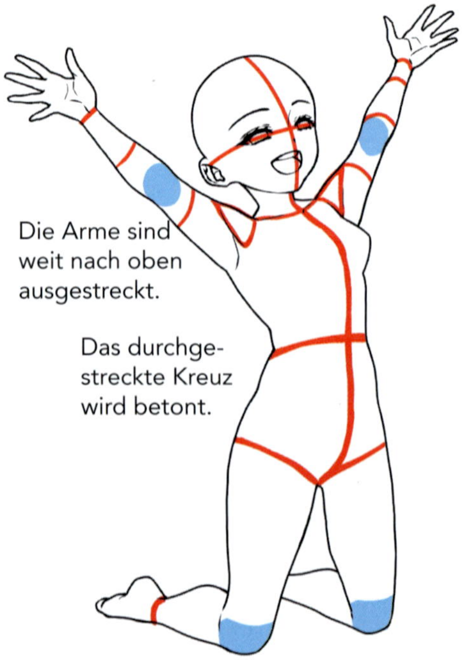

Die Finger sind gespreizt.

Die Arme sind weit nach oben ausgestreckt.

Das durchgestreckte Kreuz wird betont.

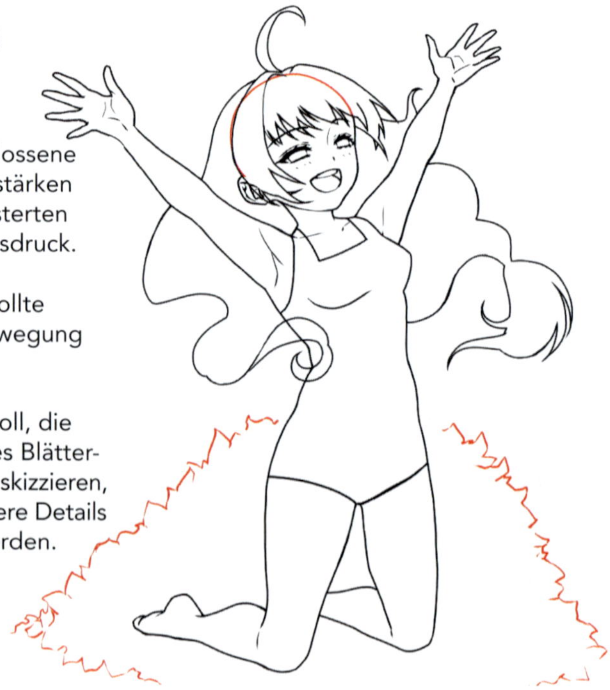

Halbgeschlossene Augen verstärken den begeisterten Gesichtsausdruck.

Das Haar sollte mit der Bewegung fliegen.

Es ist sinnvoll, die Umrisse des Blätterhaufens zu skizzieren, bevor weitere Details ergänzt werden.

Hier scheint alles in Bewegung zu sein: die Haare, das Halstuch, Bluse und Rock.

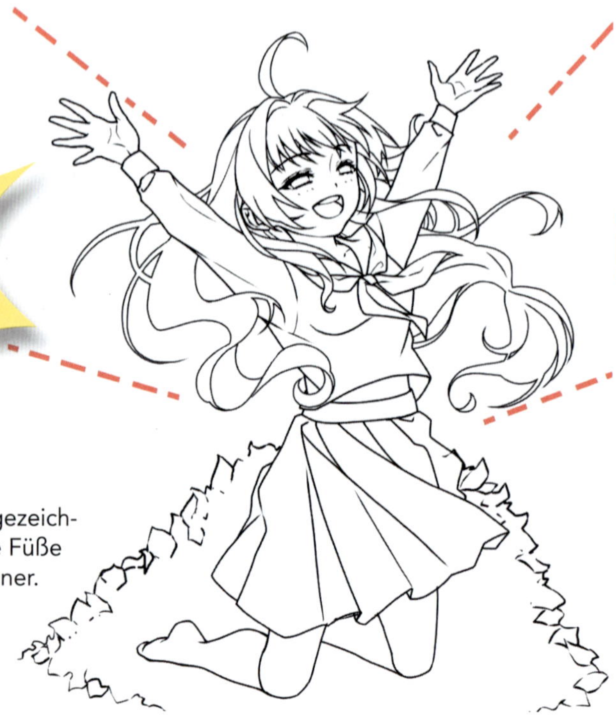

TIPP
Die gestrichelten Linien laufen alle auf das Mädchen zu und lenken so den Blick auf das Motiv.

Deine eigene Variante
Ergänze noch einen lächelnden Hundekopf, der aus dem Laubhaufen auftaucht.

Perspektivisch gezeichnet, werden die Füße nach hinten kleiner.

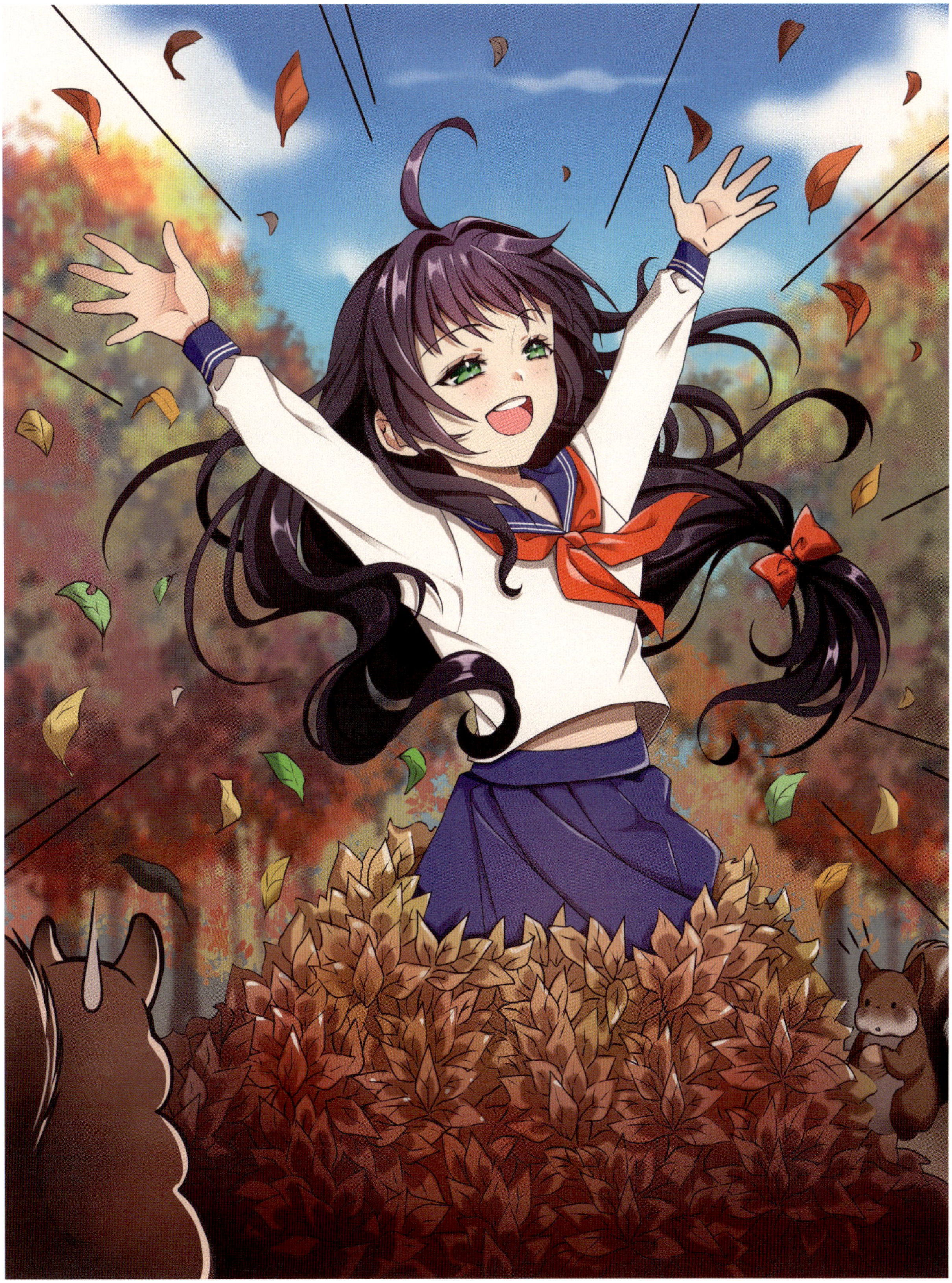

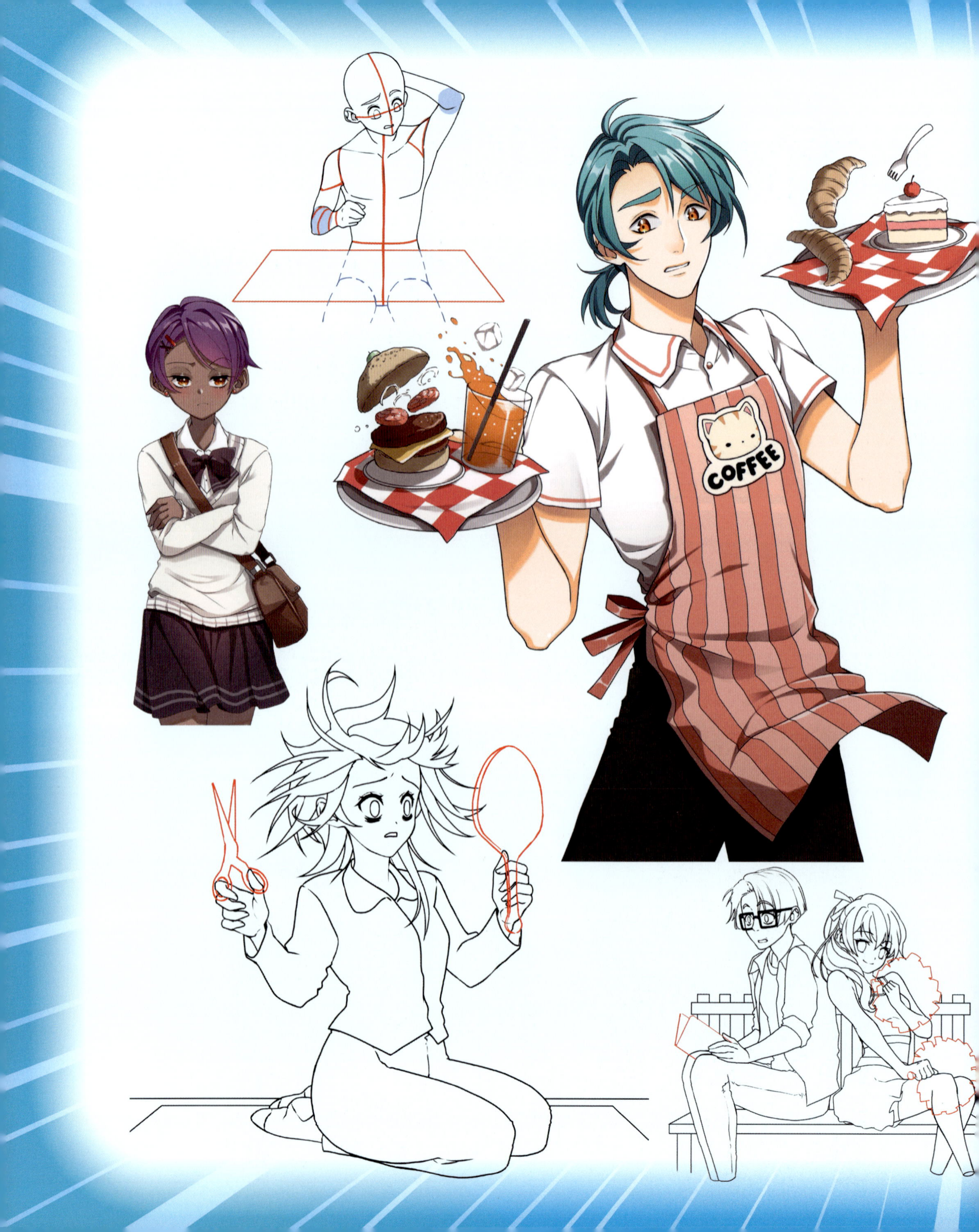
COFFEE

Lustige Charaktere

In diesem Kapitel werden wir viel Spaß haben, wenn wir unsere Charaktere in komische Situationen bringen. Hier ein paar Hinweise, die du dir merken und beherzigen solltest: Konfliktsituationen sind lustig, Harmonie ist es nicht. In der Manga-Welt gibt es keinen feinen Humor, scheue dich also nicht, ordentlich zu übertreiben. Natürlich darfst du (wie immer) gern eine Pose oder einen Gesichtsausdruck verändern oder eine weitere Figur oder einen kleinen magischen Freund ergänzen.

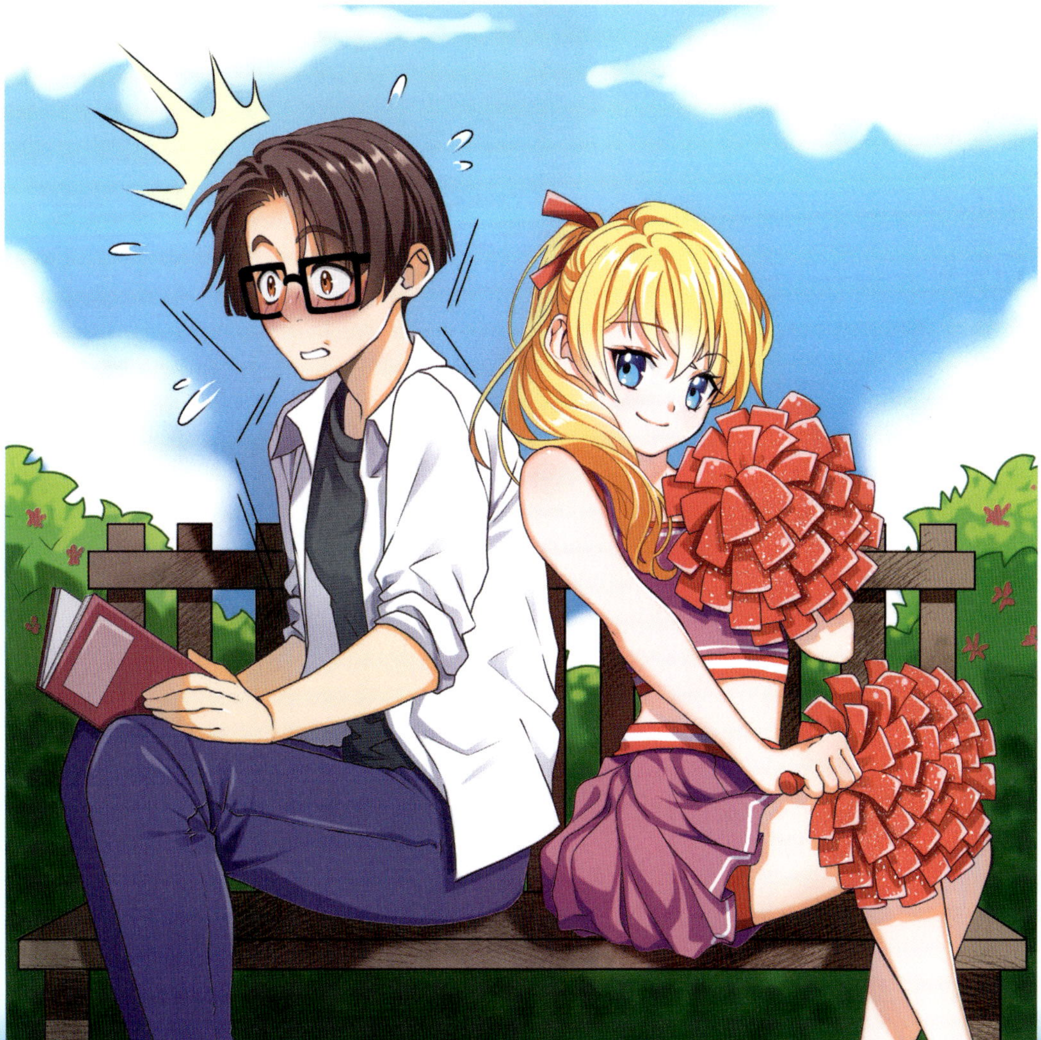

#53 Ratloser Schuljunge

Genau so muss ich das ganze Schuljahr in Geometrie ausgesehen haben. Ich weiß immer noch nicht, was eine Hypotenuse ist oder wozu ich das überhaupt wissen müsste. Bisher ist das Thema jedenfalls noch nie in einer Unterhaltung zur Sprache gekommen.

TIPP
Je verwirrter ein Charakter ist, desto chaotischer sollte seine Frisur sein.

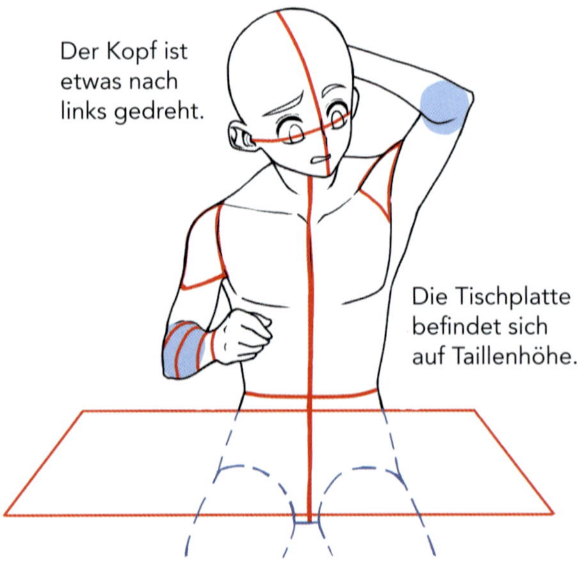

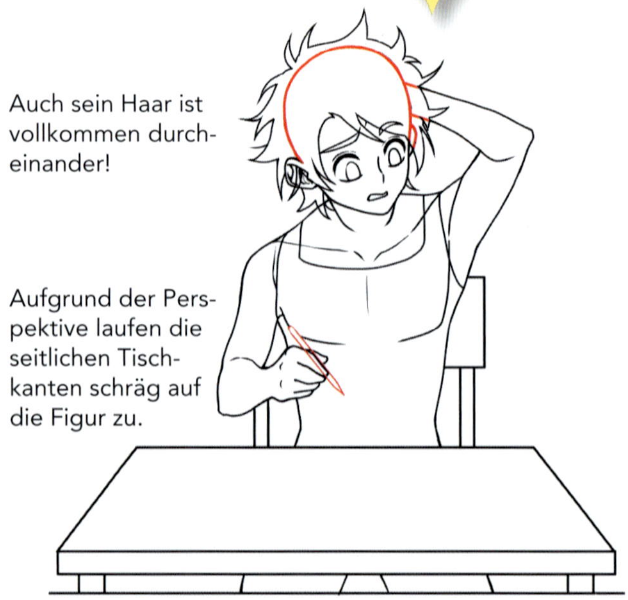

Wenn er irgendwann später einmal an diesen Unterricht zurückdenkt, wird das auch dann keine schöne Erinnerung sein.

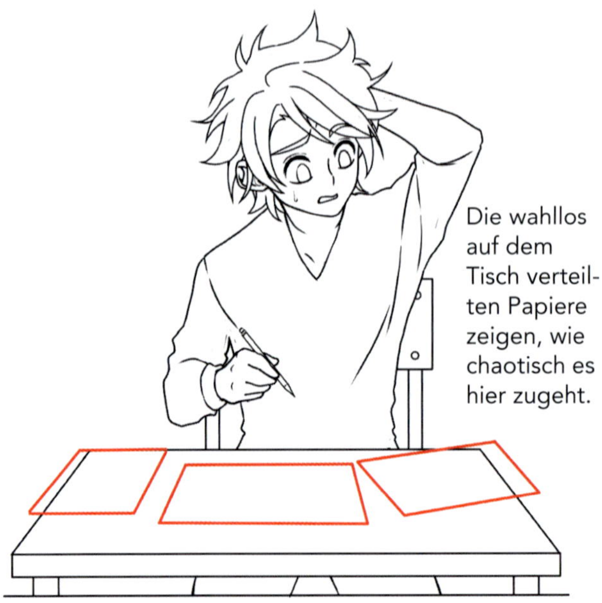

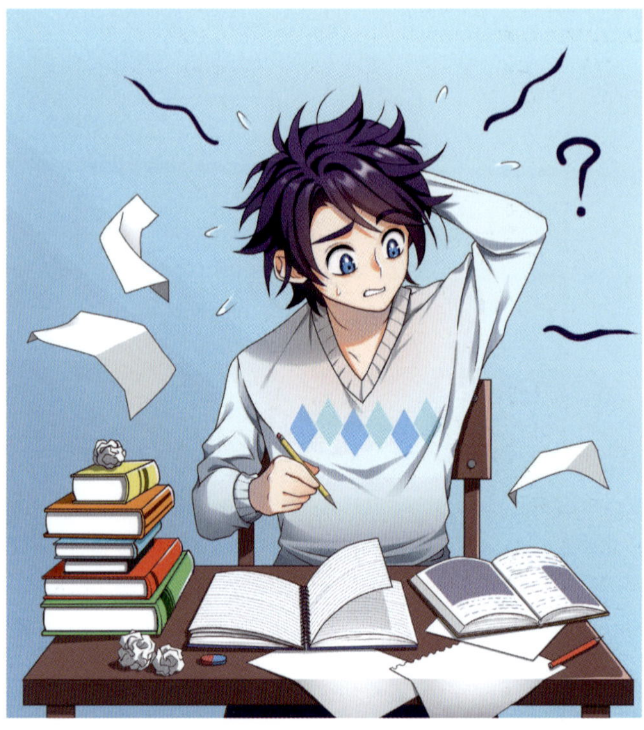

Entsetzlich schüchtern

#54-55

Der zurückhaltende Teenager ist ein recht beliebter Charakter im Manga, aber er bringt einfach nicht den Mut auf, seiner Traumfrau zu gestehen, dass er sie mag. Er traut sich ja kaum, sie anzuschauen. Je mehr sie ihm zeigt, dass auch sie ihn nett findet, desto schüchterner wird er.

Er beugt sich vor, während sie sich zurücklehnt.

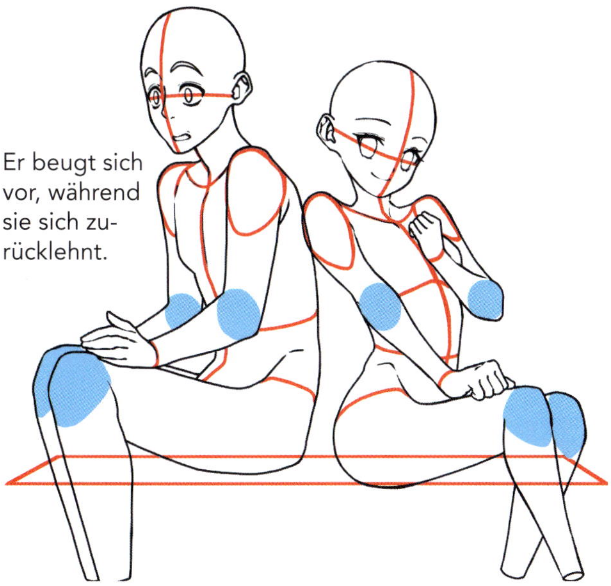

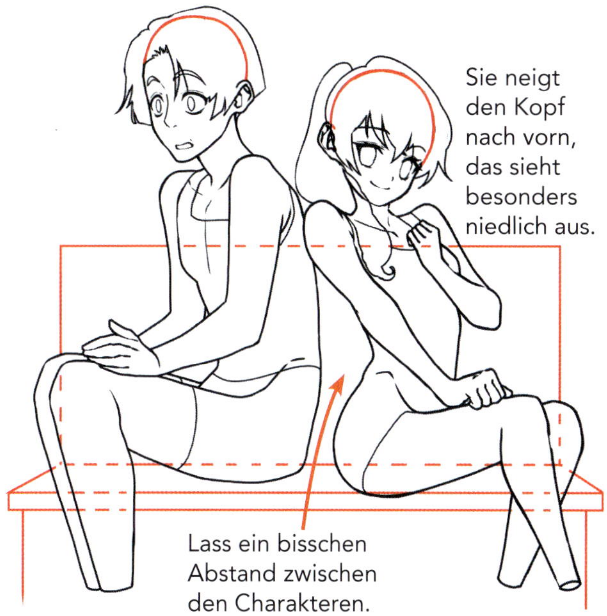

Sie neigt den Kopf nach vorn, das sieht besonders niedlich aus.

Lass ein bisschen Abstand zwischen den Charakteren.

Wenn die Figuren fertig sind, können sie mit Requisiten ausgestattet werden: zum Beispiel mit Pompons, einem Buch und einer Brille.

Die derangierte Frisur passt zu seinem verwirrten Gesichtsausdruck.

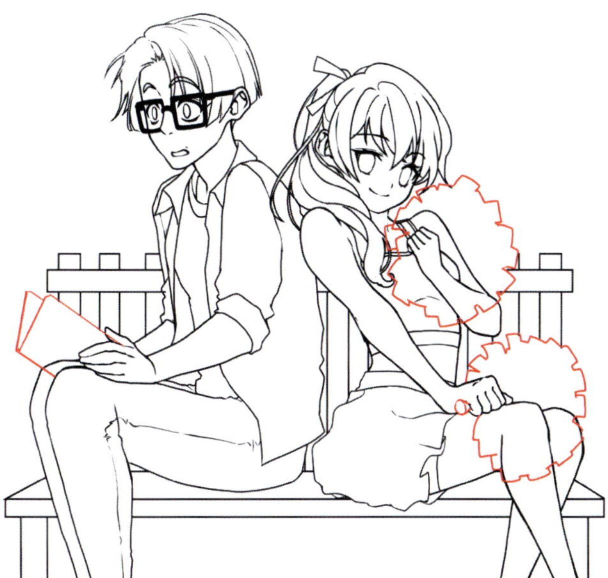

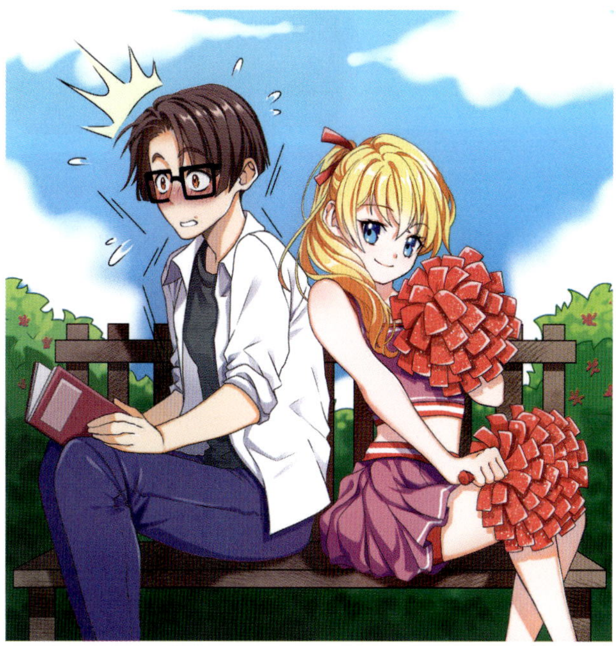

#56-57 Hier geht es immer nur um sie

Hört sie denn nie auf, über sich selbst zu reden?!

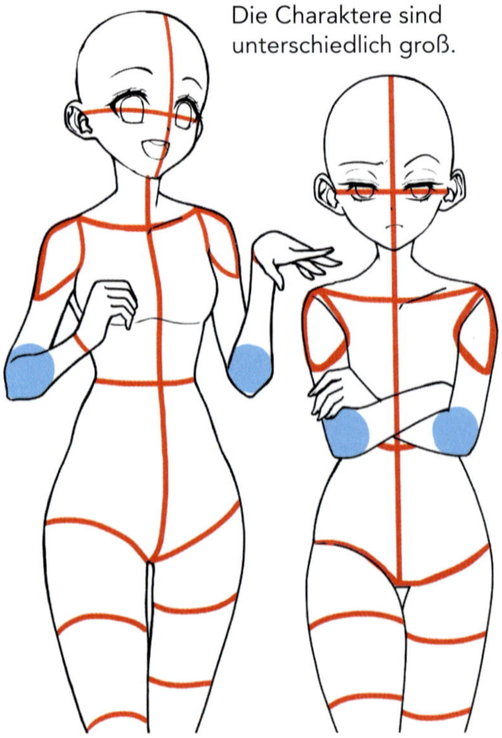

Die Charaktere sind unterschiedlich groß.

Fest verschränkte Arme

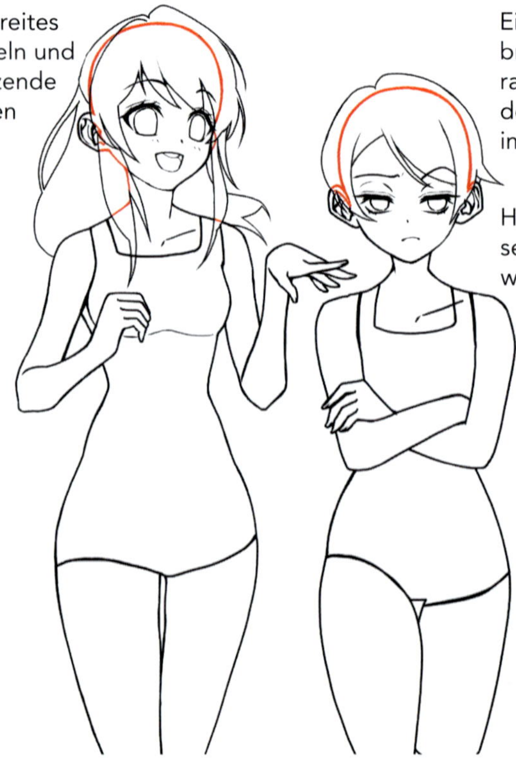

Ein breites Lächeln und glänzende Augen

Eine Augenbraue ist gerade, die andere verläuft im Bogen.

Halbgeschlossene Augen wirken drollig.

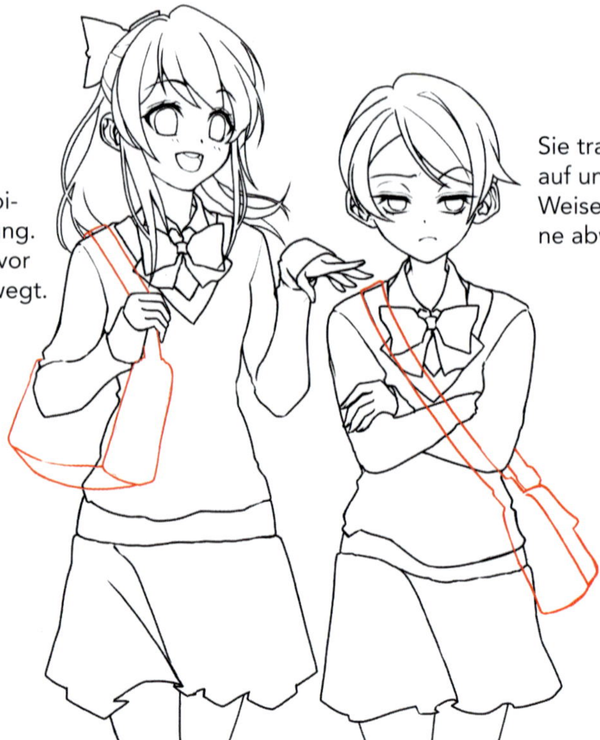

Beachte die typische Handhaltung. Die Hand wird vor und zurück bewegt.

Sie tragen ihre Taschen auf unterschiedliche Weise, so wirkt die Szene abwechslungsreich.

TIPP

Verändere den Gesichtsausdruck des rechten Mädchens so, dass es den Leser anstarrt.

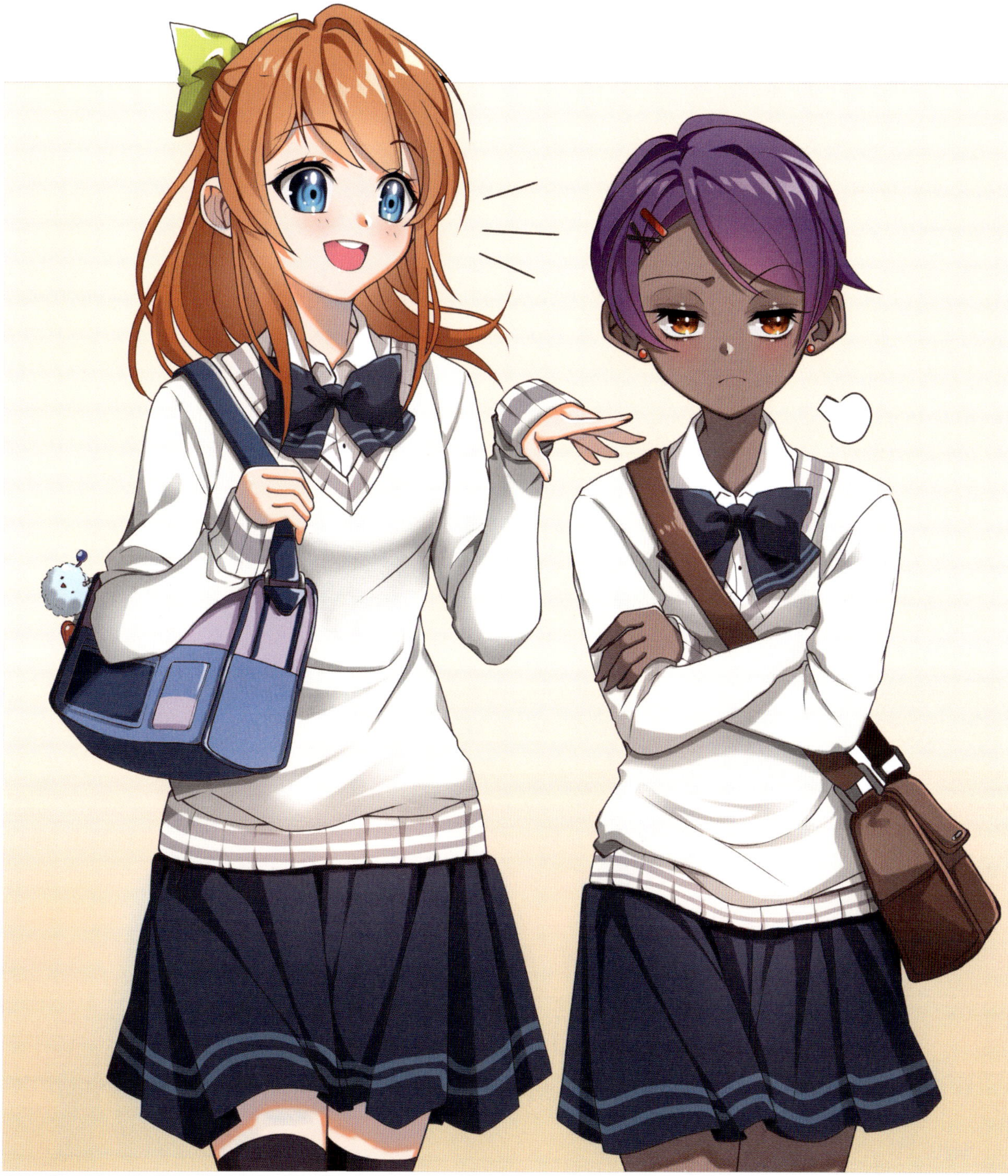

In dieser Szene soll klar werden, dass dem ständig plappernden Mädchen überhaupt nicht bewusst ist, wie wenig ihre Geschichten andere interessieren.

#58 Nicht mit mir!

Wenn du denkst, du könntest mit ihr Schluss machen, und ihr könntet danach Freunde bleiben, dann liegst du aber so was von falsch! Die Geschwindigkeit, mit der sie sich vom süßen Mädchen in eine wilde Furie verwandelt, macht hier die Komik aus.

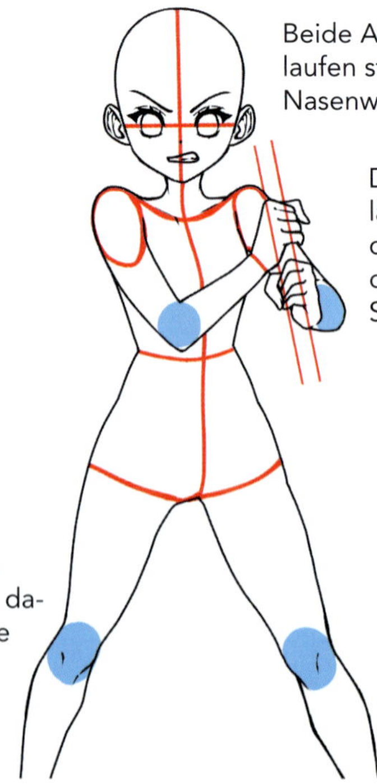

TIPP
Requisiten können eine wichtige Rolle spielen.

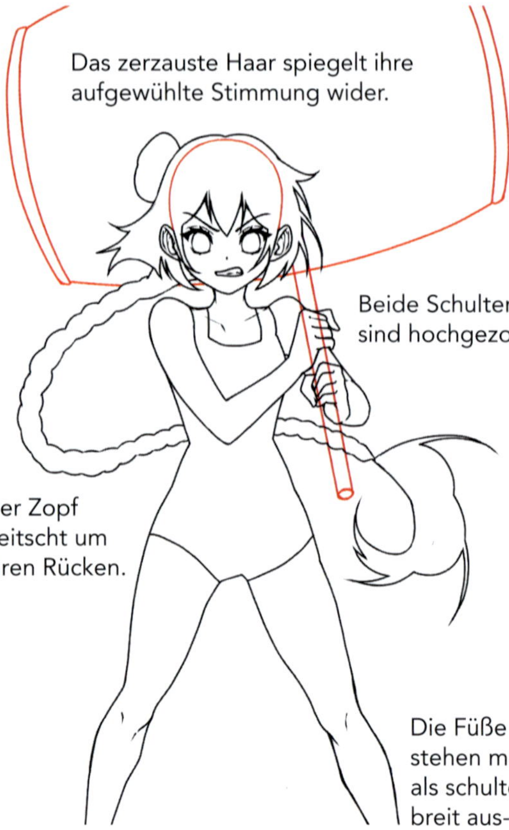

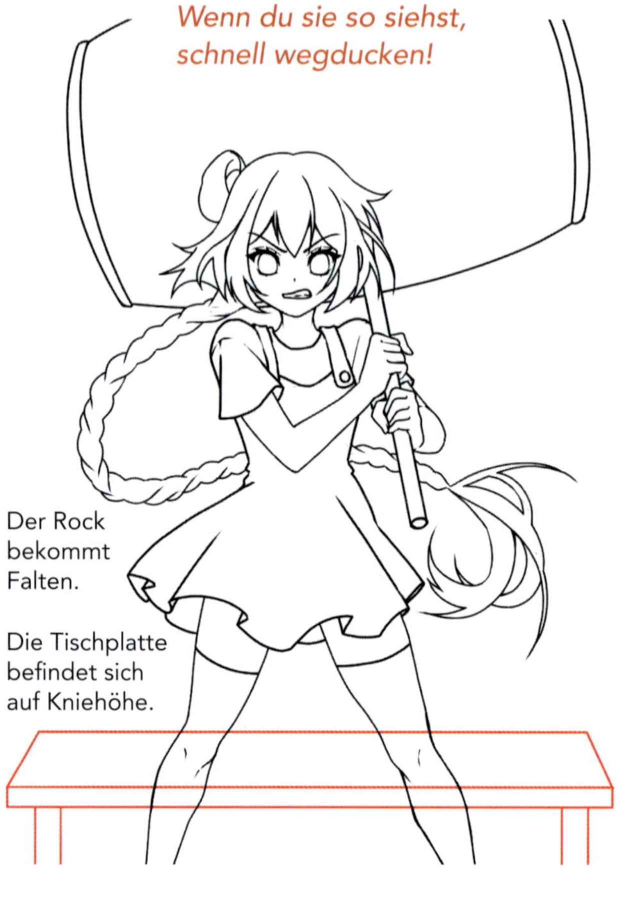

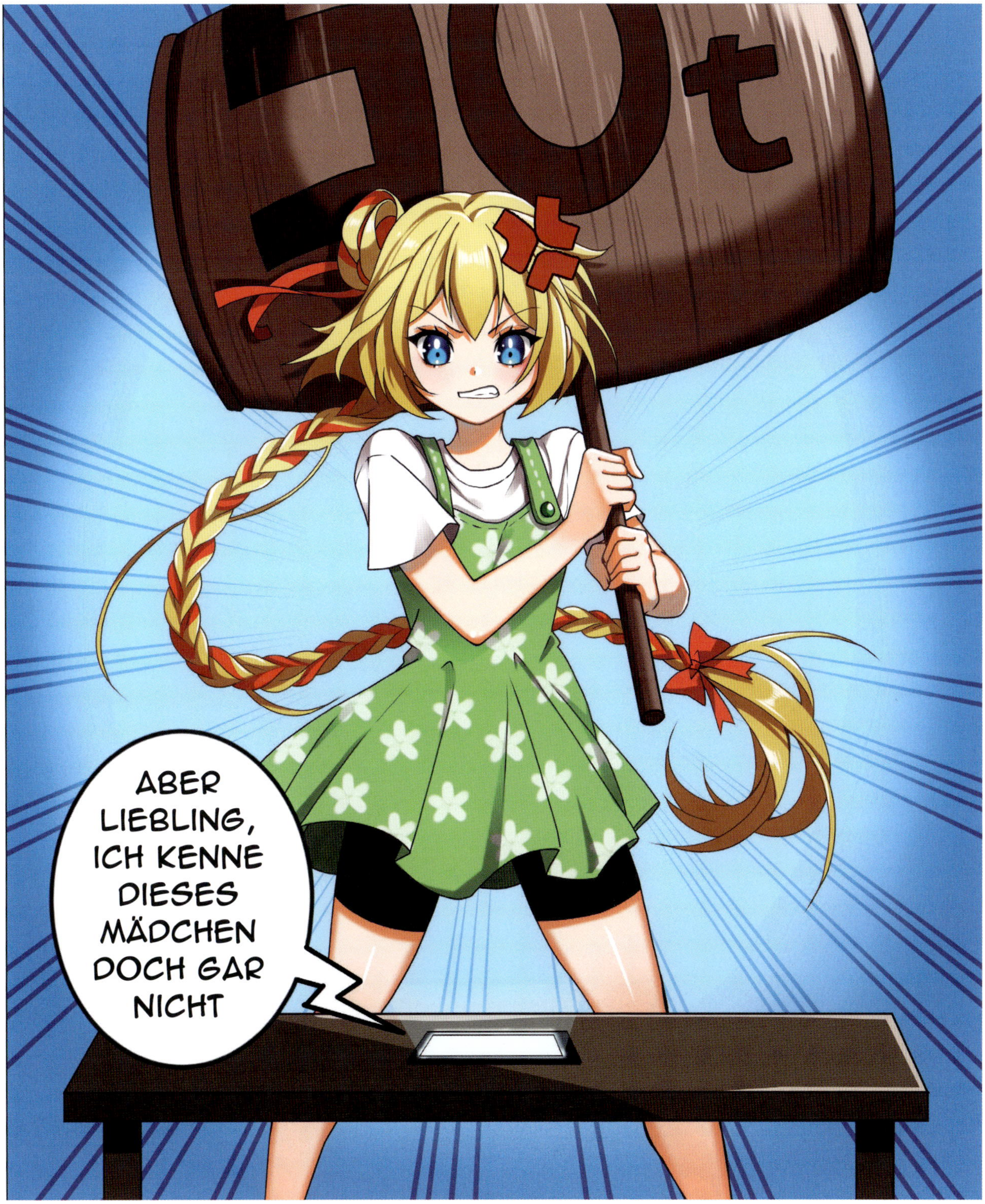

Ich glaube, für eine Entschuldigung ist es ein klein wenig zu spät. Vielleicht sollte er lieber das nächste Flugzeug nehmen und die Stadt verlassen.

#59 Das kann nicht gutgehen!

Ein Patentrezept für eine komische Szene besteht darin, einen Charakter stärker unter Druck zu setzen, als er es verkraften kann.

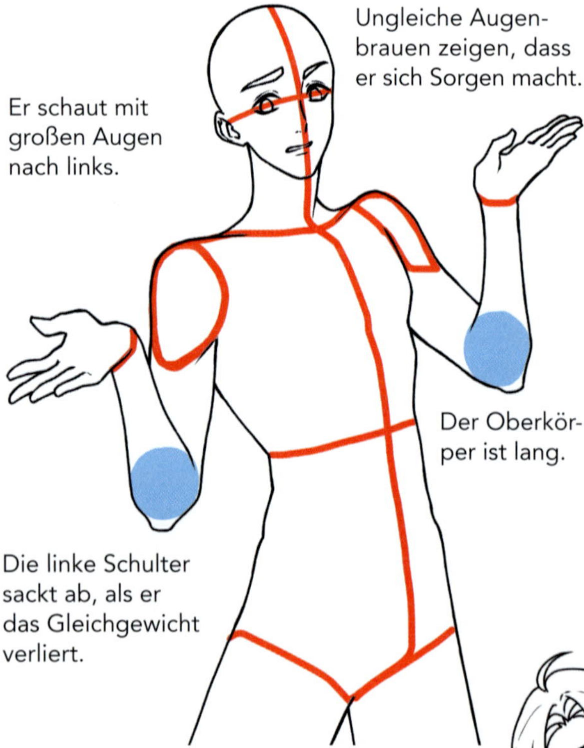

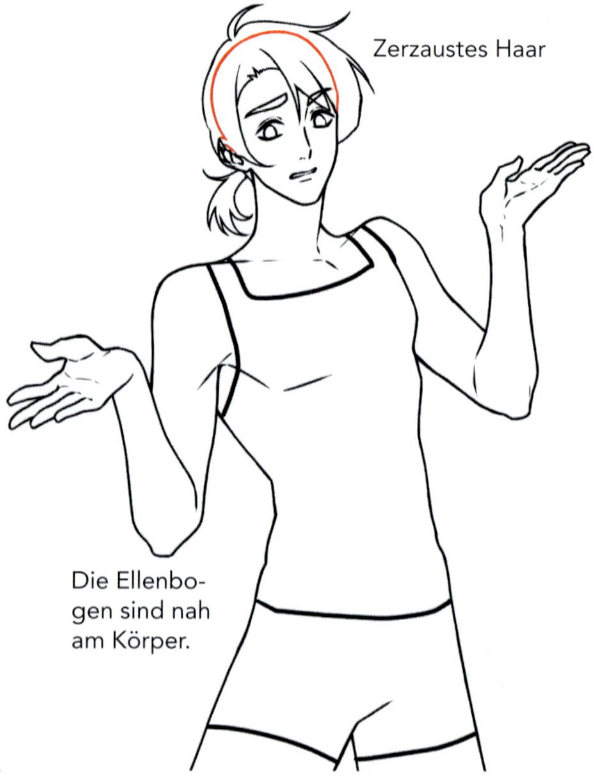

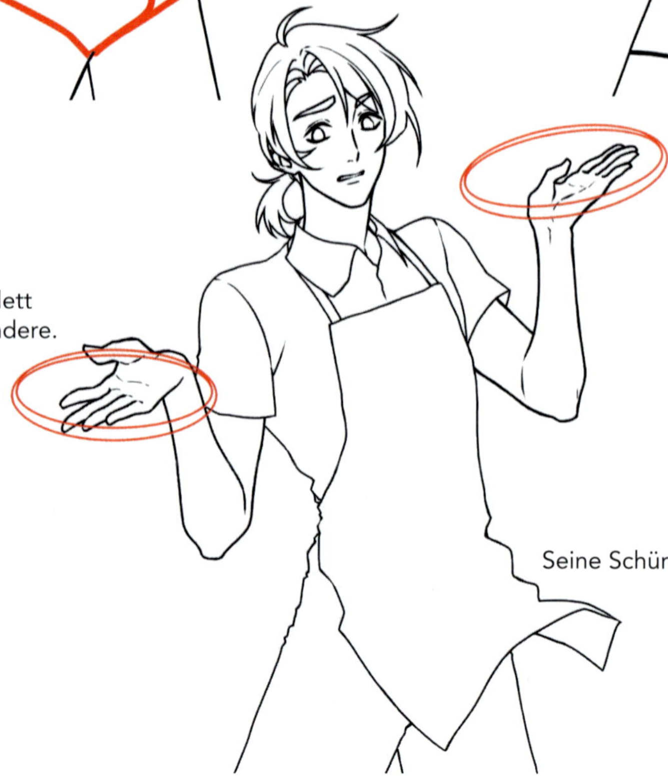

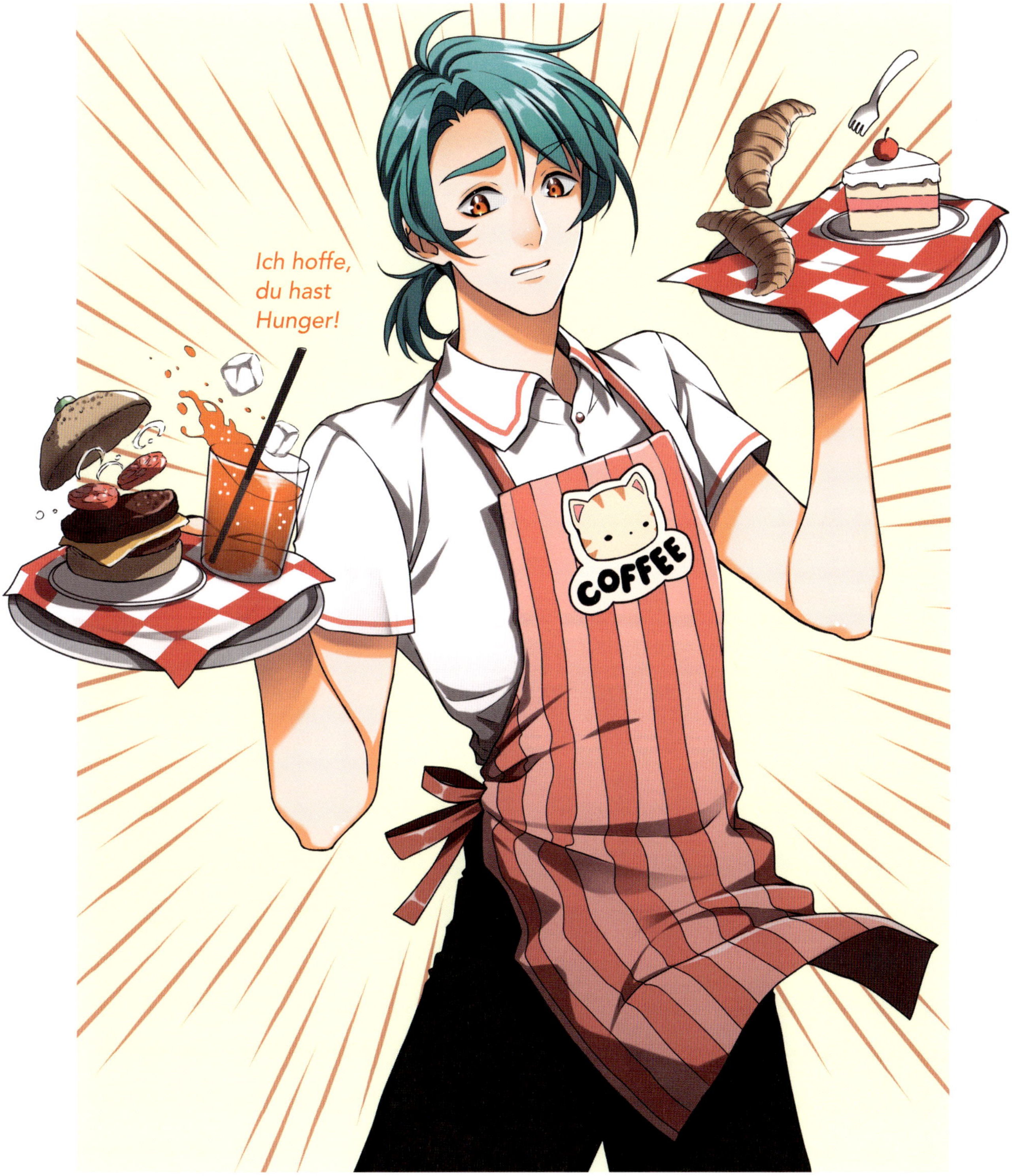
Ich hoffe,
du hast
Hunger!
COFFEE

#60 Schneide dir niemals selbst die Haare!

Wenn eine Figur ein Opfer ist, hat sie unser Mitgefühl. Wenn sie allerdings Opfer ihrer eigenen Dummheit geworden ist, empfinden wir die Situation eher als komisch.

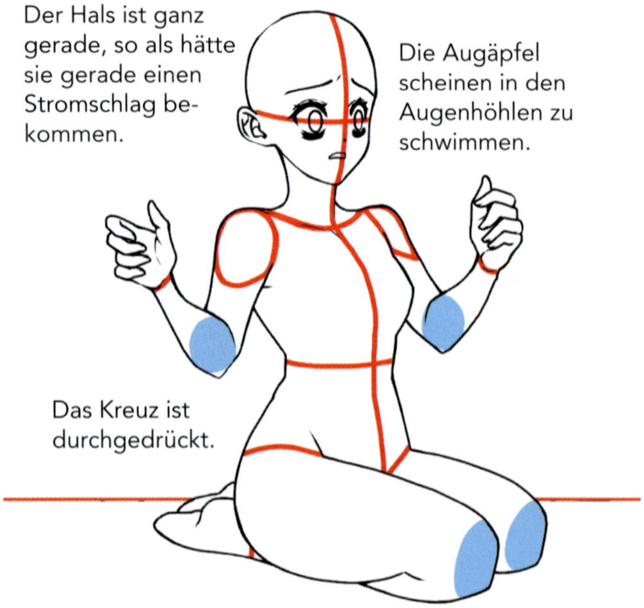

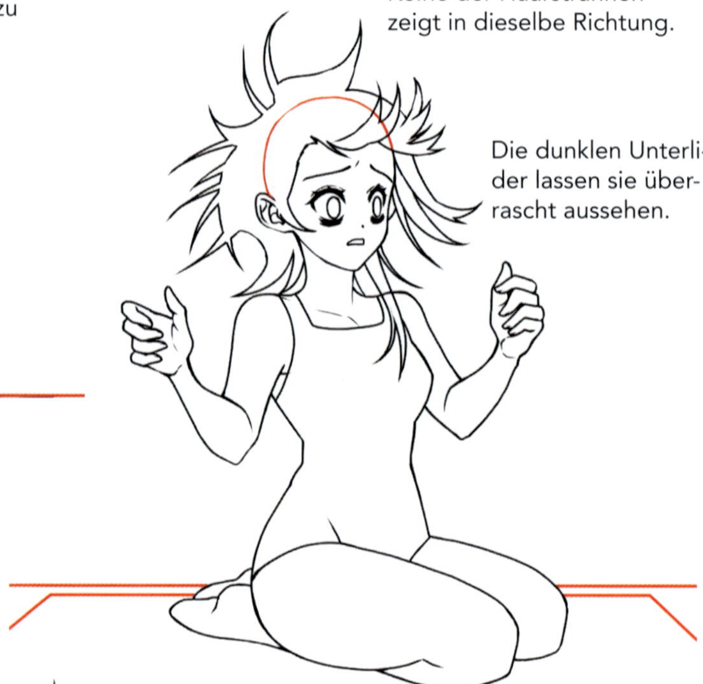

TIPP
Eine statische Pose lenkt die Aufmerksamkeit auf den Gesichtsausdruck.

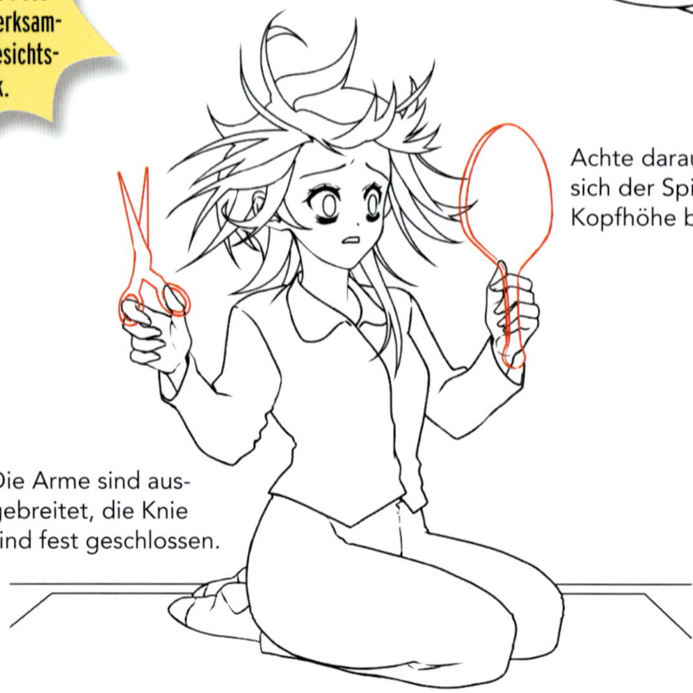

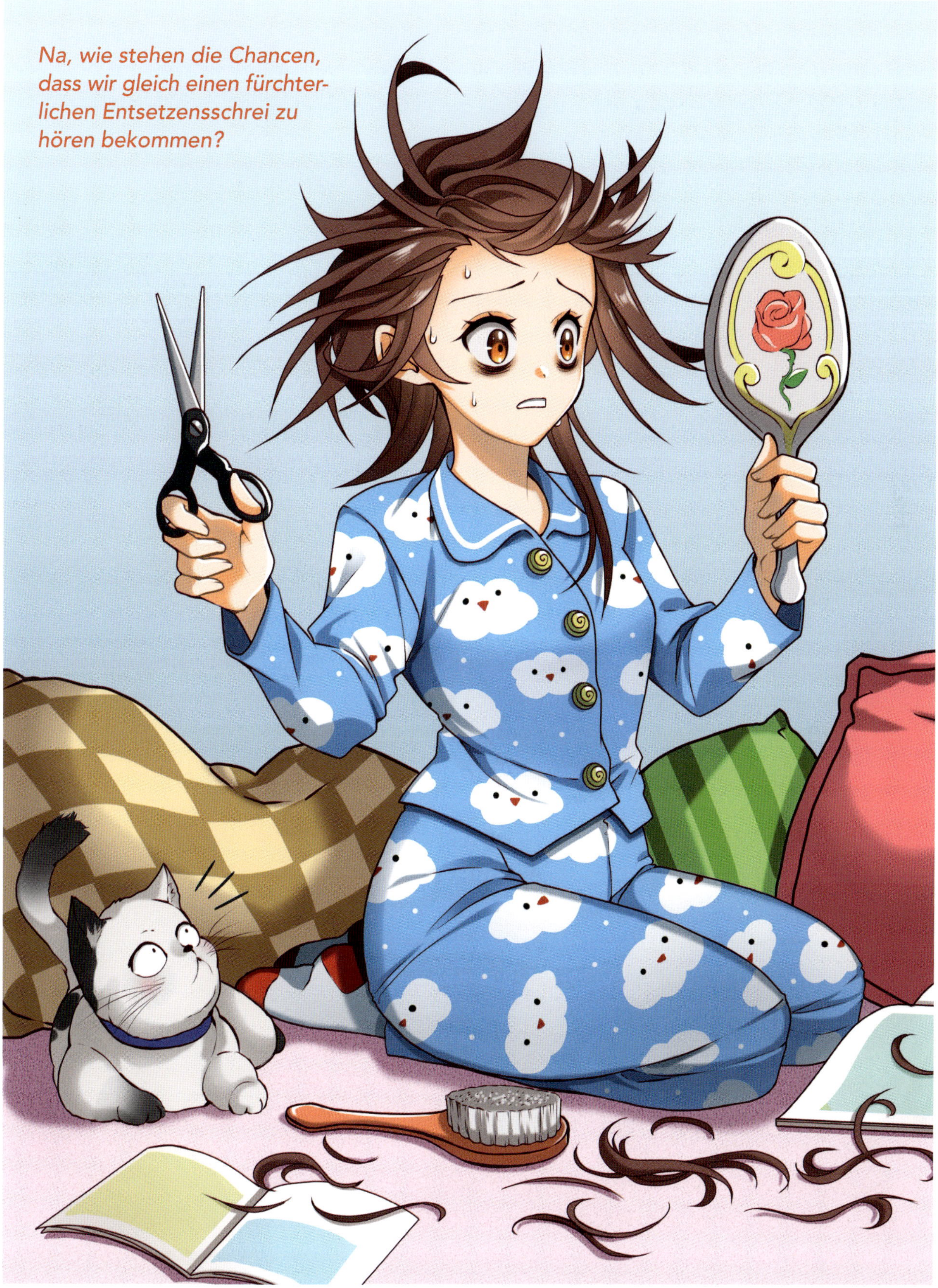
Na, wie stehen die Chancen, dass wir gleich einen fürchterlichen Entsetzensschrei zu hören bekommen?

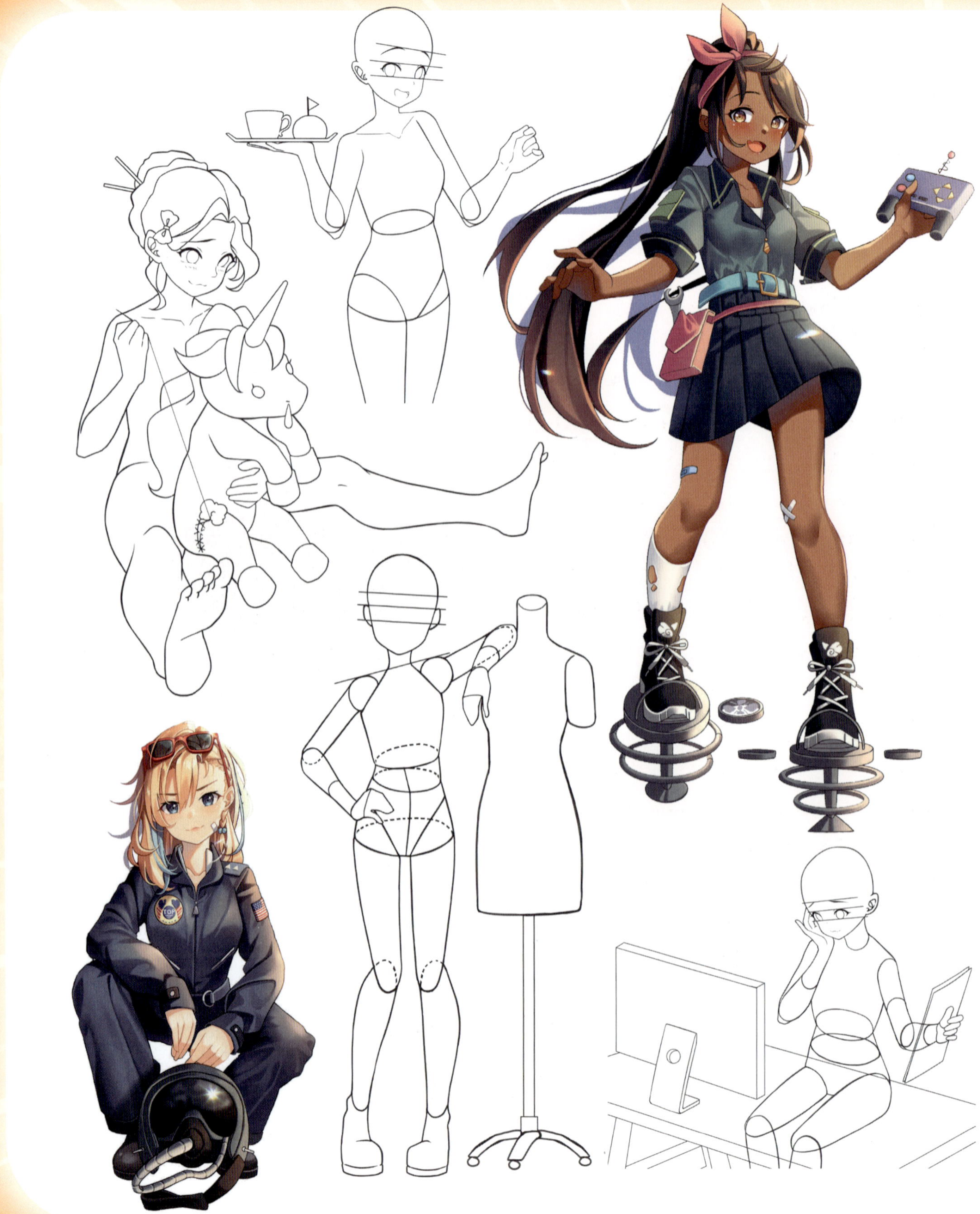

Charaktere mit coolen Jobs

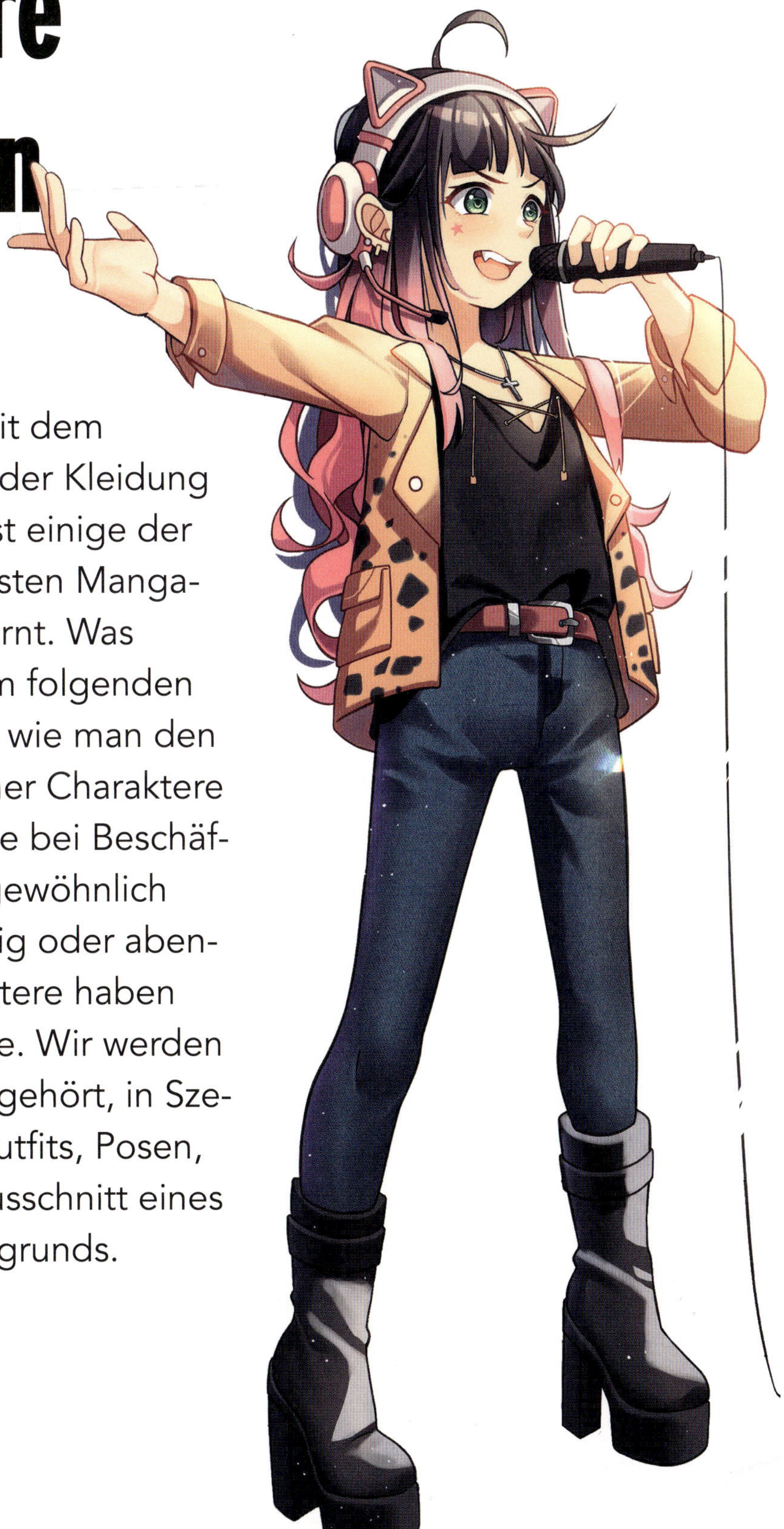

Bisher haben wir uns mit dem Kopf, dem Körper und der Kleidung beschäftigt, und du hast einige der beliebtesten und lustigsten Manga-Charaktere kennengelernt. Was kommt als Nächstes? Im folgenden Kapitel wirst du lernen, wie man den Unterhaltungswert deiner Charaktere verstärkt, indem man sie bei Beschäftigungen zeigt, die ungewöhnlich sind oder vielleicht lustig oder abenteuerlich. Diese Charaktere haben hochinteressante Berufe. Wir werden sie mit allem, was dazugehört, in Szene setzen. Mit tollen Outfits, Posen, Requisiten und dem Ausschnitt eines entsprechenden Hintergrunds.

#61 Brautmodendesignerin

Sie hat erst vor Kurzem ihr eigenes Geschäft aufgemacht und hatte ja keine Ahnung, wie schwierig das alles sein würde! Wenn der Braut ein Kleid gefällt, hat ihre Mutter bestimmt ganz andere Vorstellungen.

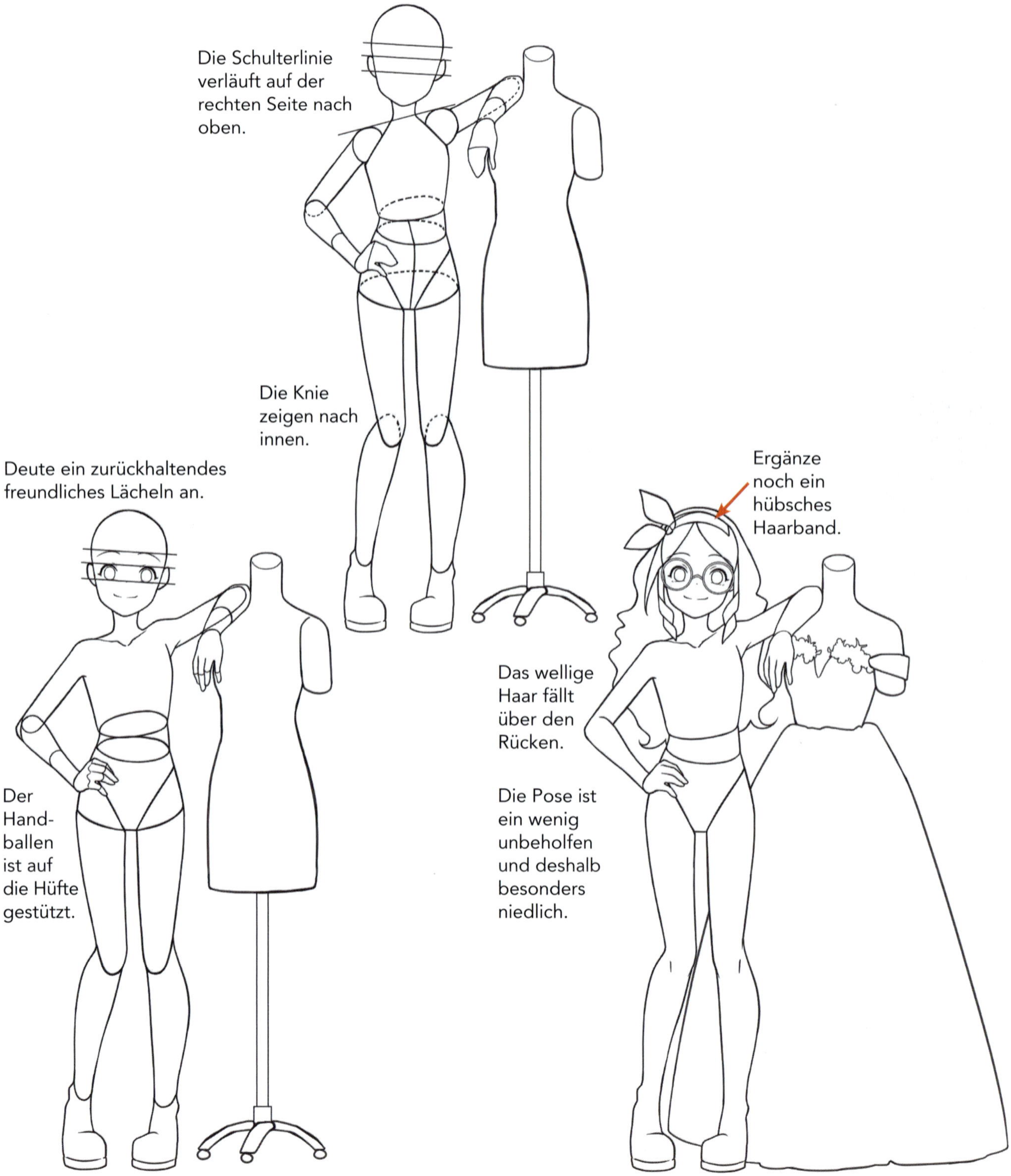

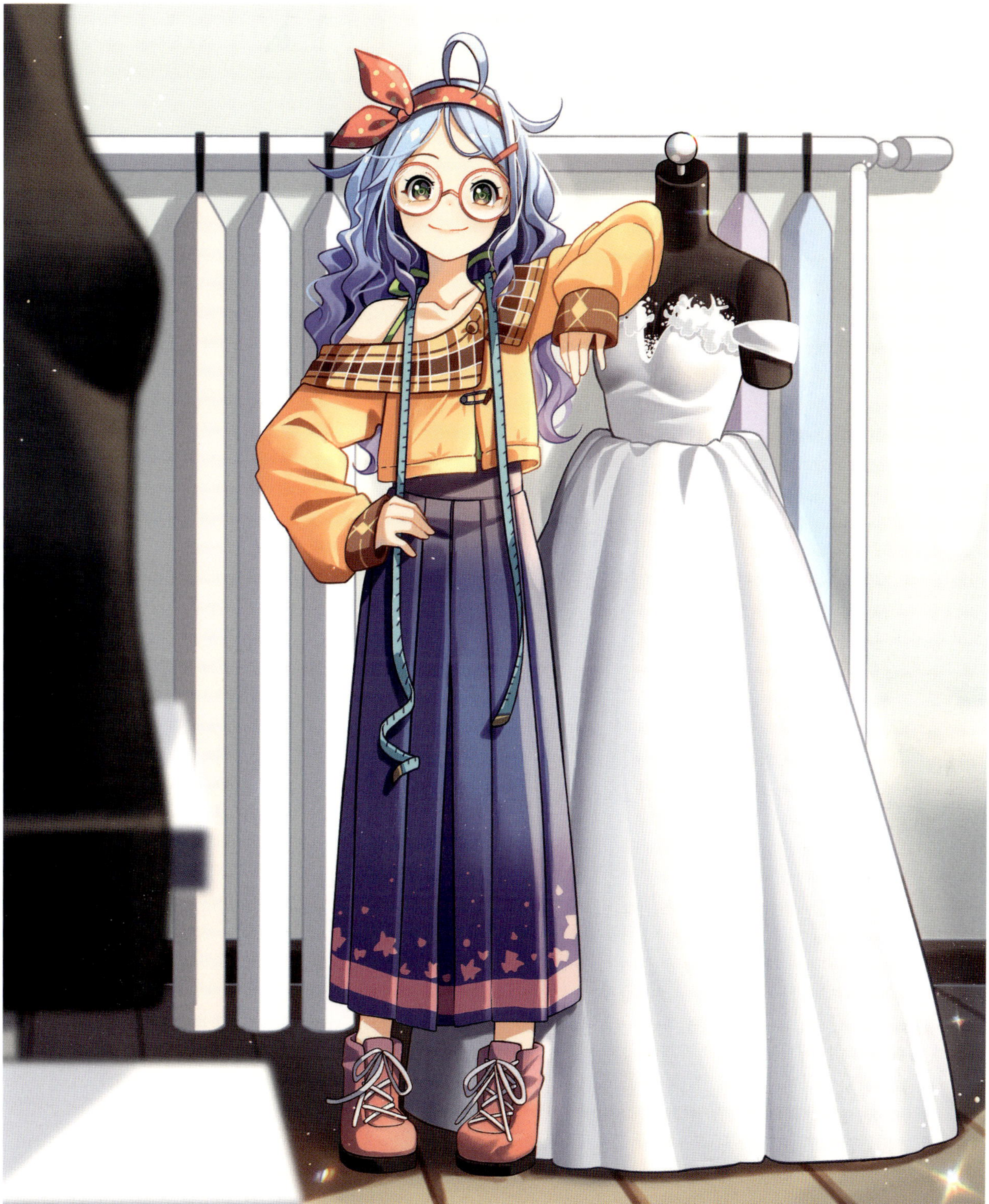

Die beiden Kleider fallen durch ihre Unterschiedlichkeit besonders ins Auge. Die Designerin trägt kräftige Farben, ihr Outfit ist verspielt, während das wunderschöne weiße Brautkleid sehr formell ist.

#62 Hundefriseurin

Jeder Hund reagiert anders, wenn er gebadet werden soll. Was macht dein Hund? Du kannst deine Erfahrungen in die Szene mit einfließen lassen.

Ihr Gesicht ist dem Hund zugewandt.

Wird eine Schulter angehoben, senkt sich die andere.

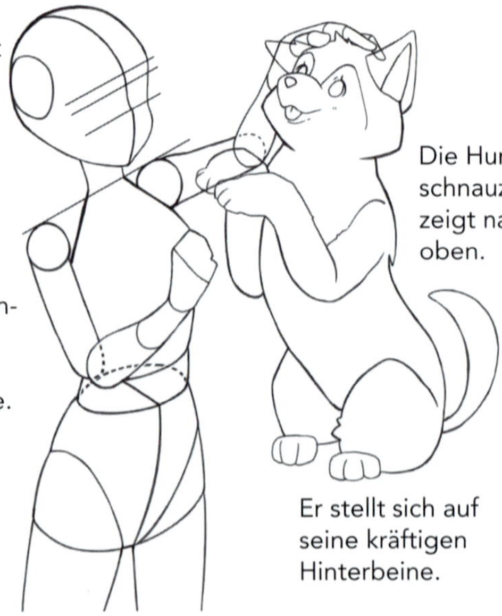

Die Hundeschnauze zeigt nach oben.

Er stellt sich auf seine kräftigen Hinterbeine.

Sie hat ein Auge geschlossen, bestimmt hat sie einen Spritzer Seifenwasser abbekommen – und das wird sicher nicht der letzte sein!

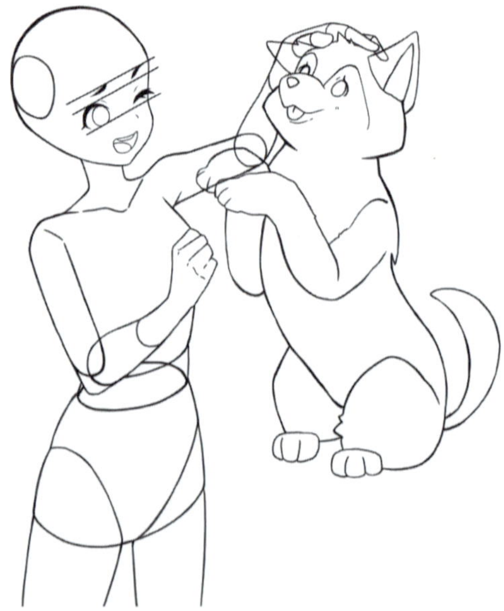

Ihr Haar ist nicht zu bändigen.

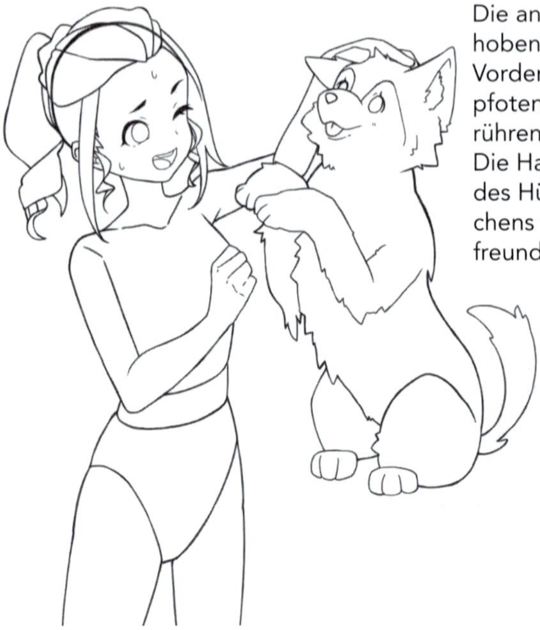

Die angehobenen Vorderpfoten berühren sich. Die Haltung des Hündchens wirkt freundlich.

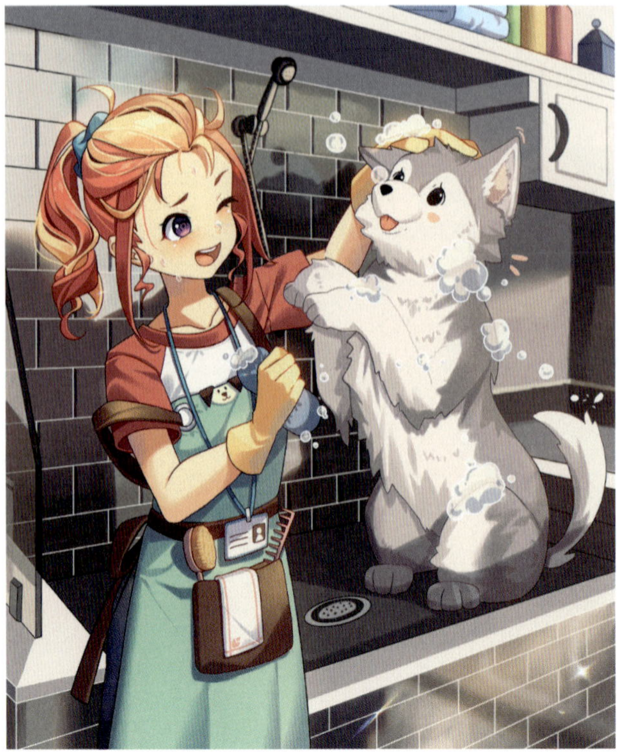

Wollen wir wetten, dass schon morgen das nächste Bad fällig ist?

Hubschrauberpilotin

#63

Sie ist eine ausgezeichnete Pilotin, die unter schwersten Bedingungen gewagte Rettungsaktionen durchführt. Zum Beispiel fliegt sie im Tiefflug über Berggipfel, um nach verirrten Wanderern zu suchen.

Ihr Kopf ist etwas nach links geneigt, was man an den Hilfslinien im Gesicht erkennt.

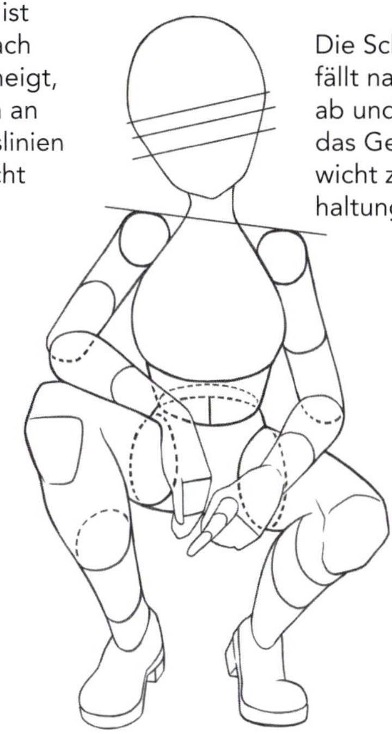

Die Schulterlinie fällt nach rechts ab und bildet so das Gegengewicht zur Kopfhaltung.

Die Knie befinden sich auf unterschiedlicher Höhe.

Beide Unterarme sind auf den Oberschenkeln aufgestützt.

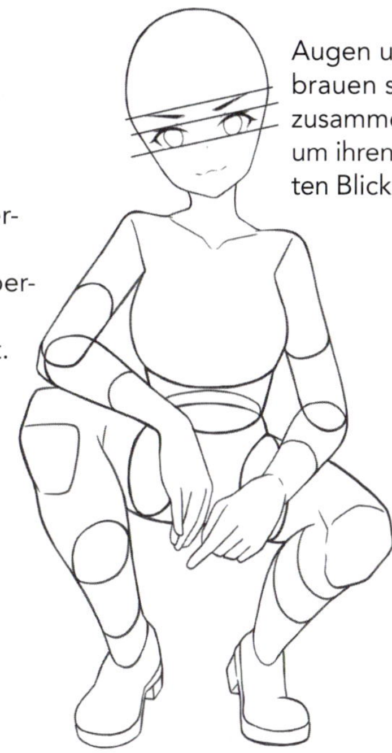

Augen und Augenbrauen sind schmal zusammengezogen, um ihren konzentrierten Blick zu betonen.

Ihr Haar fällt lässig ins Gesicht und auf die Schultern.

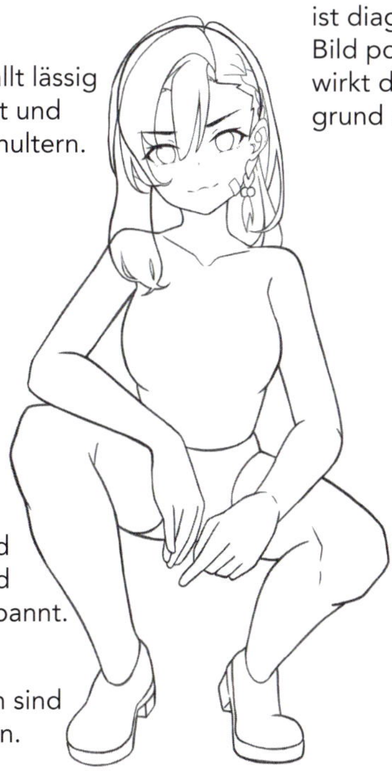

Hände und Finger sind ganz entspannt.

Die Fersen sind angehoben.

Der Hubschrauber ist diagonal im Bild positioniert, so wirkt der Hintergrund dynamischer.

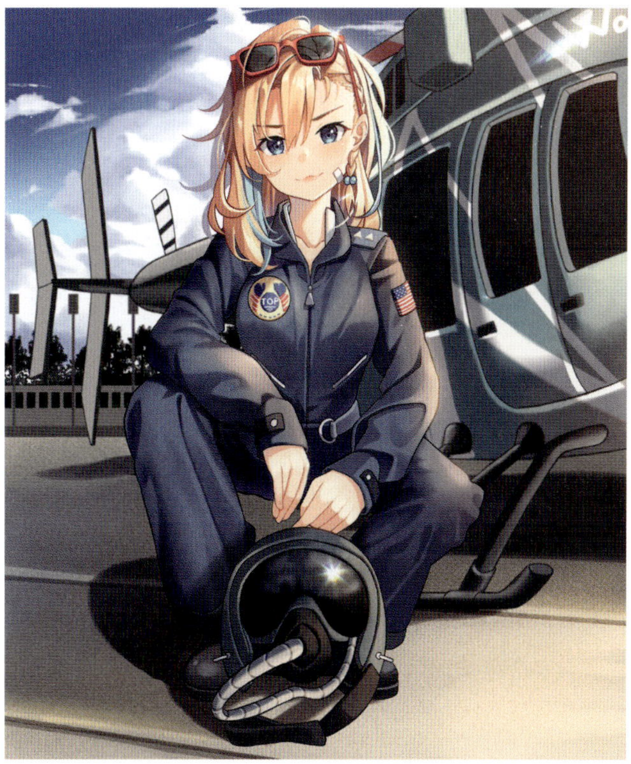

#64 Preisrichterin beim Grillwettbewerb

Beachte den sorgfältigen Bildaufbau. Die Preisrichterin hält den Hamburger hoch, um gleich ihr Urteil abzugeben. Die Wimpelgirlande ist das Requisit, das verdeutlicht, dass hier ein Wettbewerb stattfindet.

Die Wange ist abgerundet.

Lass einen Abstand zwischen dem Hamburger und ihrem Gesicht.

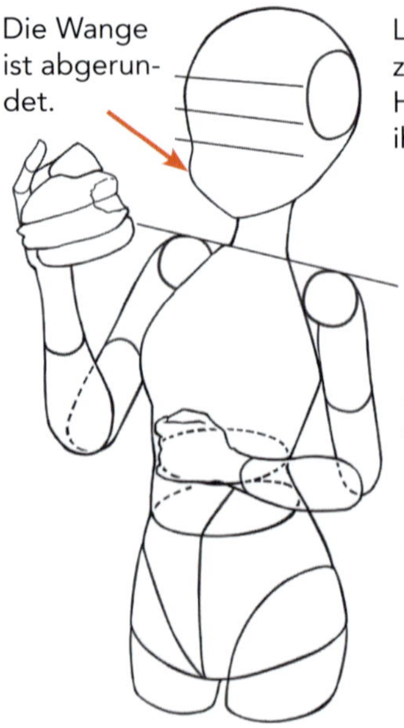

Die vordere Schulter ist abgesenkt.

Der linke Arm führt eine Bewegung aus, während der rechte ruhig gehalten wird. Nicht jedes Körperglied muss unbedingt in Bewegung sein.

Der kleine Finger ist abgespreizt, das sieht lustig aus.

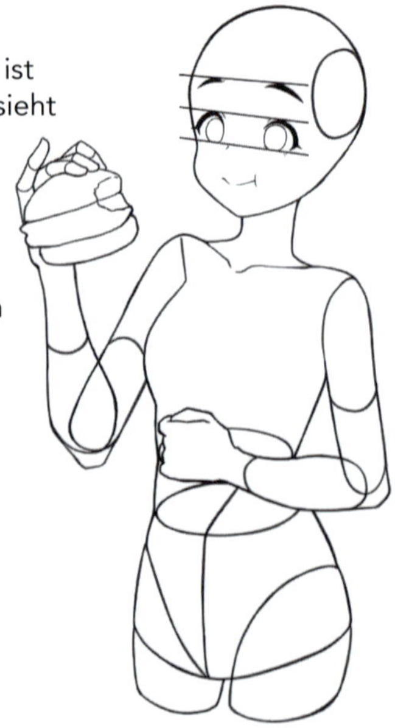

In seiner Funktion als Requisit muss der Hamburger groß genug sein, um die Aufmerksamkeit auf sich zu ziehen.

Eine einfache Girlande aus bunten Wimpeln im Hintergrund lässt darauf schließen, dass hier eine Veranstaltung stattfindet.

Der Blick sollte direkt auf den Hamburger gerichtet sein.

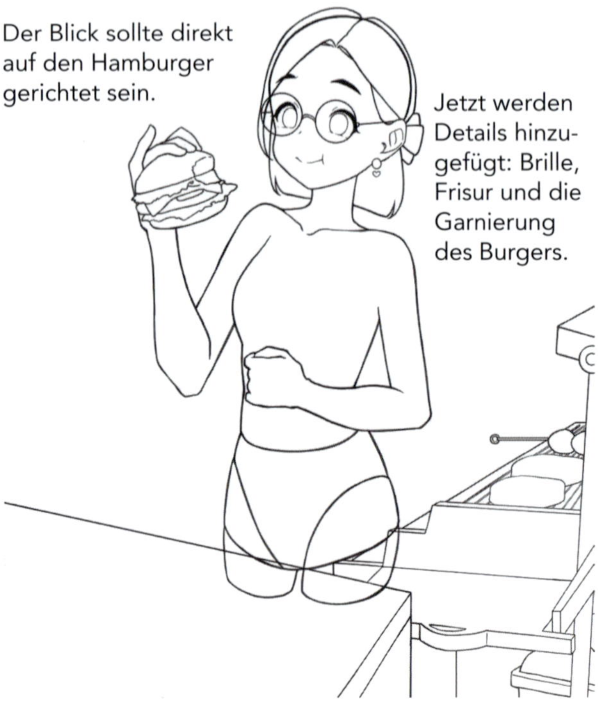

Jetzt werden Details hinzugefügt: Brille, Frisur und die Garnierung des Burgers.

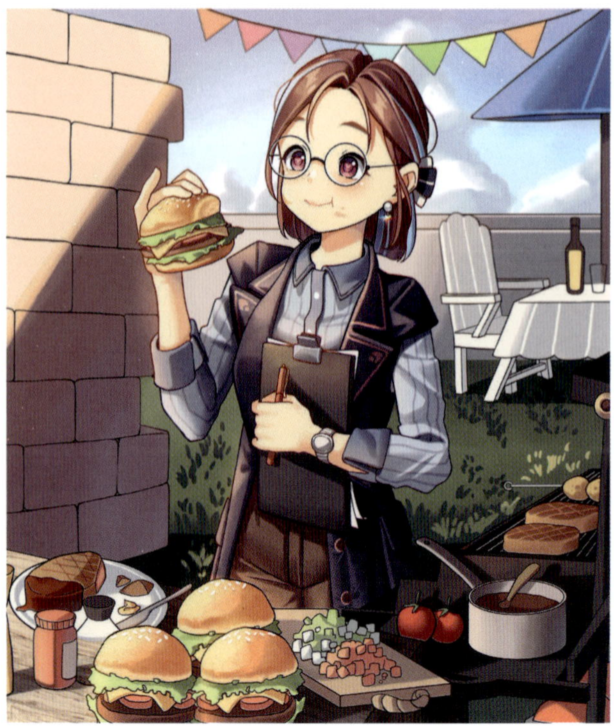

Um ganz sicher zu sein, müsste ich eigentlich alle Hamburger probieren.

Archäologin

#65

Archäologinnen und Archäologen suchen nach Artefakten vergangener Zivilisationen. Sie sind unwiderstehliche Abenteurercharaktere, deren wissenschaftliche Arbeit sie an exotische Orte führt.

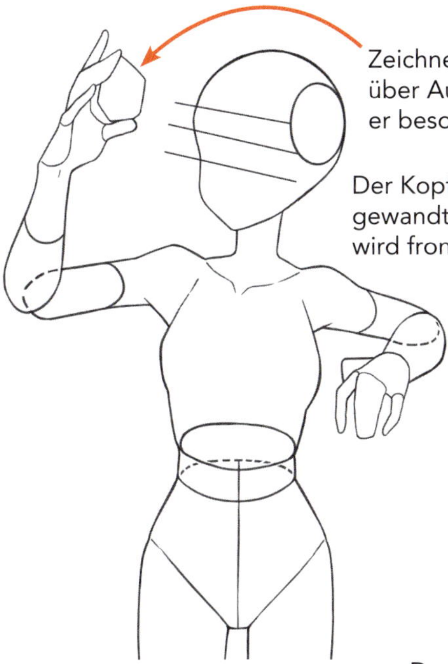

Zeichne den Edelstein etwas über Augenhöhe. So kommt er besonders gut zur Geltung.

Der Kopf ist nach links gewandt, der Körper wird frontal gezeichnet.

Der Unterarm verdeckt den Oberarm teilweise und ist perspektivisch verkürzt.

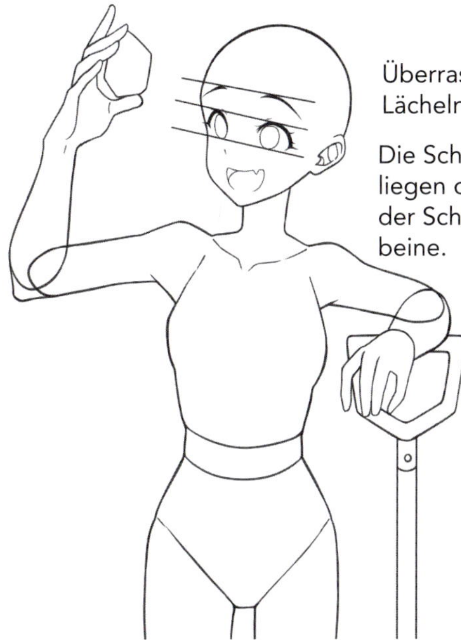

Überraschtes Lächeln

Die Schultern liegen oberhalb der Schlüsselbeine.

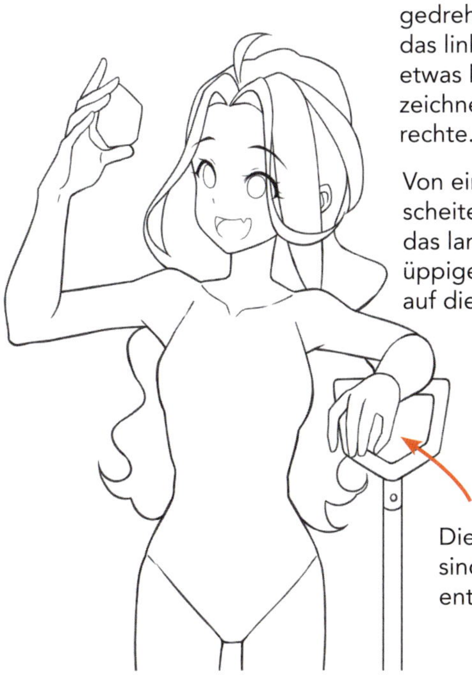

Da der Kopf gedreht ist, wird das linke Auge etwas kleiner gezeichnet als das rechte.

Von einem Mittelscheitel aus fällt das lange Haar in üppigen Strähnen auf die Schultern.

Die Finger sind ganz entspannt.

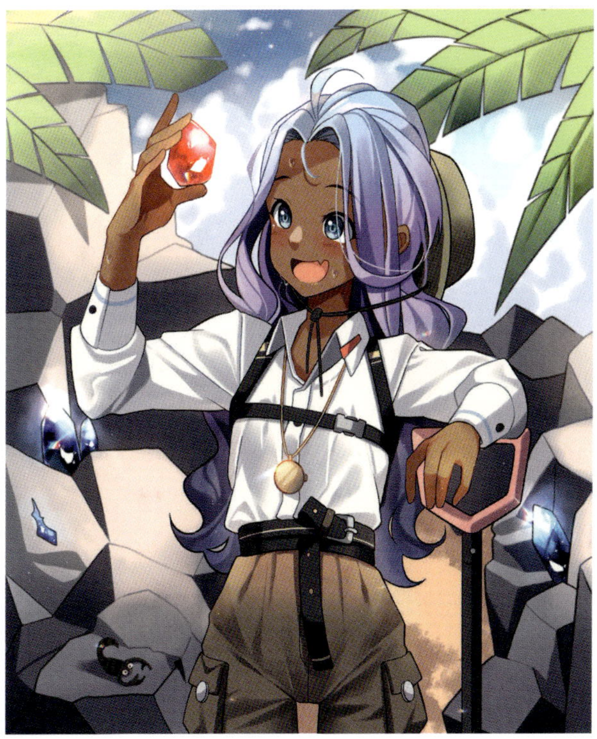

Der prachtvolle Stein bedeutet eine Bereicherung für die archäologische Fakultät und ein neues Cabrio für die Finderin.

#66 Moderatorin bei einer Manga-Convention

Ihre Aufgabe besteht darin, die Besucher der Manga-Convention zu den verschiedenen Tischen zu leiten, an denen die neuesten Videospiele vorgeführt werden. Sie weiß oft gar nicht, wo sich diese Tische befinden. Dann schickt sie die Fans einfach in die Richtung, in die sich die Menge sowieso bewegt.

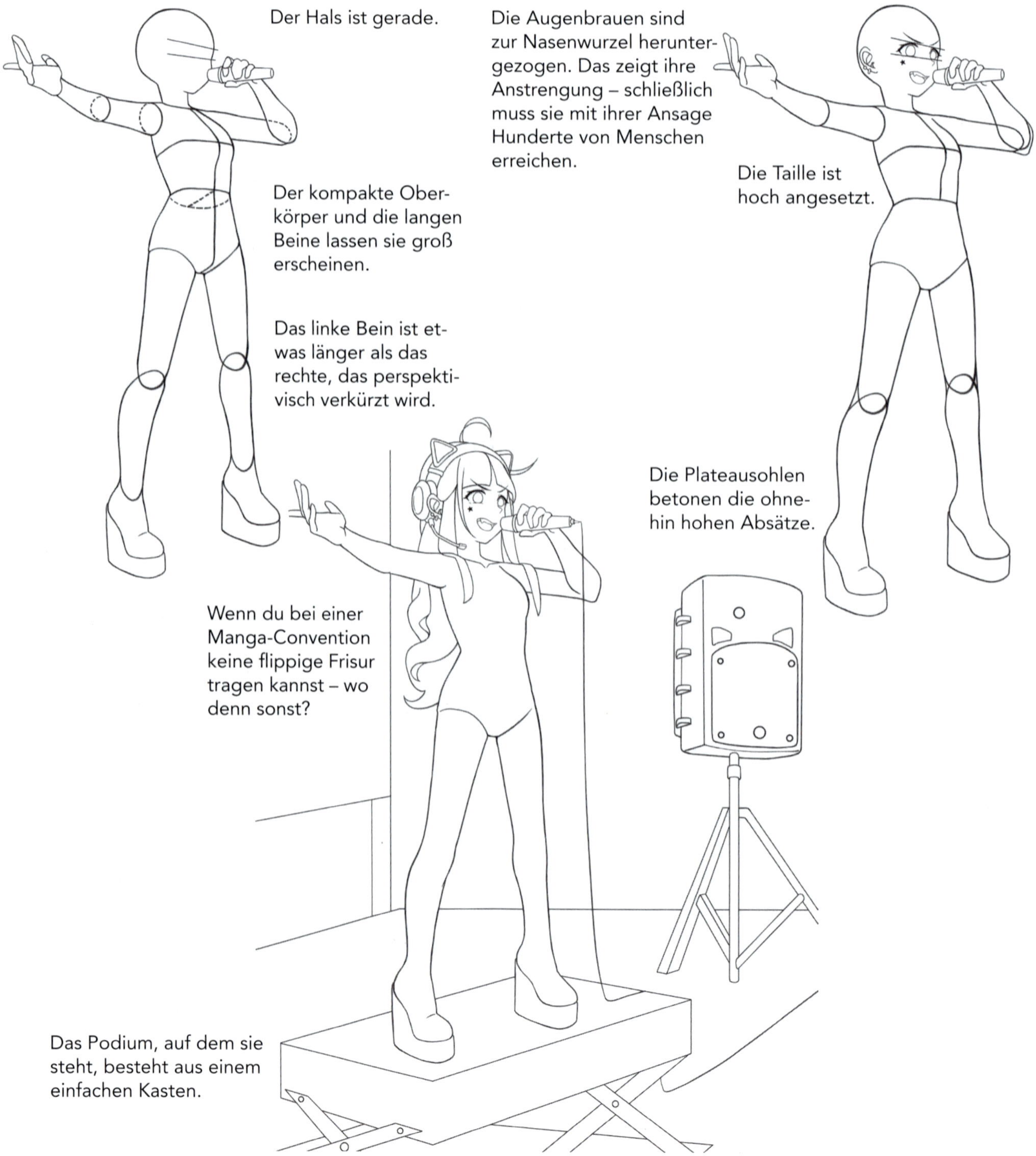

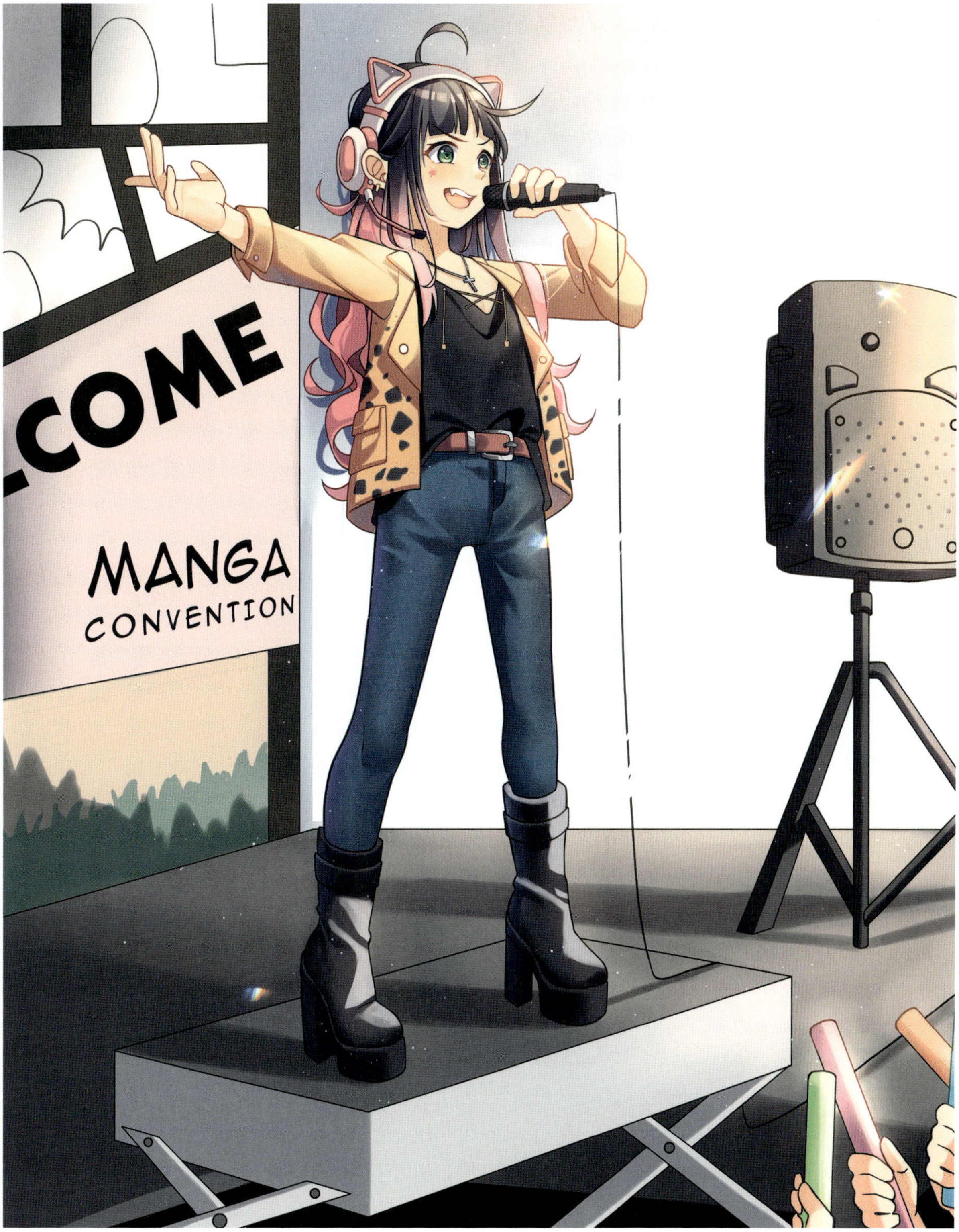

Unter der Woche arbeitet sie bei einer Versicherungsgesellschaft. An den Wochenenden macht sie die Moderation bei Manga-Conventions. Welcher Job ihr wohl mehr Spaß macht?

#67 Waltrainerin

Manchmal glaube ich, dass Waltrainerin der schönste Beruf der Welt ist. Man muss nicht den ganzen Tag auf einen Computerbildschirm starren. Und wenn der Kollege Ärger macht, kann man ihm einfach Wasser ins Gesicht spritzen – und er findet das sogar toll!

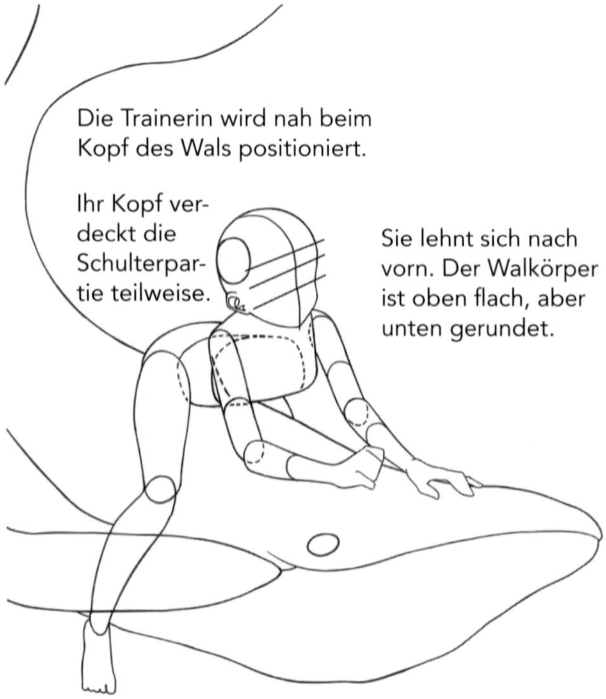

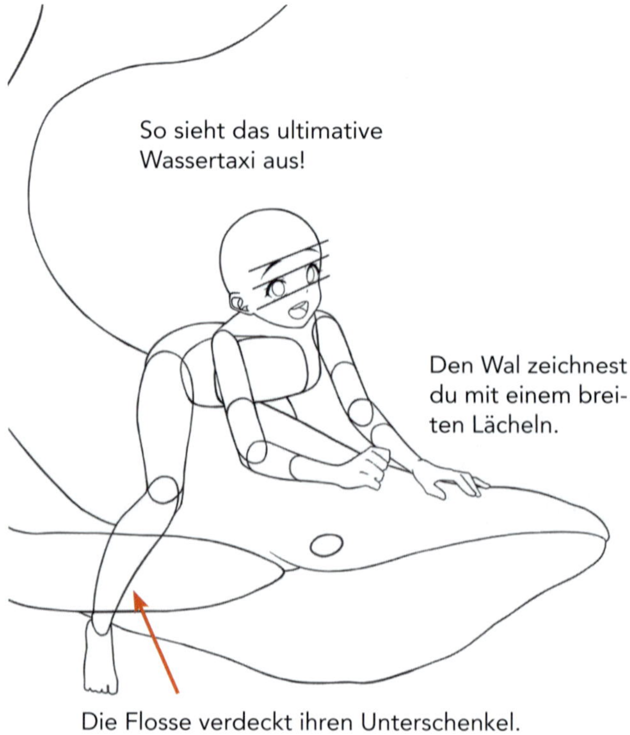

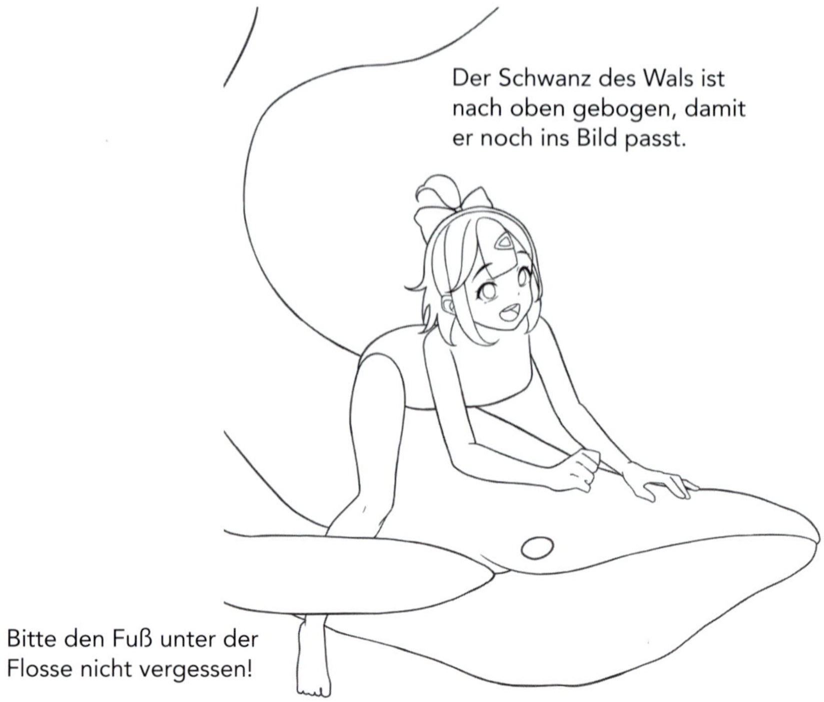

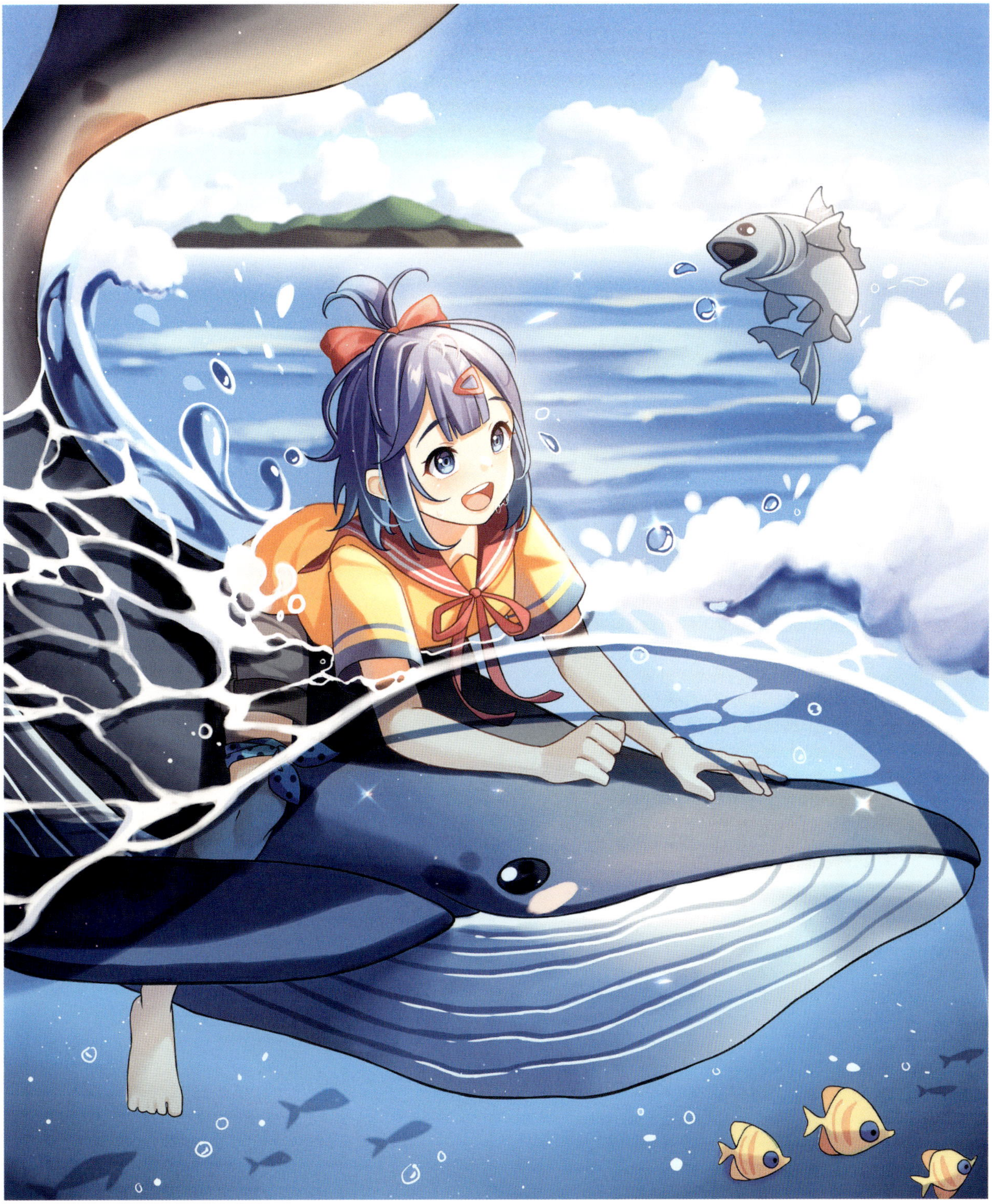

Man kommt einfach zu nichts, wenn man einen Wal zum Freund hat.

#68 Robotertechnikerin

Bald werden wir hochqualifizierte Fachleute brauchen, die unsere Roboter reparieren. Und so eine Reparatur ist komplexer als bei einem Geschirrspüler!

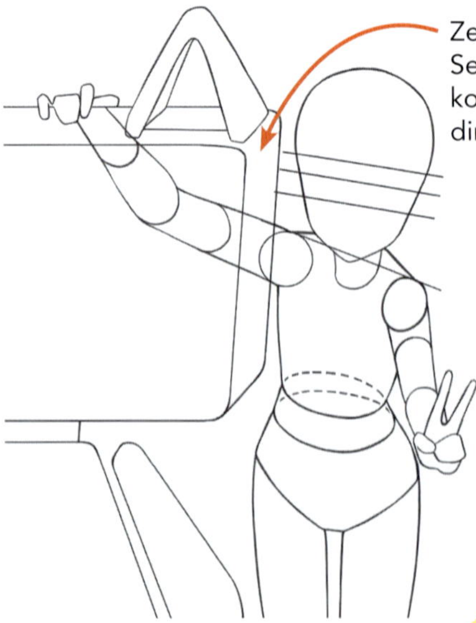

Zeichne auch die Seiten des Roboterkopfs, damit er dreidimensional wirkt.

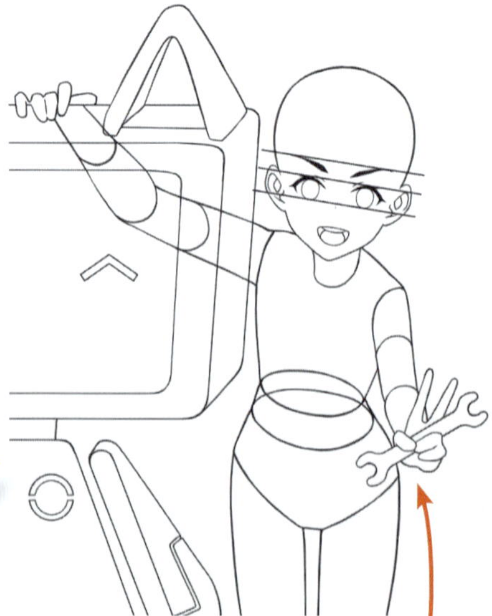

TIPP

Charaktere in einer Szene werden oft dicht nebeneinander positioniert. Dann wirkt das Bild vollgestopft. Überlappung der Figuren löst das Problem.

Da der Arm zu den Betrachtenden weist, muss er perspektivisch verkürzt werden.

Roboter freuen sich über ein wenig menschliche Zuwendung.

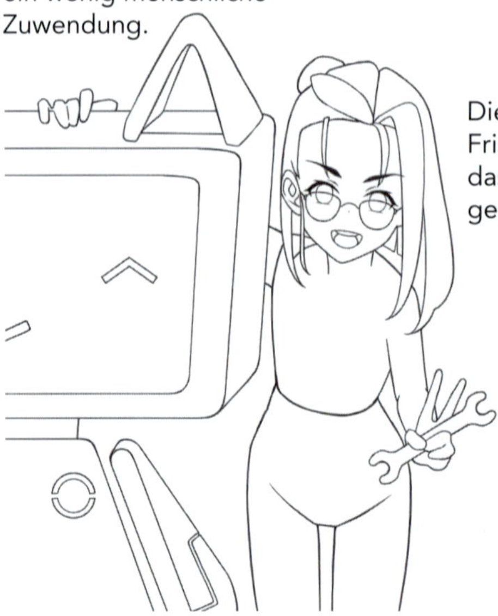

Die aufgelöste Frisur zeigt, dass sie schwer gearbeitet hat.

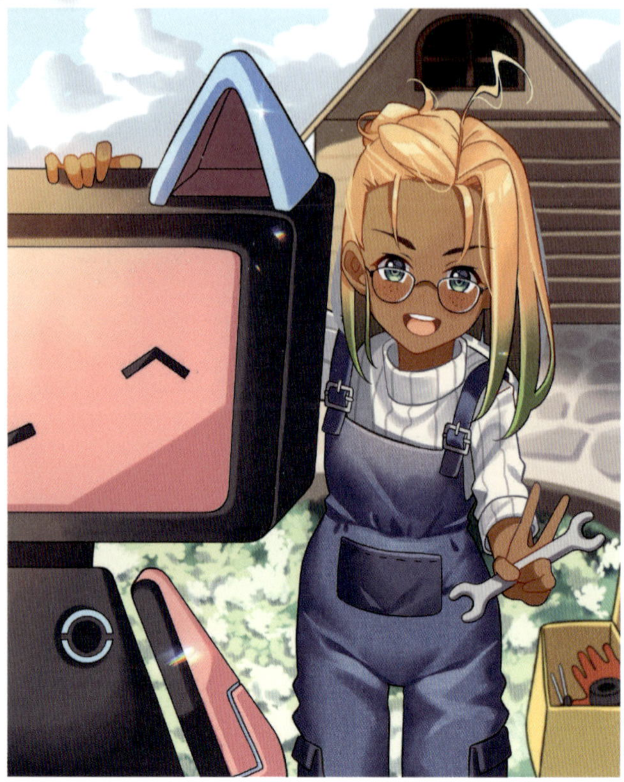

Roboter sind besonders an der Stirn schrecklich kitzlig!

Partnervermittlerin

#69

Eine gute Partnervermittlerin ist lustig, eine schlechte Vermittlerin ist aber noch viel lustiger. Sie verlässt sich ganz auf ihr Bauchgefühl, wenn sie Paare zusammenbringt, zum Beispiel eine Mathelehrerin und einen Profi-Wrestler (die Beziehung hat übrigens nicht funktioniert). Warum gibt es eigentlich Partnervermittlerinnen, die selbst noch immer Singles sind?

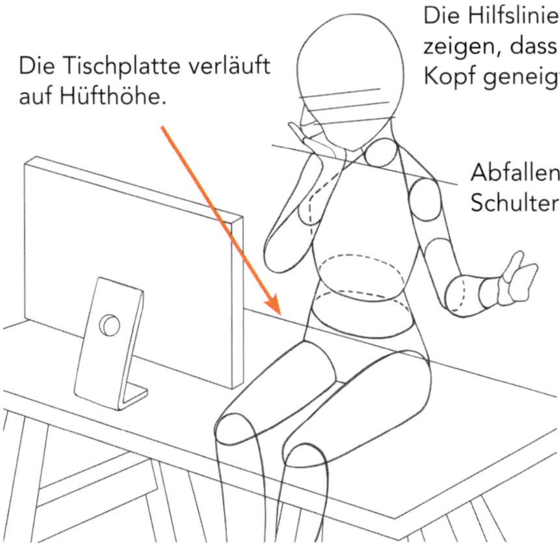

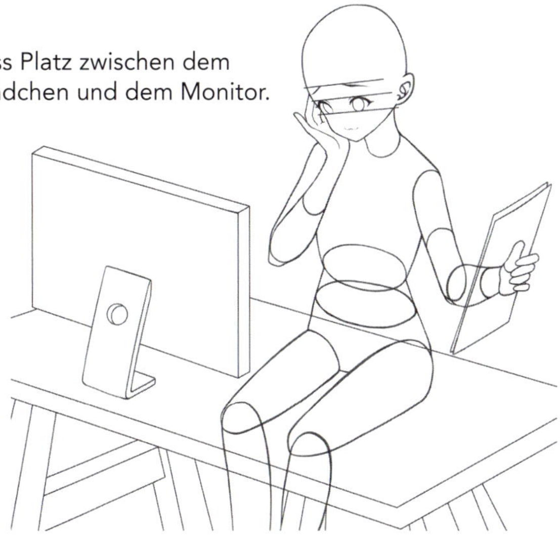

Einige der von ihr vermittelten Partner haben geheiratet. Jetzt geben sie ihr die Schuld, wenn es in der Ehe ständig Streit gibt!

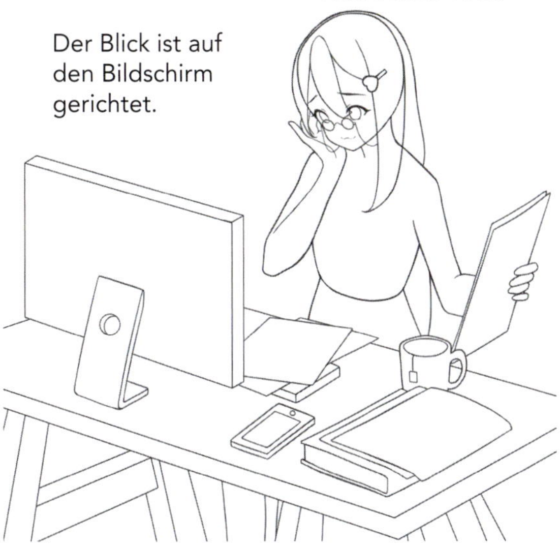

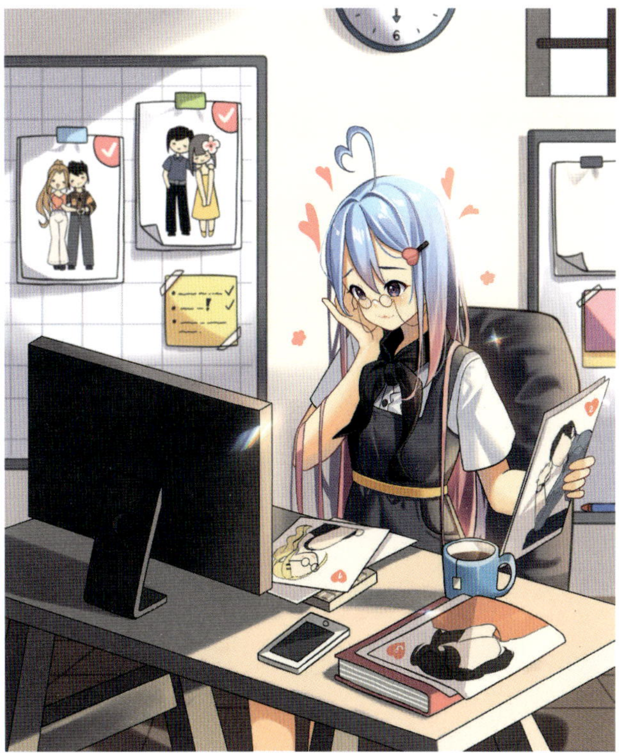

#70 Café-Besitzerin

Die eifrige Besitzerin eines Cafés versucht, einzigartige Kreationen anzubieten, sodass für jeden Geschmack etwas dabei ist.

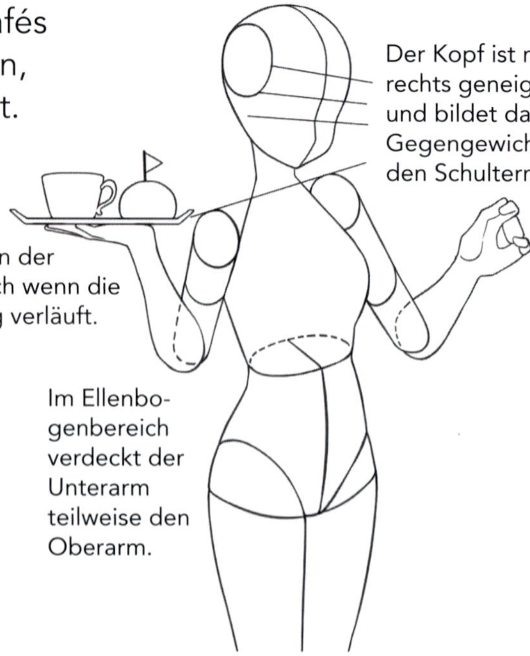

Der Kopf ist nach rechts geneigt und bildet das Gegengewicht zu den Schultern.

Das Tablett bleibt in der Waagerechten, auch wenn die Schulterlinie schräg verläuft.

Im Ellenbogenbereich verdeckt der Unterarm teilweise den Oberarm.

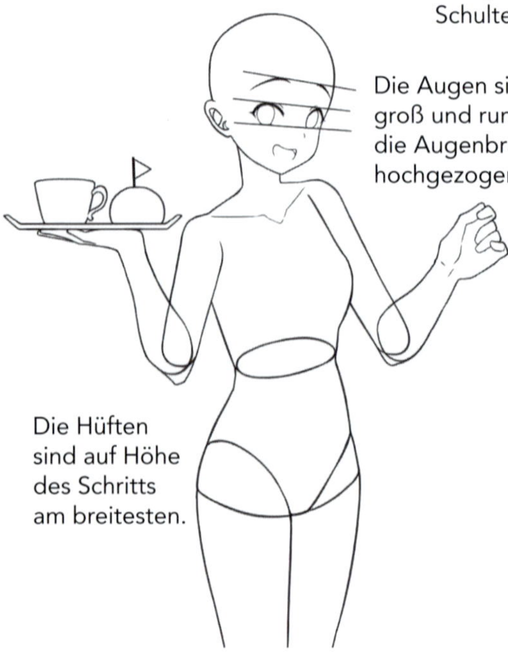

Die Augen sind groß und rund, die Augenbrauen hochgezogen.

Die Hüften sind auf Höhe des Schritts am breitesten.

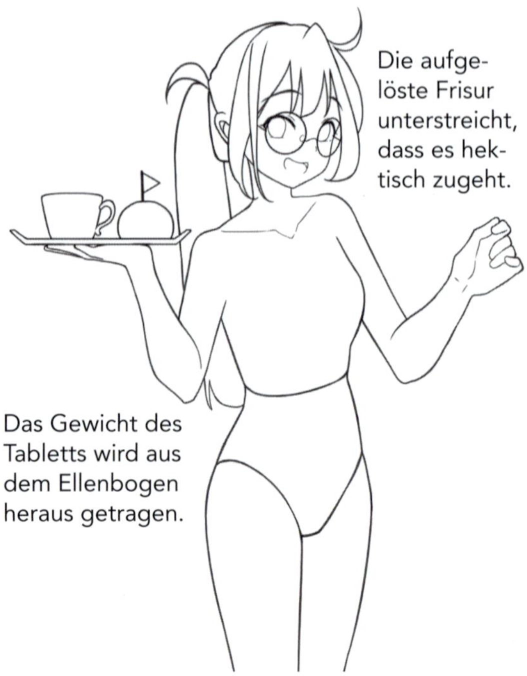

Die aufgelöste Frisur unterstreicht, dass es hektisch zugeht.

Das Gewicht des Tabletts wird aus dem Ellenbogen heraus getragen.

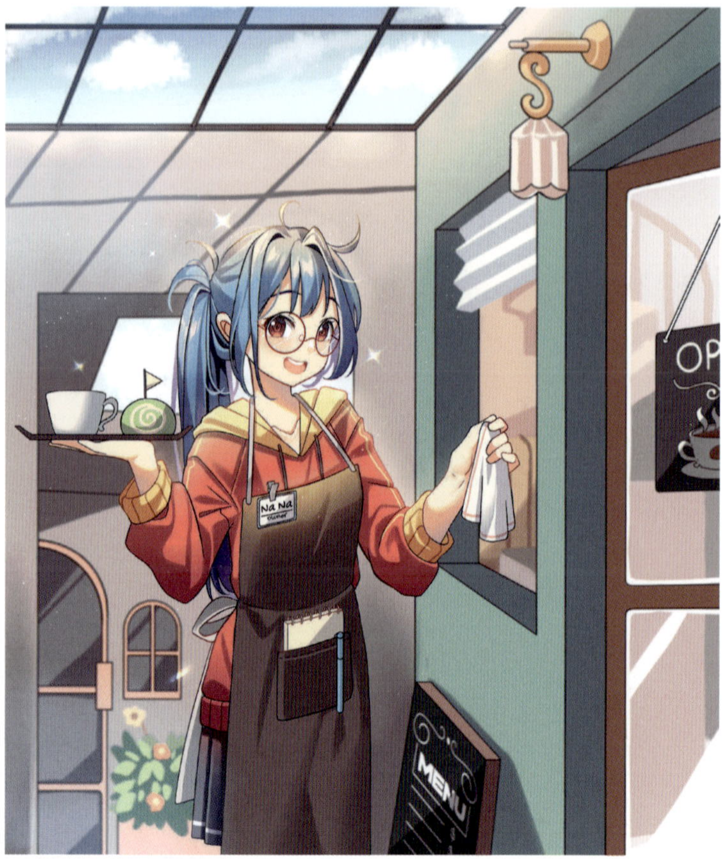

Die Schürze wird im zweiten Arbeitsschritt ergänzt und bedeckt nur die Vorderseite des Körpers, nicht die Seiten. Diese Reihenfolge lässt die Kleidung natürlicher wirken.

Personenschützerin

#71

Personenschützerinnen haben einen stählernen Blick und schnelle Reflexe. Wahrscheinlich gehört ein sehr klebriges Handy zu ihrer Ausrüstung, da man sie kaum dazu bewegen kann, es vom Ohr zu nehmen.

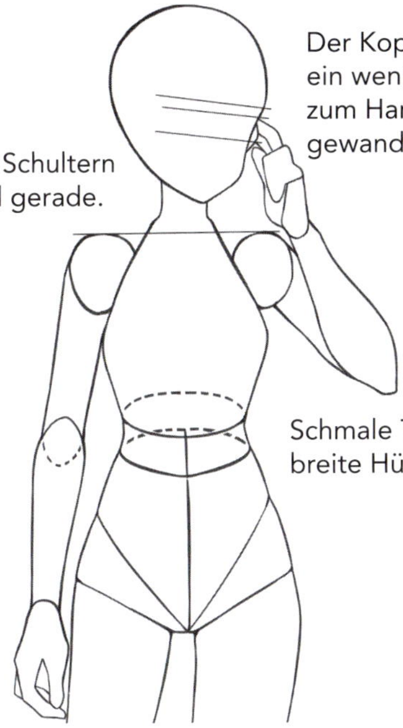

Die Schultern sind gerade.

Der Kopf ist ein wenig zum Handy gewandt.

Schmale Taille, breite Hüften

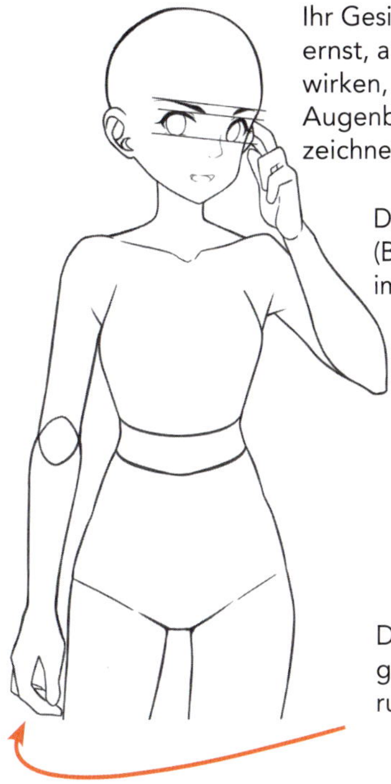

Ihr Gesichtsausdruck sollte ernst, aber nicht verärgert wirken, dazu werden die Augenbrauen schräg gezeichnet.

Der Mund ist klein (Bodyguards sprechen immer sehr leise).

Der linke Arm hängt ganz entspannt herunter.

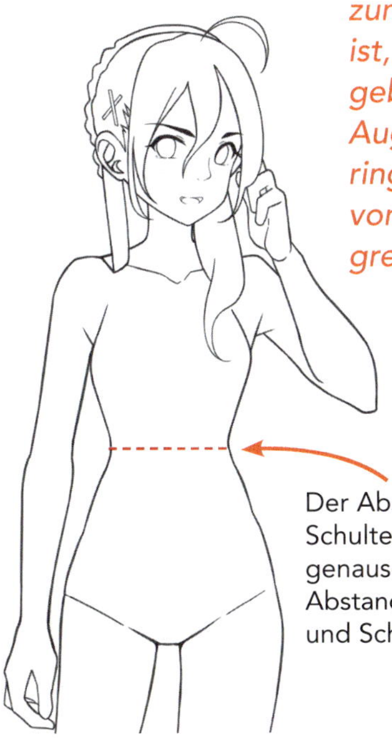

Obwohl ihr Gesicht zum Handy gewandt ist, behält sie die Umgebung genau im Auge, um beim geringsten Anzeichen von Ärger sofort eingreifen zu können.

Der Abstand zwischen Schultern und Taille ist genauso groß wie der Abstand zwischen Taille und Schritt.

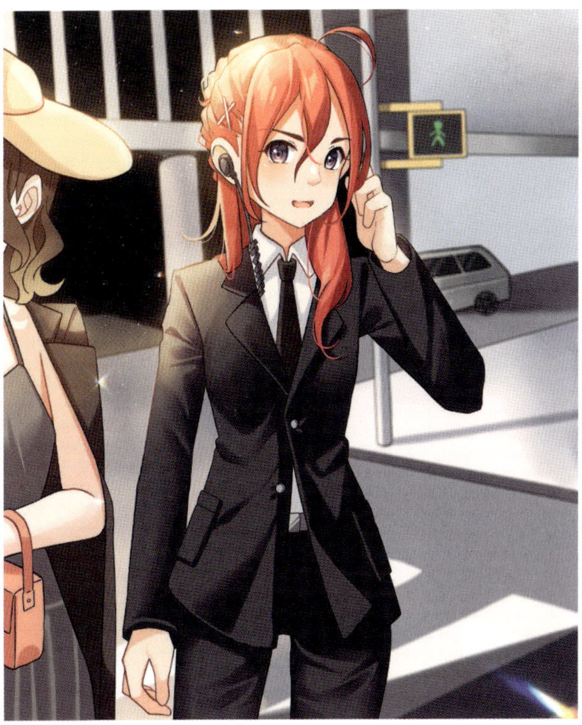

#72 Kuscheltierärztin

Hat sich ein geliebtes Kuscheltier schlimm verletzt, dann gibt es nur einen Menschen, der helfen kann: die Frau Doktor von der Kuscheltierklinik. Sie ist die absolute Expertin, wenn ein Einhorn oder Teddybärchen wieder zusammengeflickt werden muss. Allerdings übernimmt die Krankenkasse die Kosten leider nicht.

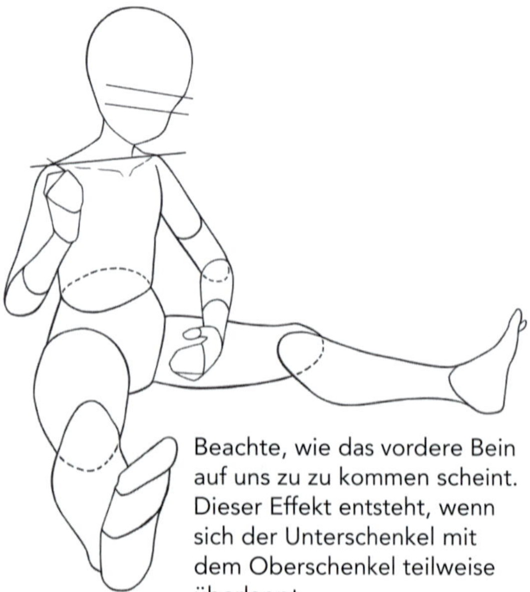

Beachte, wie das vordere Bein auf uns zu zu kommen scheint. Dieser Effekt entsteht, wenn sich der Unterschenkel mit dem Oberschenkel teilweise überlappt.

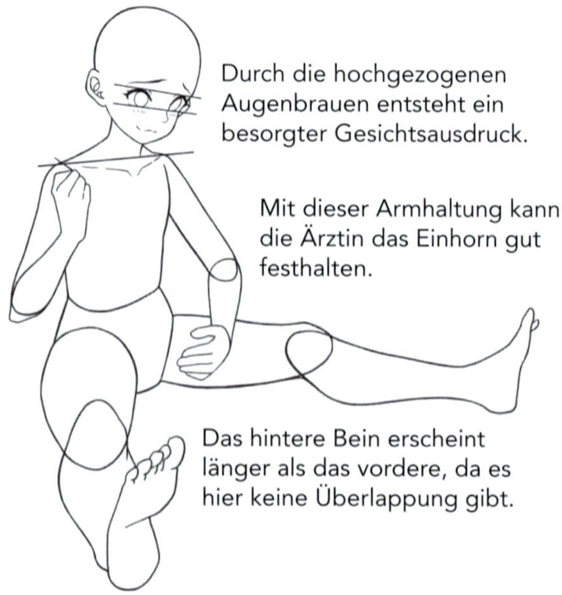

Durch die hochgezogenen Augenbrauen entsteht ein besorgter Gesichtsausdruck.

Mit dieser Armhaltung kann die Ärztin das Einhorn gut festhalten.

Das hintere Bein erscheint länger als das vordere, da es hier keine Überlappung gibt.

Keine Angst, mein Kleiner. Nur noch ein paar Stiche, und du bist so gut wie neu!

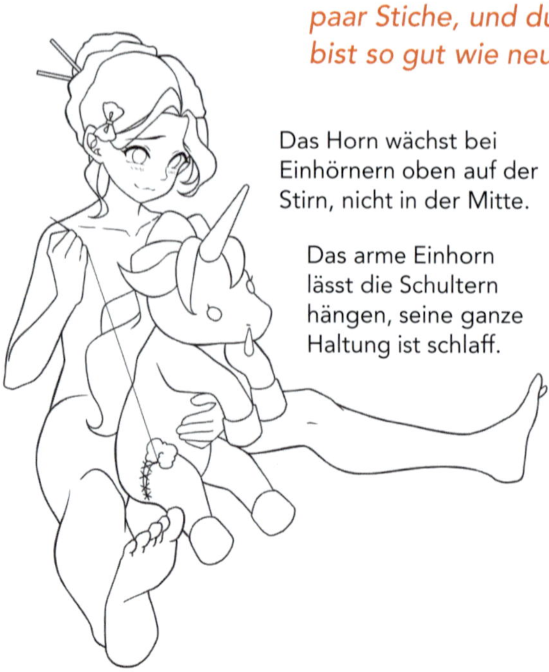

Das Horn wächst bei Einhörnern oben auf der Stirn, nicht in der Mitte.

Das arme Einhorn lässt die Schultern hängen, seine ganze Haltung ist schlaff.

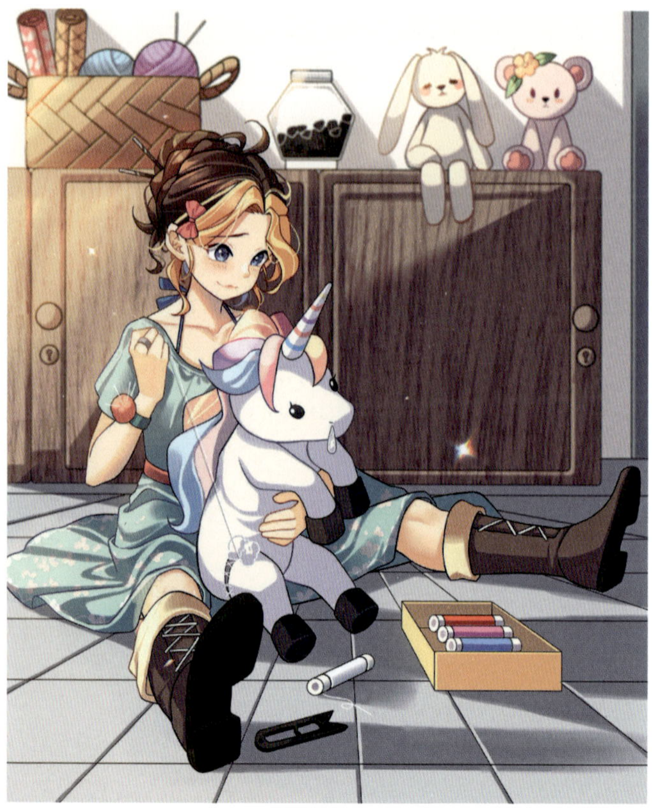

Hirnchirurgin

#73

Im Operationssaal muss das Haar mit einer Haube bedeckt sein. Außerdem braucht die Chirurgin Schutzkleidung und eine OP-Maske, ihr Gesicht ist also nicht wirklich erkennbar. Aus diesem rein praktischen Grund zeigen wir sie hier nach der Operation.

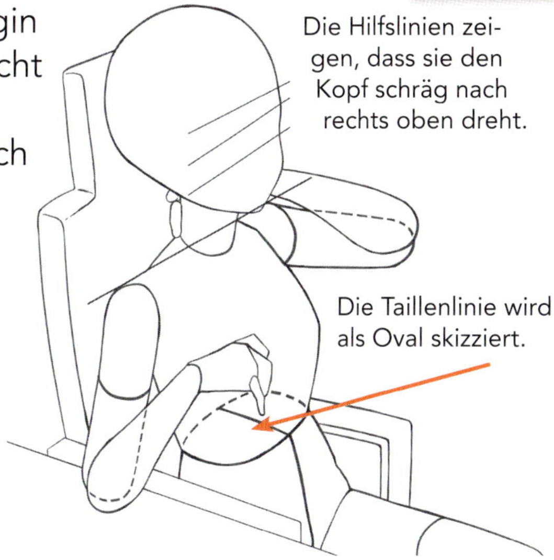

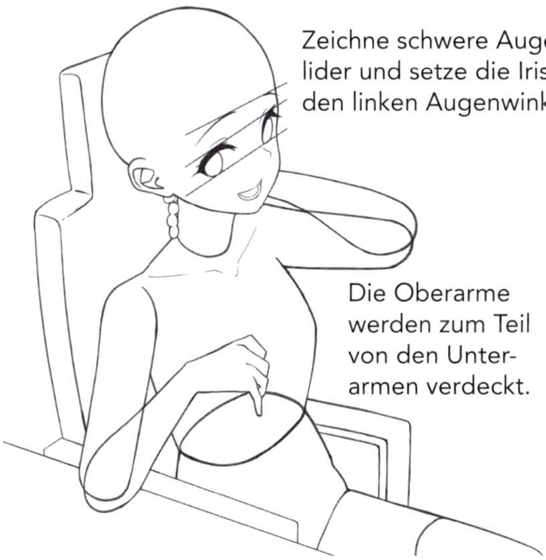

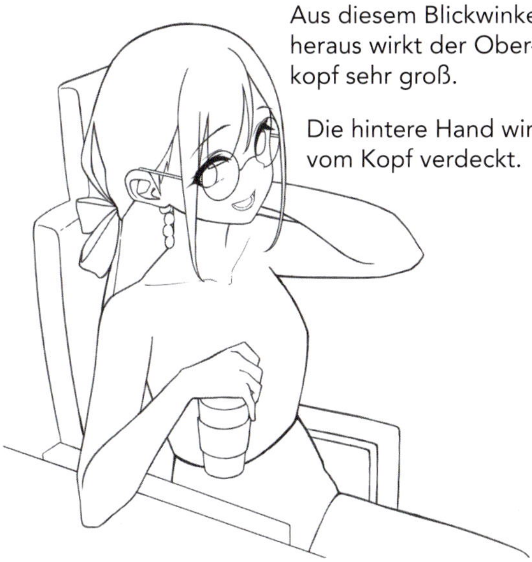

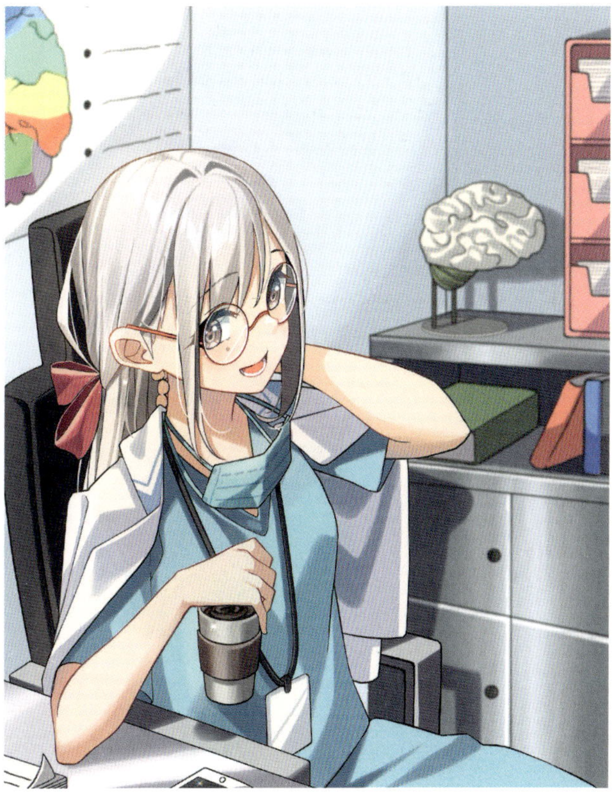

Im Krankenhaus tragen Chirurginnen meist lockere, bequeme Kleidung. So sparen sie eine Menge Geld und können sich am Ende des Jahres einen Sportwagen leisten.

#74 Drohnentesterin

Vielleicht sind Drohnen ja die Lösung all unserer Transportprobleme, aber bevor sie zugelassen werden können, müssen sie gründlich getestet werden. Ich frage mich, wie man mit einer Drohne parallel einparkt?

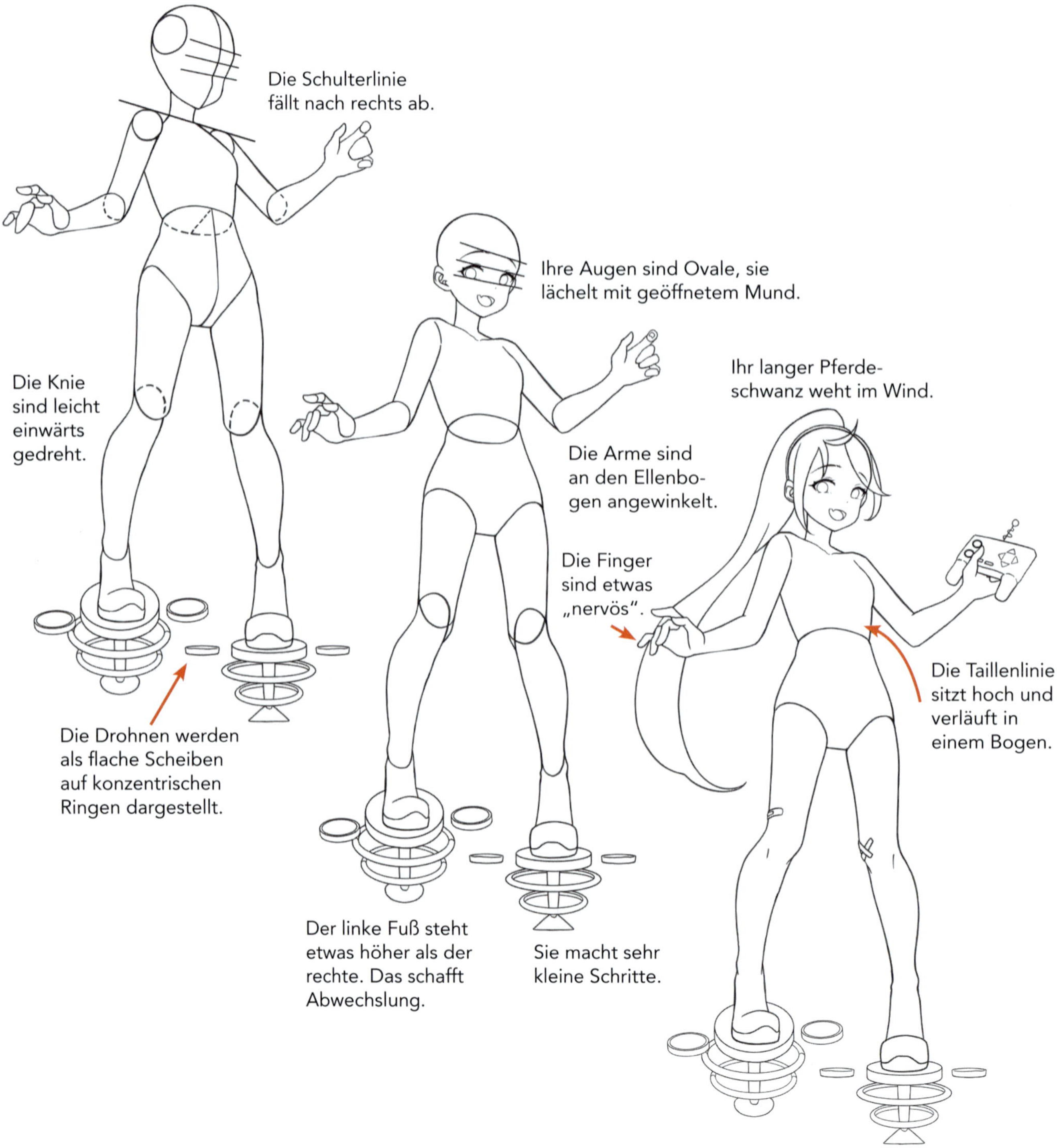

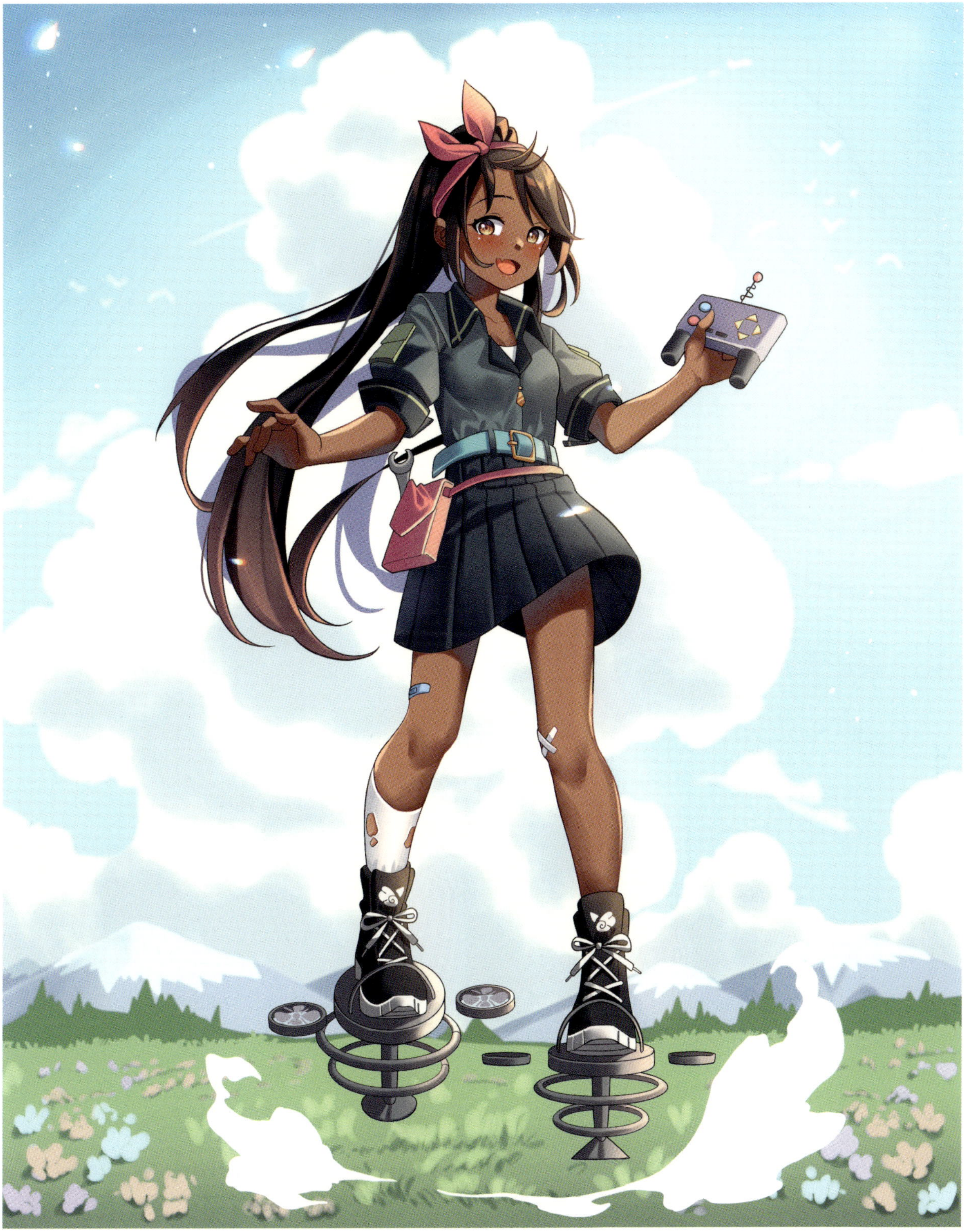

Drohnen sind sehr praktisch, solange es nicht regnet, kalt, dunkel oder windig ist.

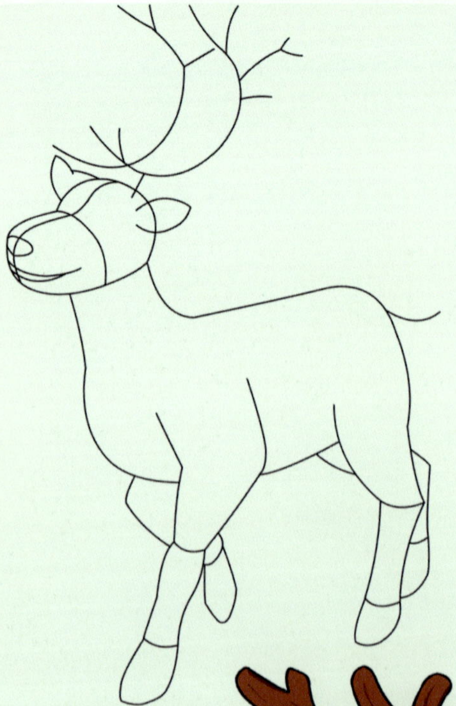
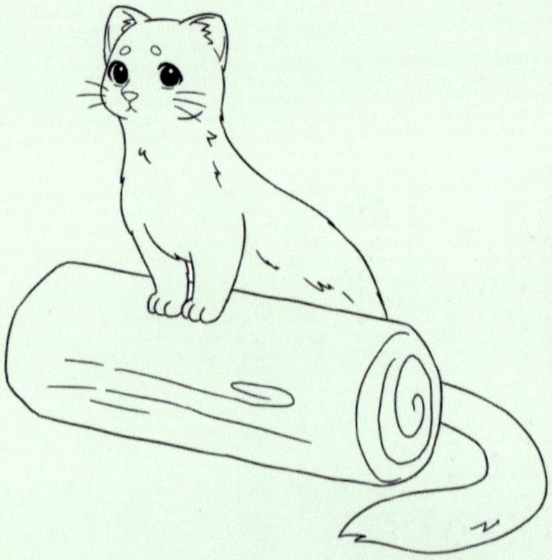
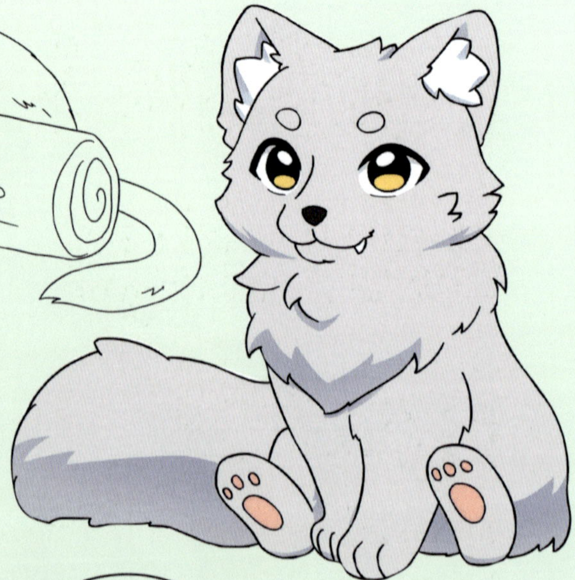
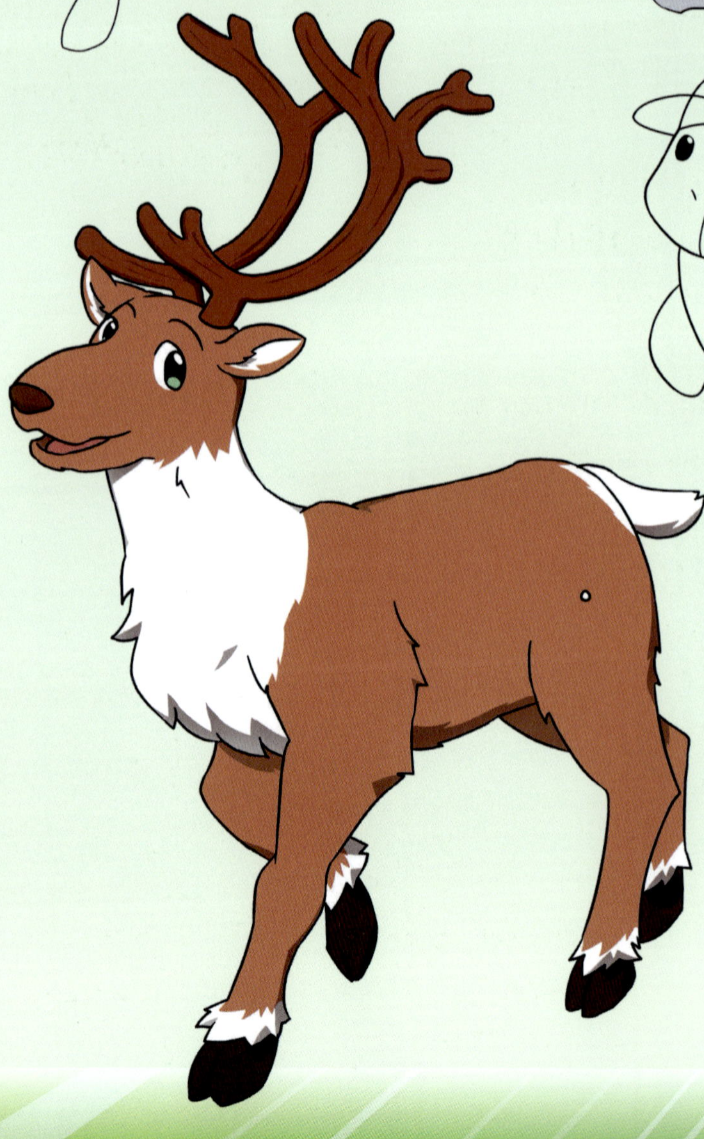
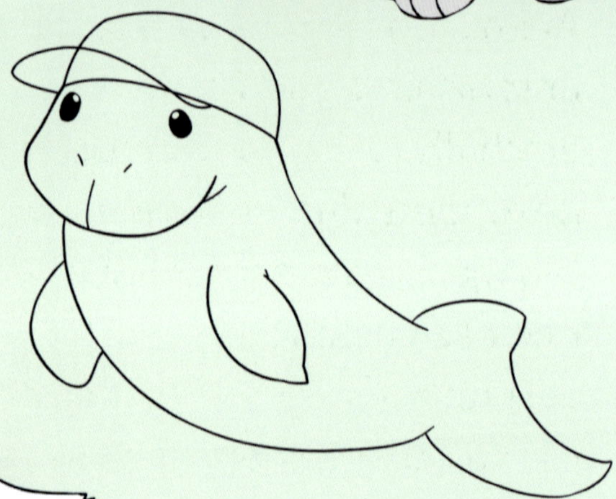
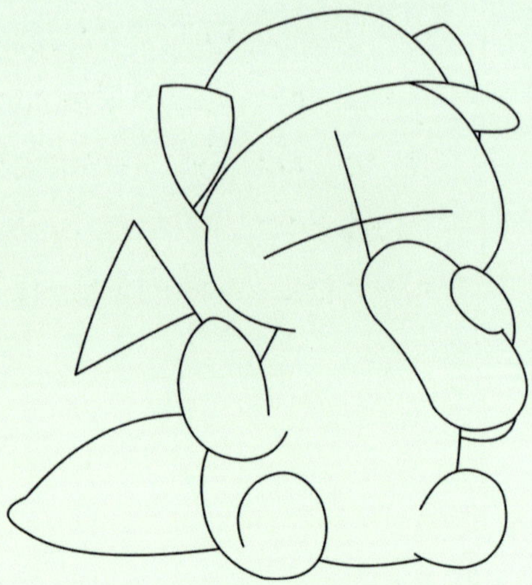

Niedliche & flauschige Freunde

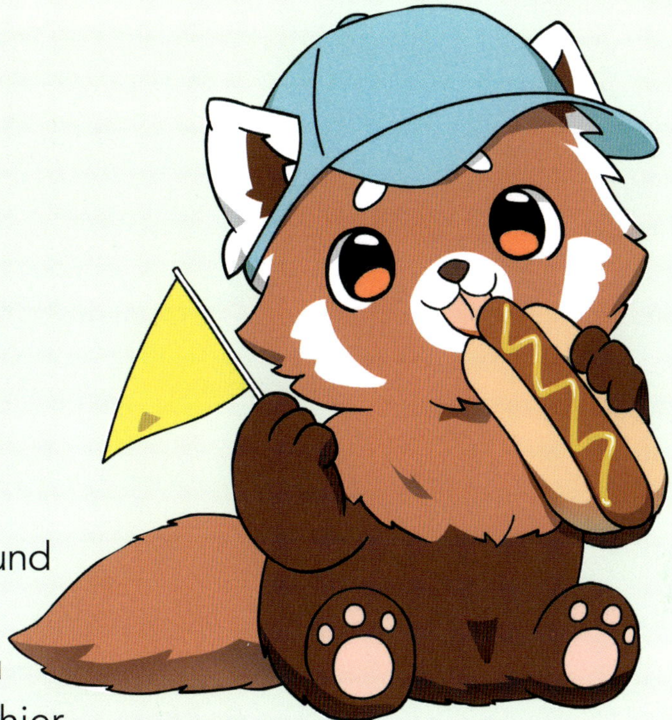

Im Manga ist es wie in Comics und Animationsfilmen wichtig, ganz unterschiedliche Charaktere zu erschaffen. Deshalb werde ich hier besonders darauf eingehen und dir im Manga-Stil ein paar seltene, aber unglaublich niedliche Tierarten vorstellen. Leserschaft und Publikum lassen sich gerne überraschen, und diesen niedlichen Kerlchen gelingt dies mit ihrem ungewöhnlichen Aussehen und ihrer ganz speziellen Persönlichkeit. Wir betonen die Wesenszüge, die sie so „bemerkenswert" machen, und dann sind sie ganz einfach zu zeichnen.

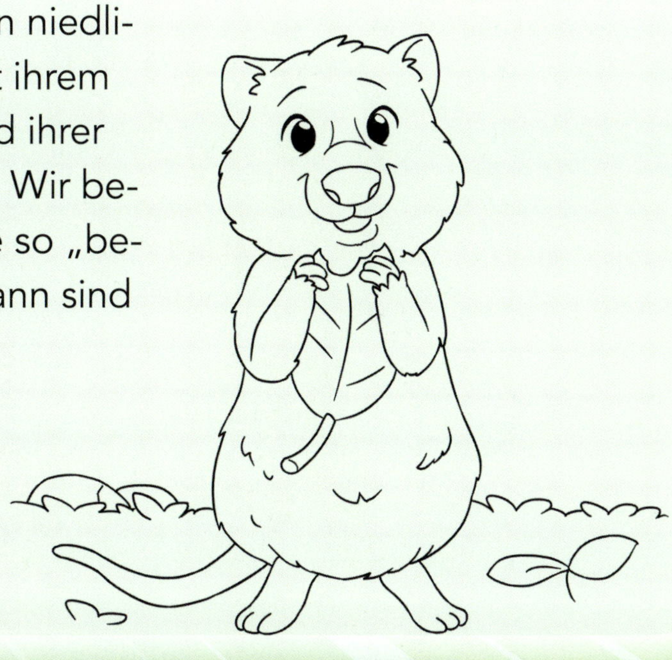

#75 Quokka

Ein Quokka ist ein Beuteltier, nämlich ein Kurzschwanzkänguru, das in den Social Media Furore macht, weil es so superniedlich ist. Manchmal wird es sogar als das niedlichste Tier der Welt bezeichnet. Kein Wort davon zu meinem Hund! Man erkennt es sofort an seiner großen Nase und den dicken Hamsterbäckchen.

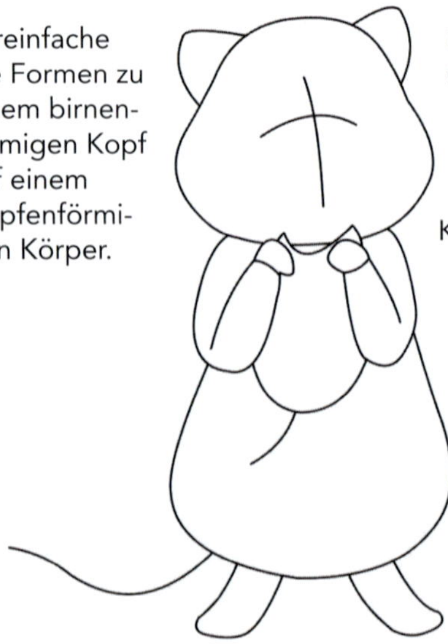

Vereinfache die Formen zu einem birnenförmigen Kopf auf einem tropfenförmigen Körper.

Kleine spitze Öhrchen

Kein Hals

Die Hinterbeine verschwinden teilweise unter dem Körper.

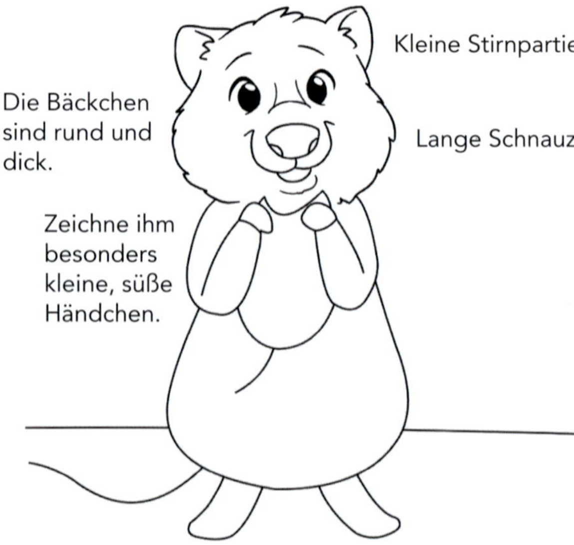

Kleine Stirnpartie

Die Bäckchen sind rund und dick.

Lange Schnauze

Zeichne ihm besonders kleine, süße Händchen.

Ein Quokka kann viele Stimmungen ausdrücken – aber fast immer ist es irgendwie ein Lächeln.

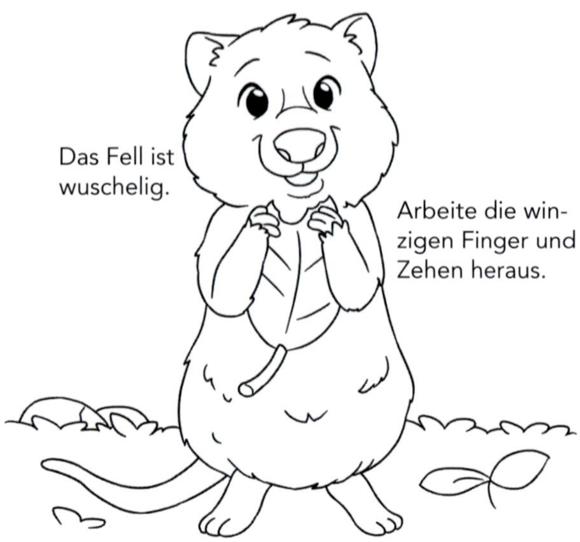

Das Fell ist wuschelig.

Arbeite die winzigen Finger und Zehen heraus.

Die Füße sind nach außen gestellt.

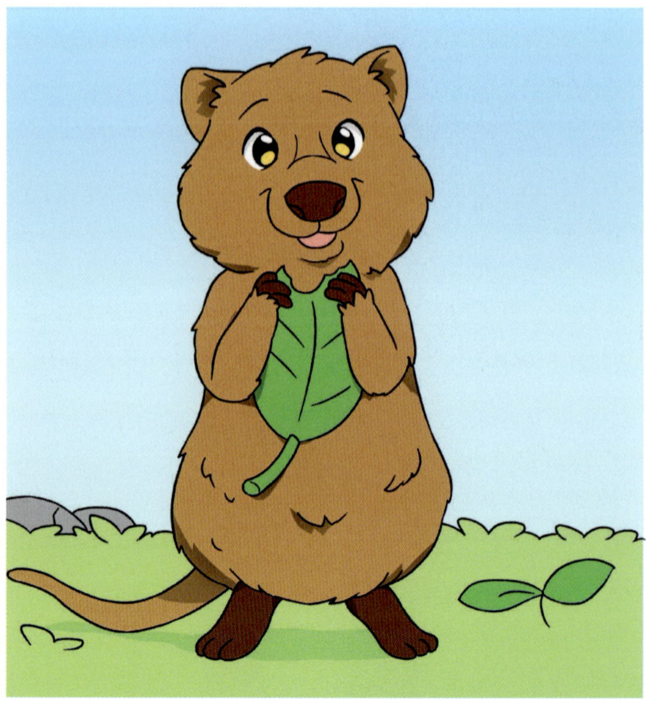

Polarwolfwelpe

#76

Polarwölfe haben ein dickes flauschiges Fell, das es ihnen möglich macht, in der arktischen Kälte zu überleben. Um einen Baby-Polarwolf zu zeichnen, skizzieren wir zuerst einen ganz gewöhnlichen Welpen als Ausgangsbasis, denn kleine Hunde und kleine Wölfe sehen sich als Babys noch sehr ähnlich.

Zeichne zuerst einen sitzenden Welpen.

Die Vorderbeine sind dick, die Pfoten berühren sich.

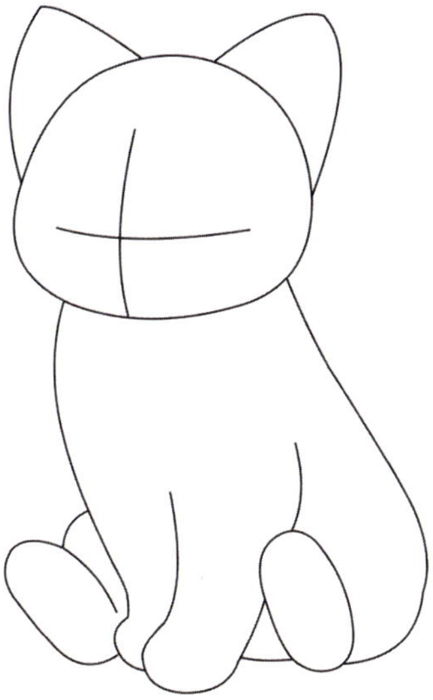

Die großen Augen werden mit Glanzlichtern versehen.

Der Hals verschwindet unter der Mähne.

Der Körper verdeckt Teile des Schwanzes.

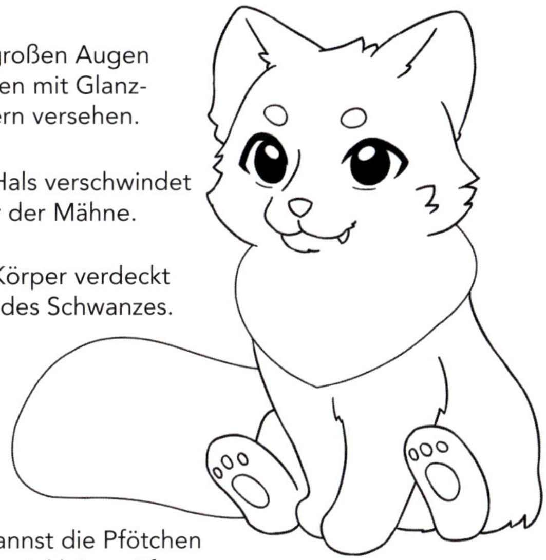

Du kannst die Pfötchen noch mit kleinen Pfotenballen versehen.

Das Fell ist bei der Mähne und im Ohr besonders wuschelig.

Die Nase besteht aus einem kleinen Dreieck.

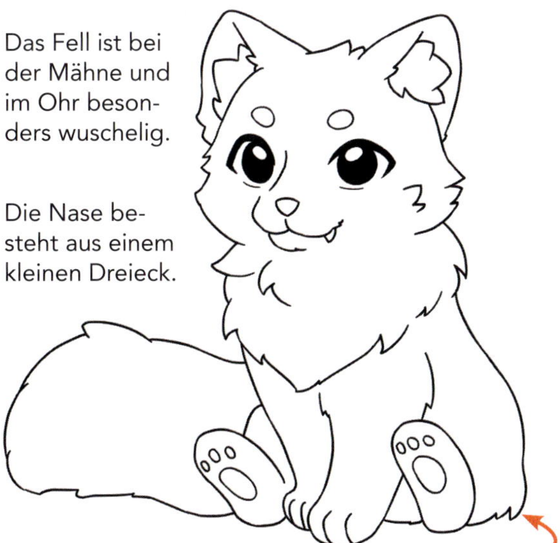

Das Hinterteil ist breit.

Die Flächen in dunklerem Grau liegen im Schatten. Das ist am unteren Teil der Mähne der Fall und dort, wo Hinterteil und Schwanz mit dem Boden in Kontakt sind.

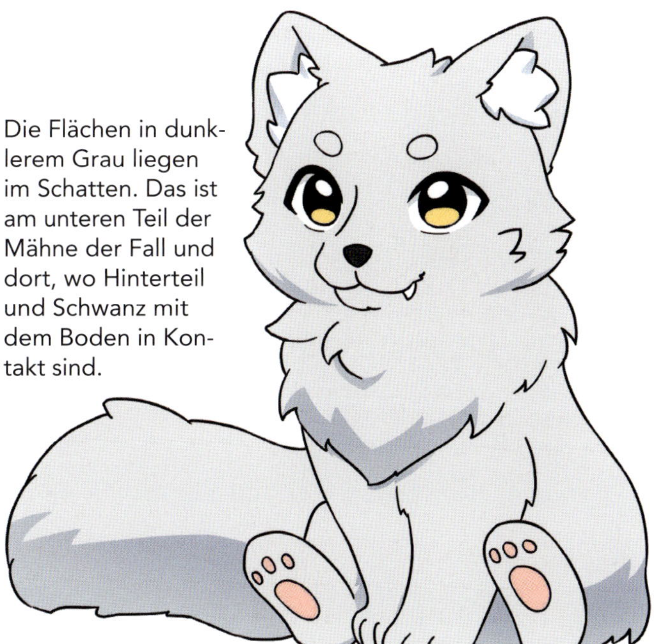

#77 Haida-Hermelin

Dieses putzige kleine Kerlchen ist trotz seines niedlichen Aussehens weitgehend unbekannt. Die ausdrucksstarken Augen sind sein hervorstechendstes Merkmal. Es selbst hält sich für einen süßen Welpen, dabei ist es in Wirklichkeit ein Wiesel. Aber bitte verrate es ihm nicht.

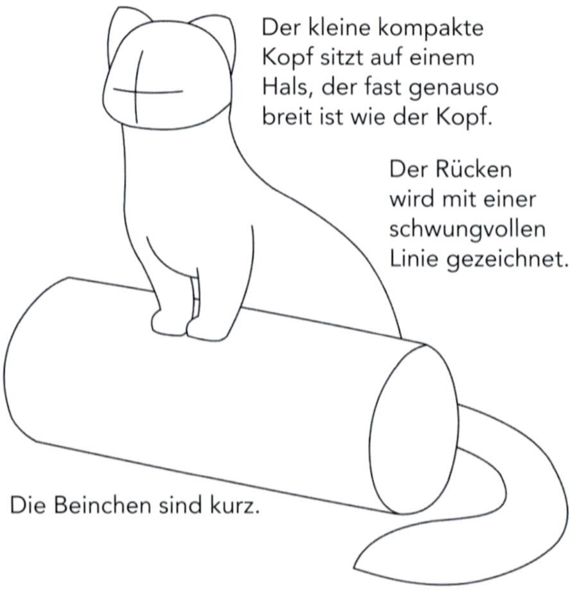

Der kleine kompakte Kopf sitzt auf einem Hals, der fast genauso breit ist wie der Kopf.

Der Rücken wird mit einer schwungvollen Linie gezeichnet.

Die Beinchen sind kurz.

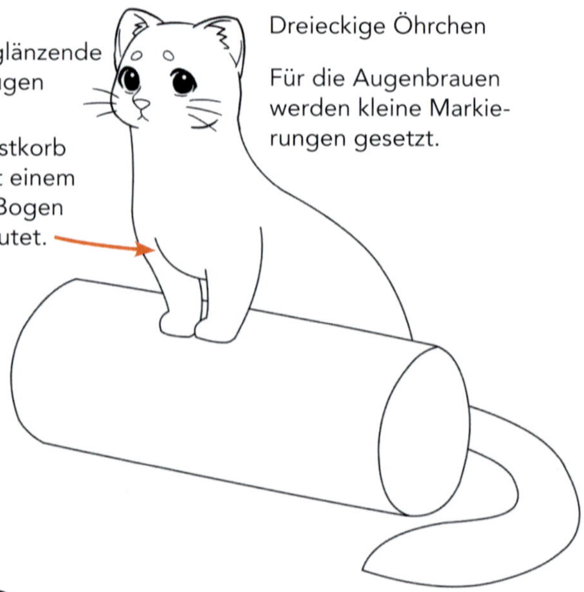

Große glänzende Kulleraugen

Dreieckige Öhrchen

Für die Augenbrauen werden kleine Markierungen gesetzt.

Der Brustkorb wird mit einem kurzen Bogen angedeutet.

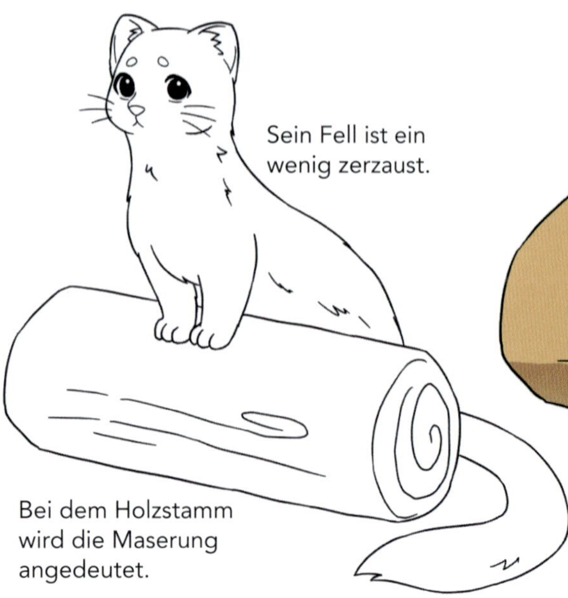

Sein Fell ist ein wenig zerzaust.

Bei dem Holzstamm wird die Maserung angedeutet.

Der Schwanz liegt auf dem Boden.

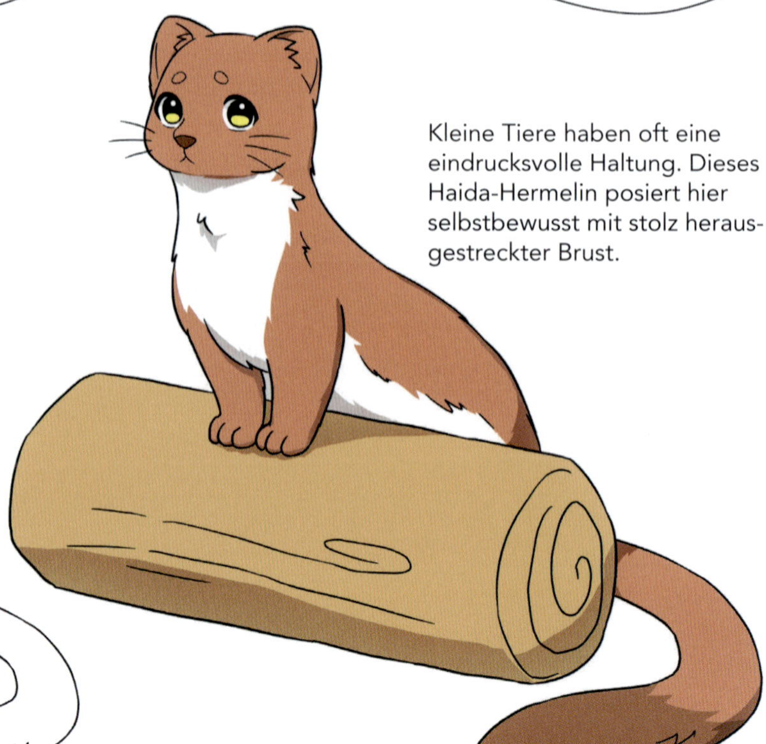

Kleine Tiere haben oft eine eindrucksvolle Haltung. Dieses Haida-Hermelin posiert hier selbstbewusst mit stolz herausgestreckter Brust.

Roter Panda

#78

Der Rote Panda sieht nicht aus wie ein normaler Roter Panda, und er ist auch nicht wirklich rot. Er sieht eher aus wie eine superniedliche Kreuzung zwischen einem Fuchs und einem Hundewelpen. Er hat drei hervorstechende Merkmale: dreieckige Ohren, riesige Augen, ein winziges Schnäuzchen.

Der Kopf ist so groß wie der Körper.

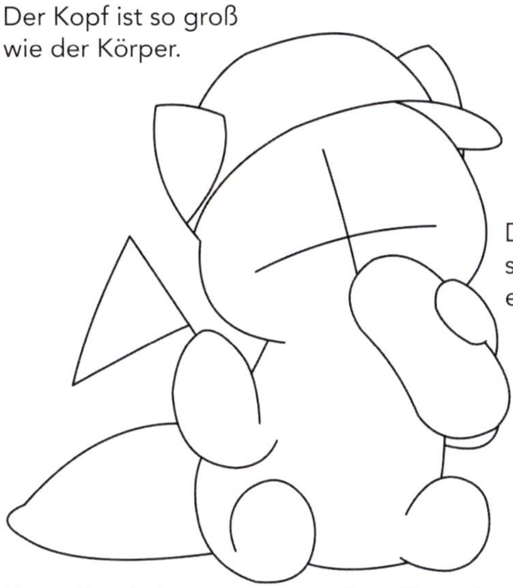

Das Gesicht entspricht ungefähr einem Oval.

Unser Panda bekommt einen langen buschigen Schwanz.

Der Körper ist überall pummelig.

Zur Betonung des Kontrasts werden die Augen sehr groß, die Schnauze sehr klein gezeichnet.

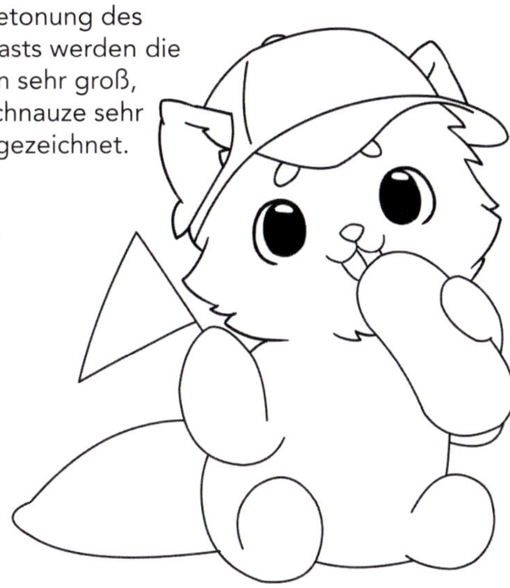

Das Fell im Gesicht ist zottelig.

Die Ohren sind auch zottelig.

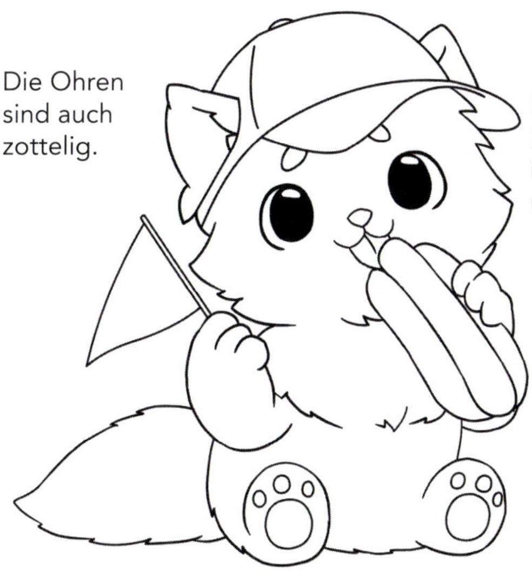

Eine zottelige Mähne fällt über Schultern und Brust.

Bei den Hinterpfoten ergänzen wir noch die Pfotenballen.

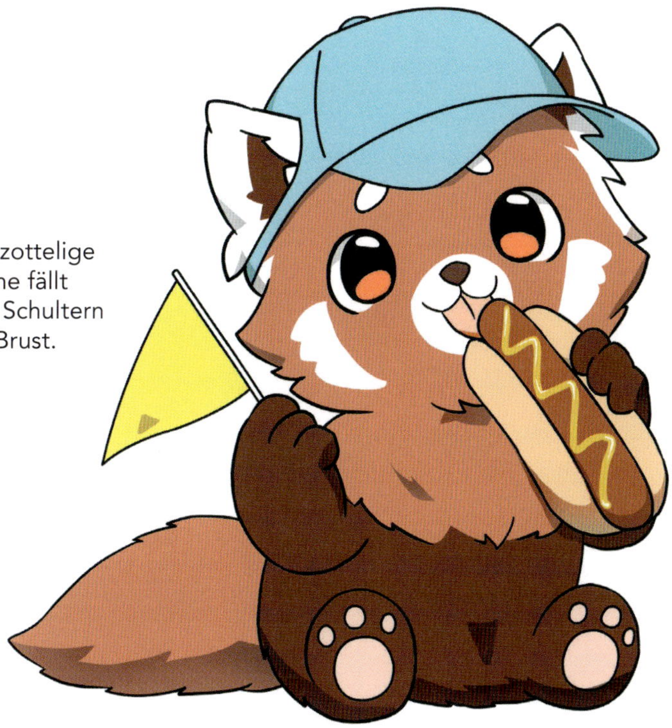

#79 Dugong

Dugongs treiben schwerelos im Wasser und kümmern sich nicht um den Rest der Welt. Was ist, wenn sie ein Kilo Gewicht zulegen? Völlig egal! Und wenn ihre Webseite abstürzt? Vollkommen egal!

Der Kopf ist sehr dick, was wesentlich zu seinem besonderen Charme beiträgt.

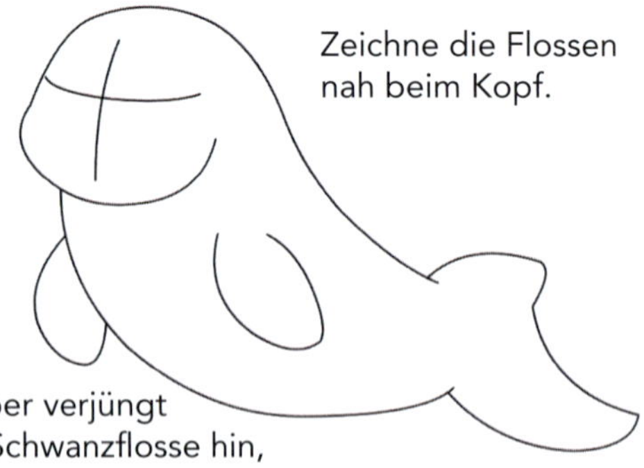

Zeichne die Flossen nah beim Kopf.

Der Körper verjüngt sich zur Schwanzflosse hin, aber nicht allzu sehr.

Ein sportliches Kerlchen!

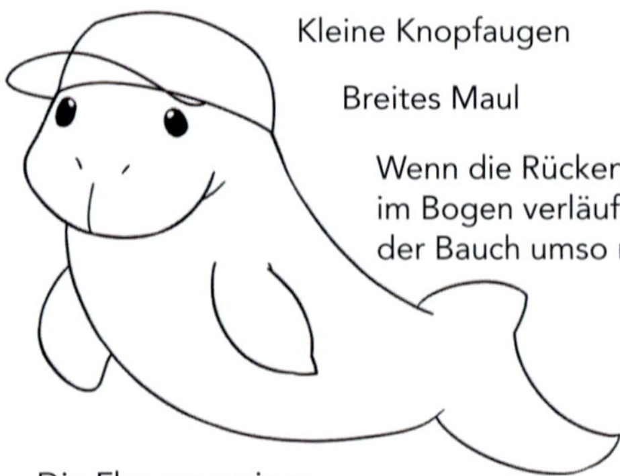

Kleine Knopfaugen

Breites Maul

Wenn die Rückenlinie im Bogen verläuft, wird der Bauch umso runder.

Die Flossen weisen nach hinten.

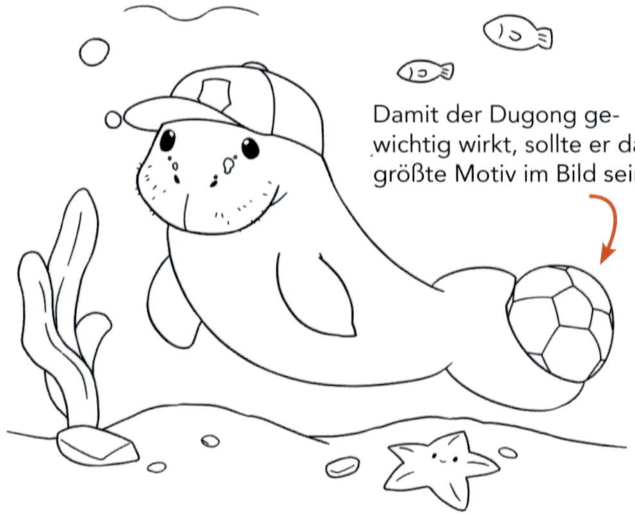

Damit der Dugong gewichtig wirkt, sollte er das größte Motiv im Bild sein.

Im Wasserpolo ist er richtig gut!

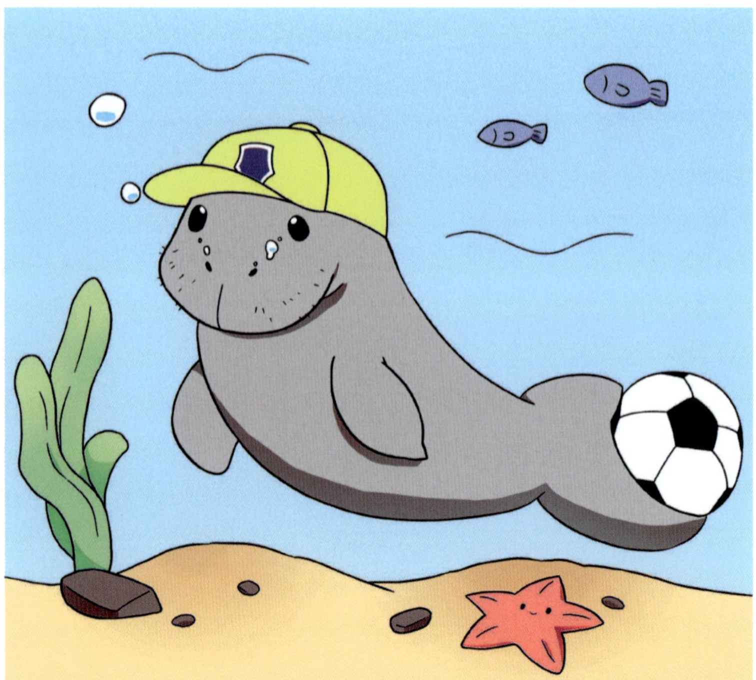

TIPP

Der Dugong wurde hier kürzer gezeichnet, als er in der Realität ist, damit er in die Szene passt. Du darfst deine Charaktere immer an die Geschichte anpassen!

Karibu

#80

Nordamerikanische Rentiere sehen aus wie Hirsche, die im Fitnessstudio waren. Sie sind groß und zottelig und haben den Charme vieler Huftiere im hohen Norden.

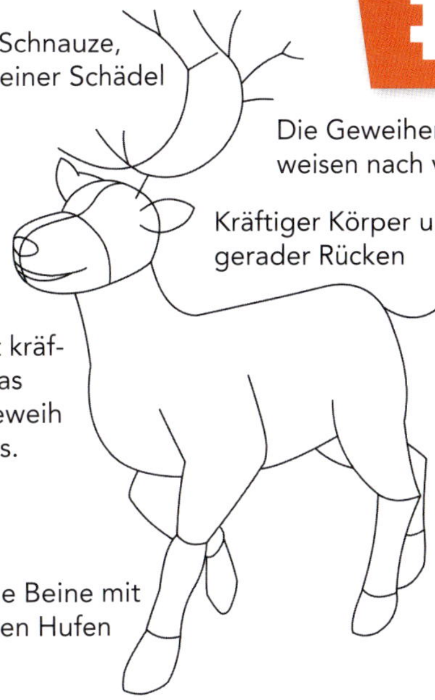

Lange Schnauze, aber kleiner Schädel

Die Geweihenden weisen nach vorne.

Kräftiger Körper und gerader Rücken

Der Hals ist kräftig, da er das schwere Geweih tragen muss.

Lange Beine mit großen Hufen

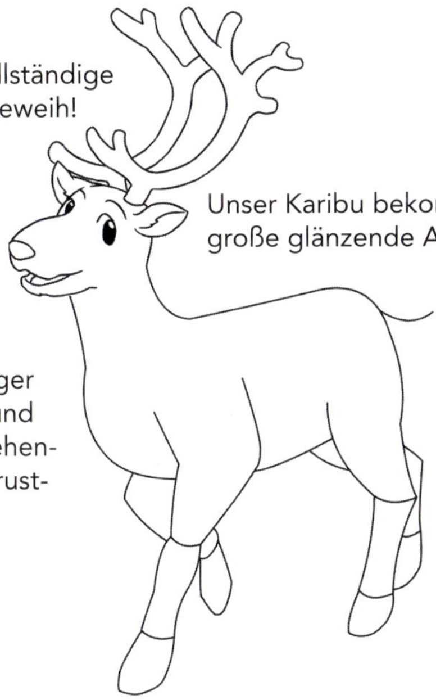

Vervollständige das Geweih!

Unser Karibu bekommt große glänzende Augen.

Kräftiger Hals und vorstehender Brustkorb

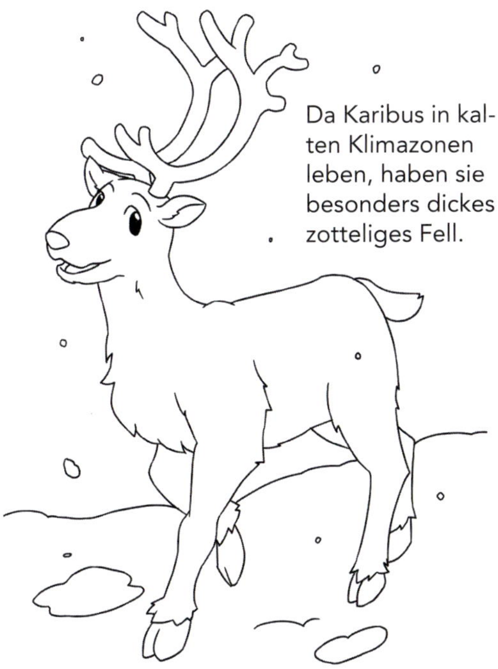

Da Karibus in kalten Klimazonen leben, haben sie besonders dickes zotteliges Fell.

Karibus sind Paarhufer.

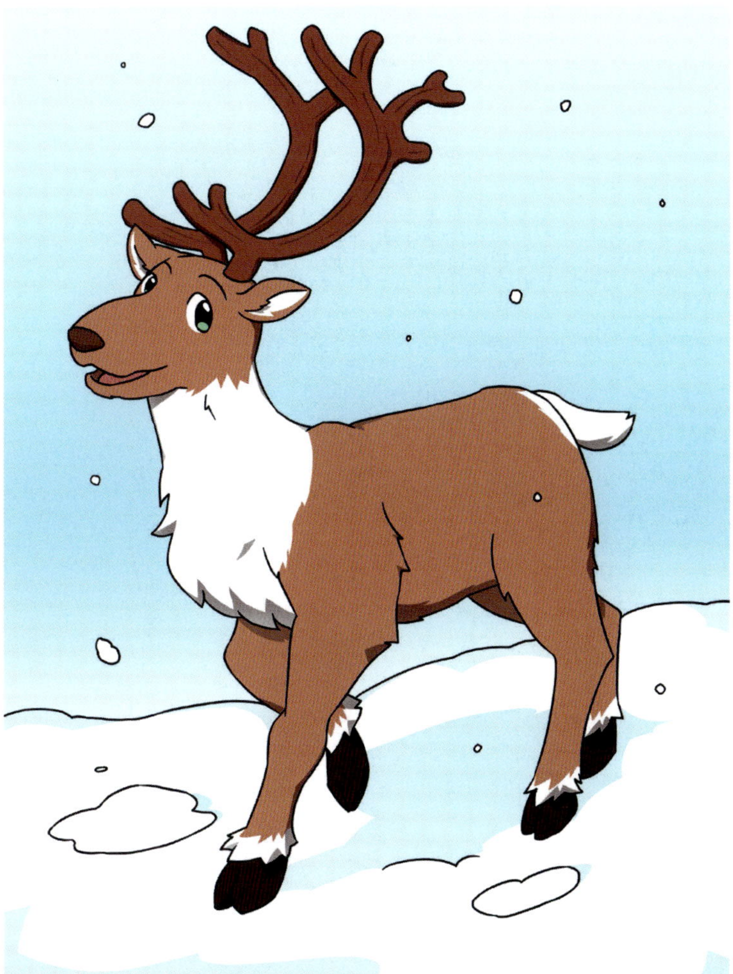

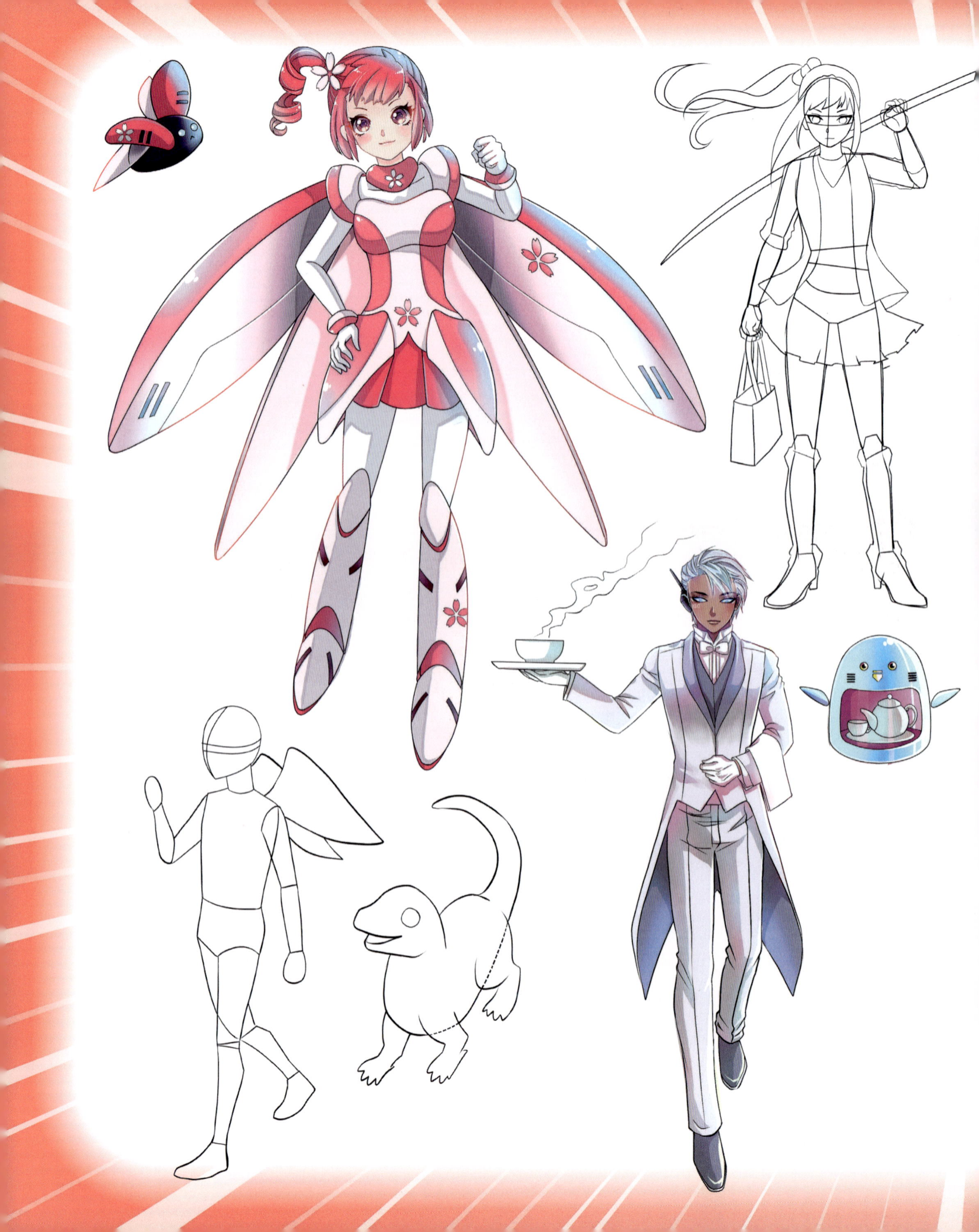

Sci-Fi-Charaktere

Moderne Science Fiction ist einfallsreich und außergewöhnlich. Ihr Ziel ist es, die Leserinnen und Leser zum Denken anzuregen, ihre Fantasie zu beflügeln und sie dazu zu bringen, sich Gedanken zu machen und neugierig zu werden. Wird es in der Zukunft wirklich Samurai-Schulmädchen geben? Kann sein. Wir werden es erst erfahren, wenn wir in der Zukunft angekommen sind. Bis dahin müssen wir unserer Inspiration folgen. Stürzen wir uns also ins Abenteuer!

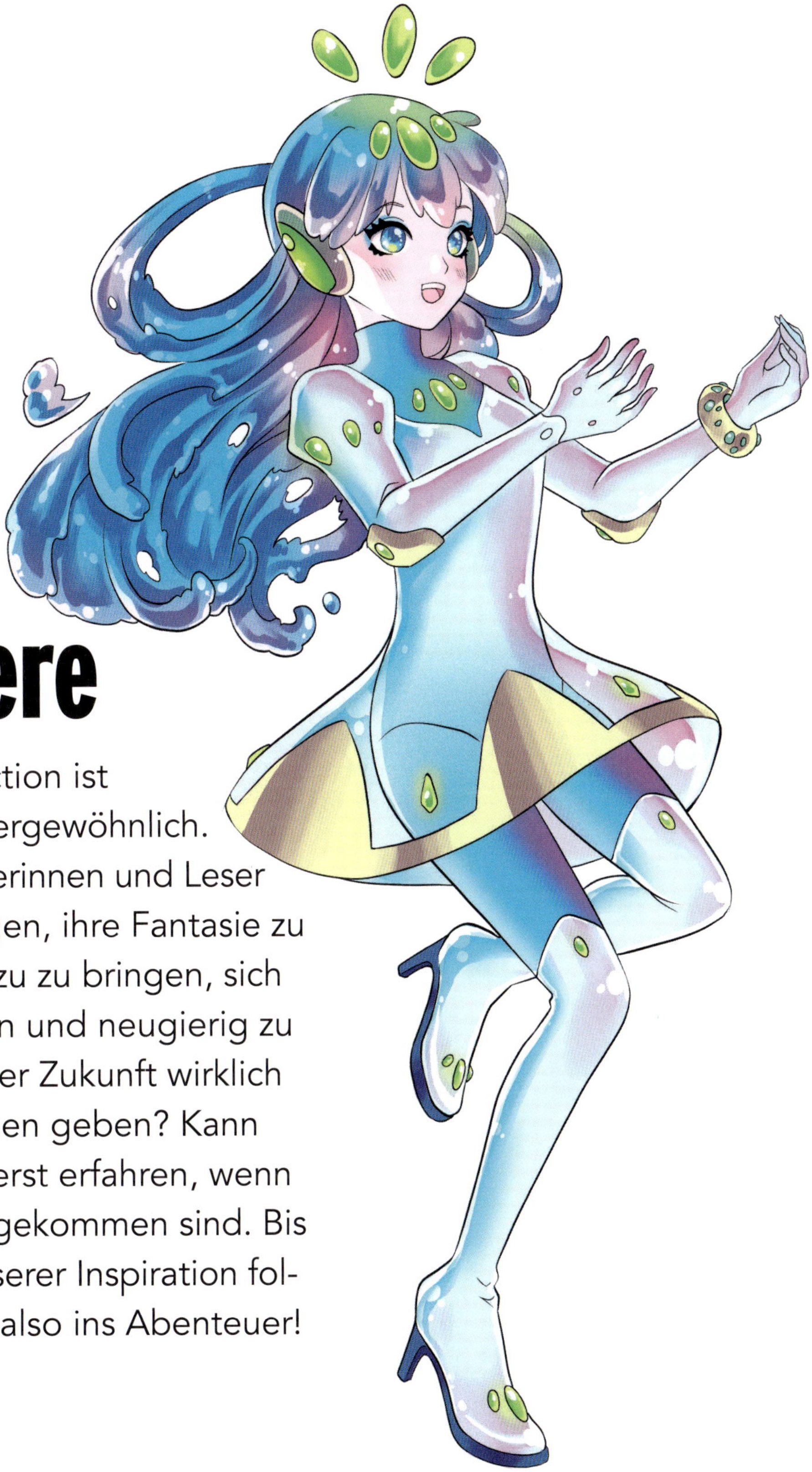

#81 Samurai-Schulmädchen

Gefällt dir ihr Schwert? Sie hat es im Werkunterricht selbst gemacht, ebenso den Kawaii-Anhänger. Etwas Gefährliches mit etwas Niedlichem zu kombinieren ist ein Ansatz, der bei Manga immer gut ankommt.

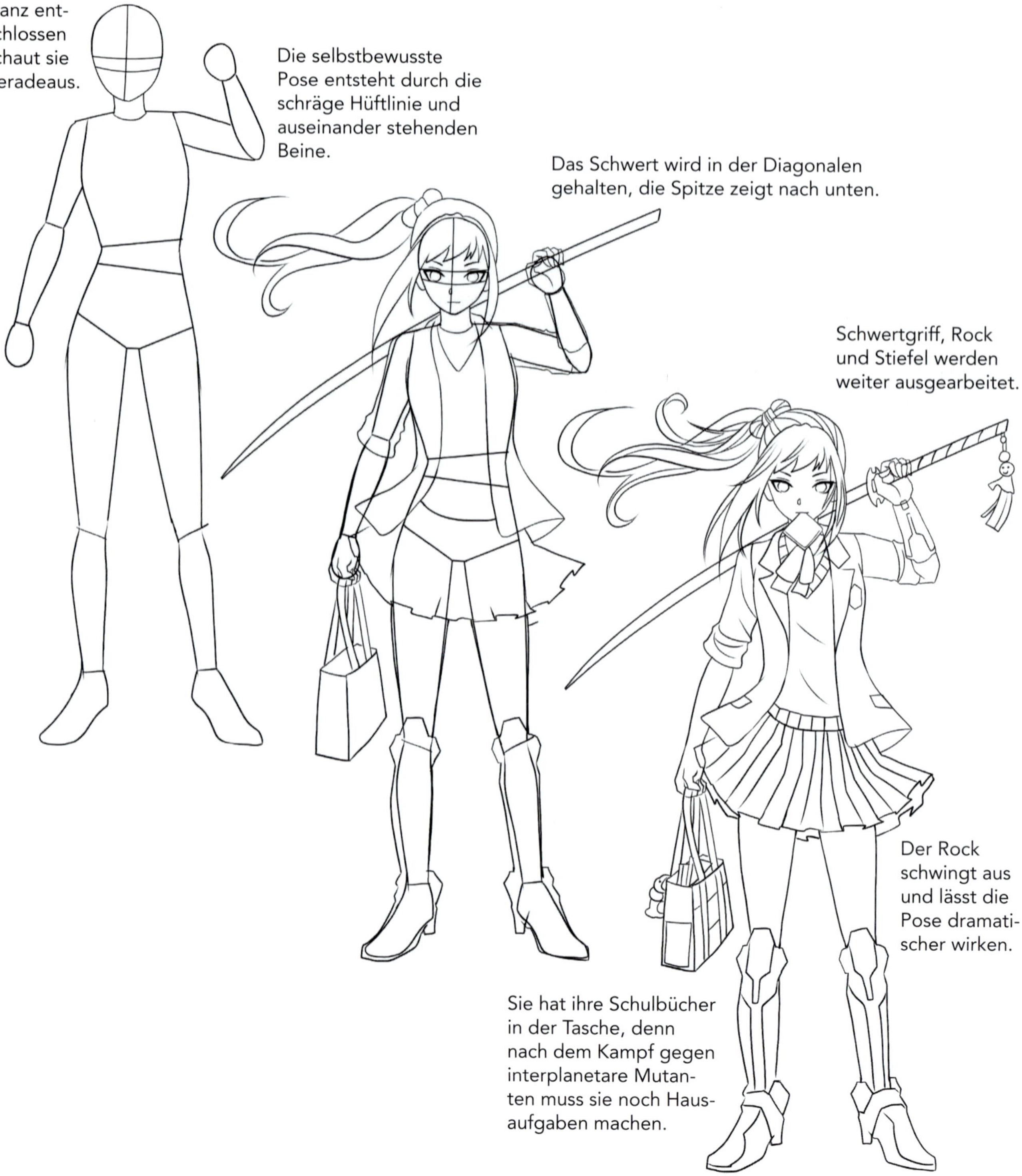

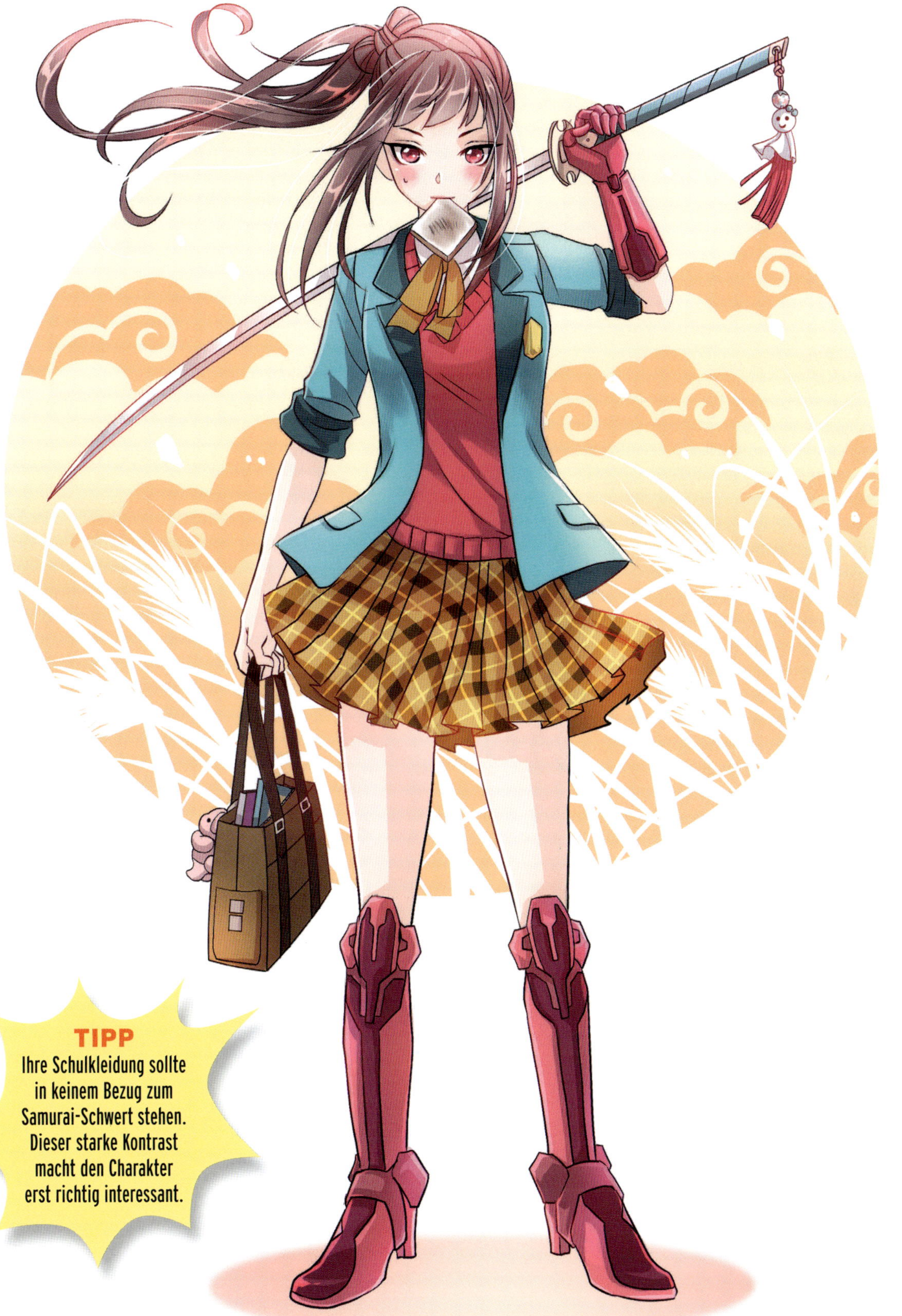

TIPP
Ihre Schulkleidung sollte in keinem Bezug zum Samurai-Schwert stehen. Dieser starke Kontrast macht den Charakter erst richtig interessant.

#82 Himmelswesen

Flügel sind ein beliebtes Accessoire für Charaktere des Sci-Fi-Genres. Kriegerische Figuren tragen außerdem Waffen. Wenn ein Charakter „nur“ Flügel hat, handelt es sich also meist um ein friedliches Himmelswesen.

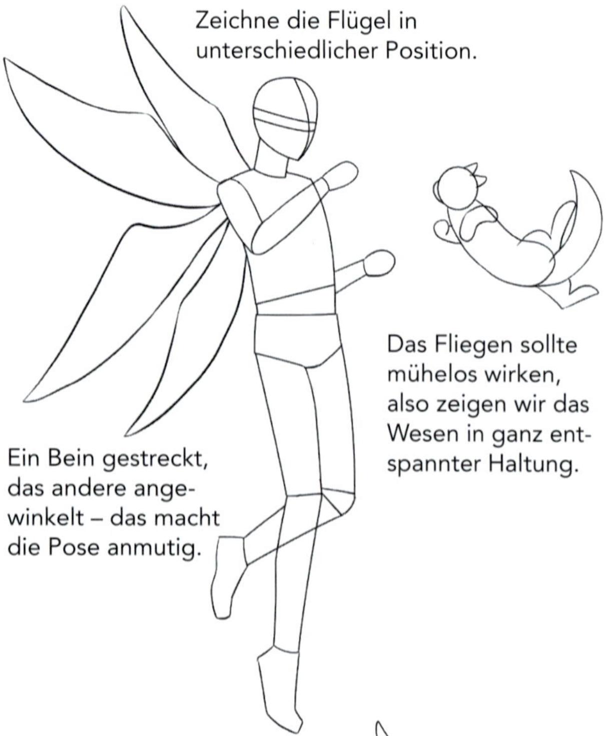

Zeichne die Flügel in unterschiedlicher Position.

Das Fliegen sollte mühelos wirken, also zeigen wir das Wesen in ganz entspannter Haltung.

Ein Bein gestreckt, das andere angewinkelt – das macht die Pose anmutig.

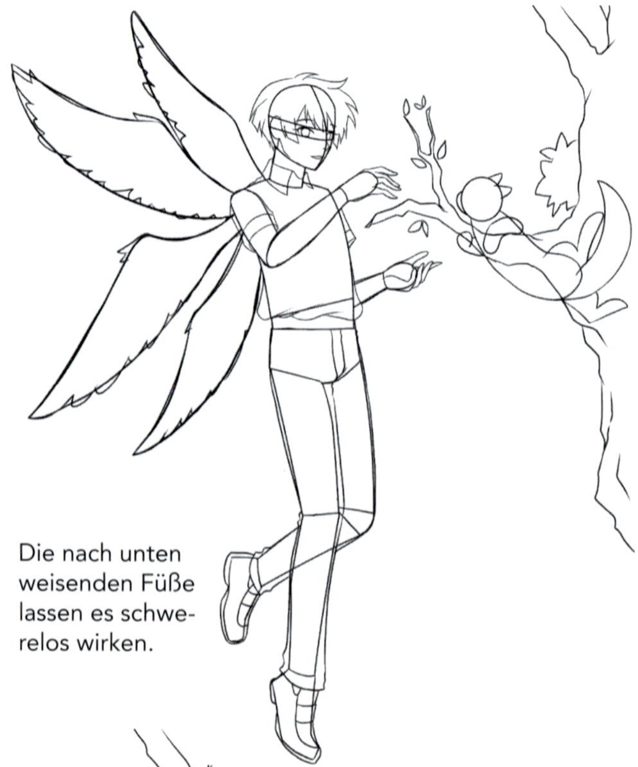

Die nach unten weisenden Füße lassen es schwerelos wirken.

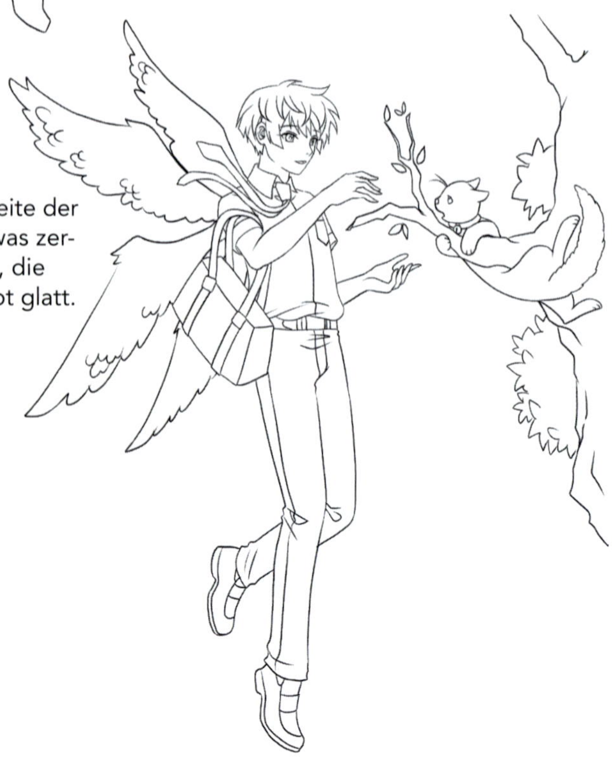

Nur die Unterseite der Flügel wird etwas zerzaust gestaltet, die Oberseite bleibt glatt.

Achte darauf, dass die beiden Charaktere nah beieinander dargestellt werden, ohne sich zu überlappen.

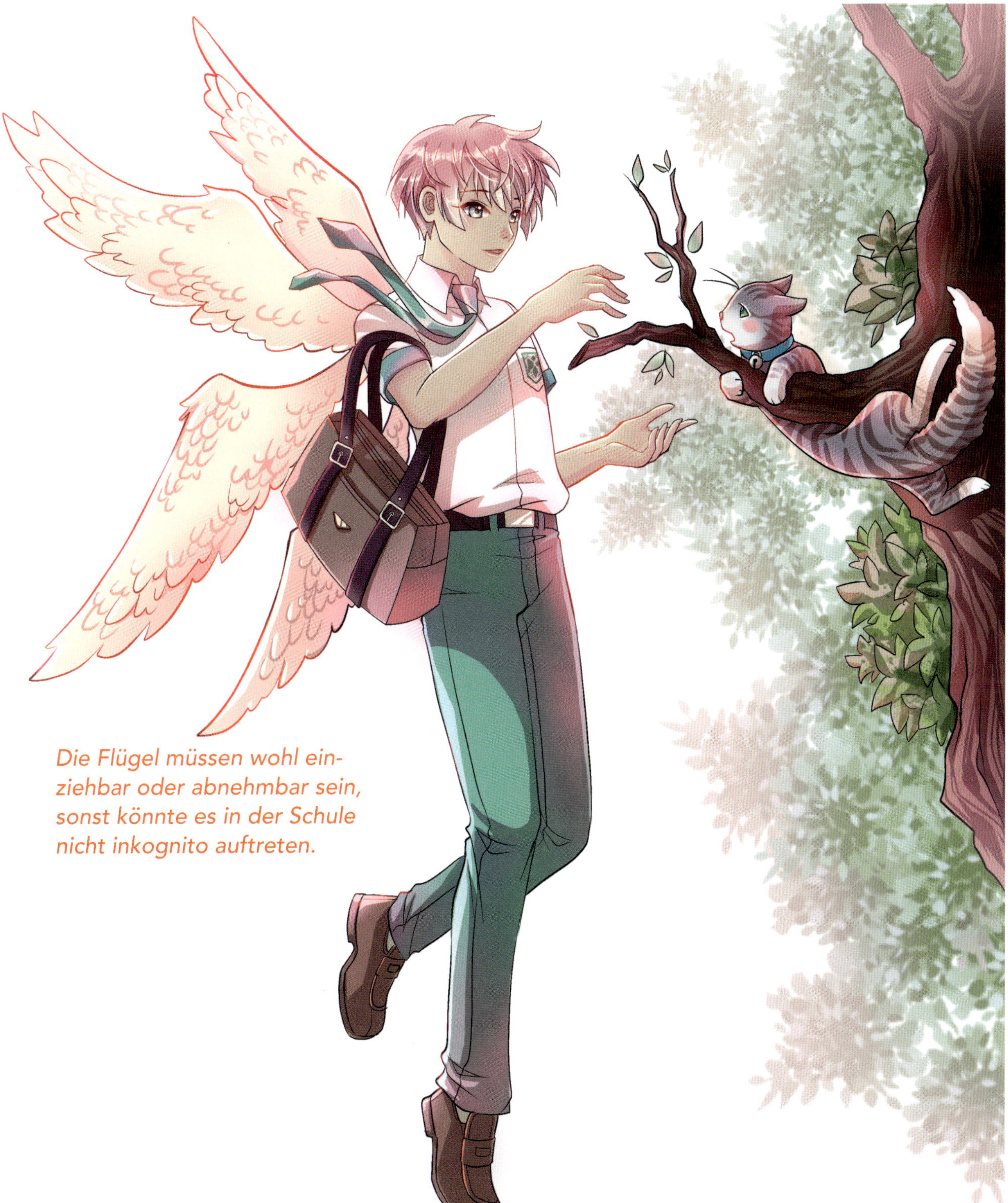

Die Flügel müssen wohl einziehbar oder abnehmbar sein, sonst könnte es in der Schule nicht inkognito auftreten.

#83 Neugierige Meerjungfrau

In dieser Szene haben wir einen Charakter im Vordergrund (die Meerjungfrau) und einen im Hintergrund (das U-Boot).

Zeichne Kopf und Arm der Meerjungfrau so, dass sie sich mit dem U-Boot überlappen.

Das U-Boot verjüngt sich zum Heck hin.

Die Taille der Meerjungfrau ist hoch angesetzt.

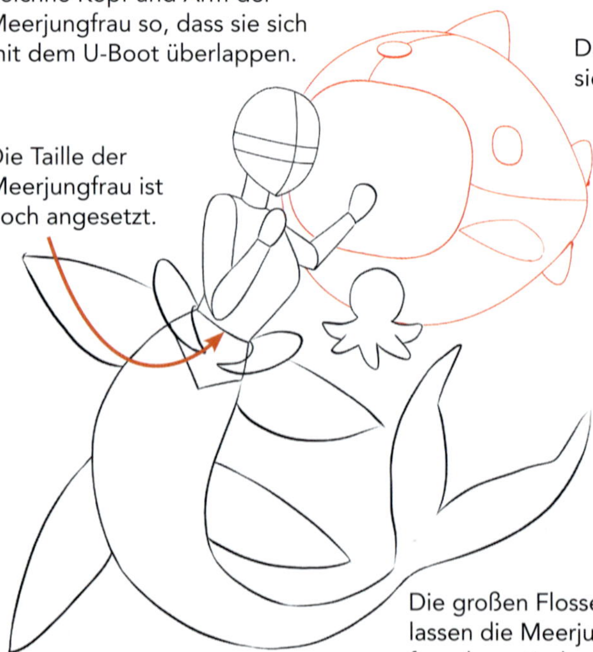

Die großen Flossen lassen die Meerjungfrau dramatischer wirken.

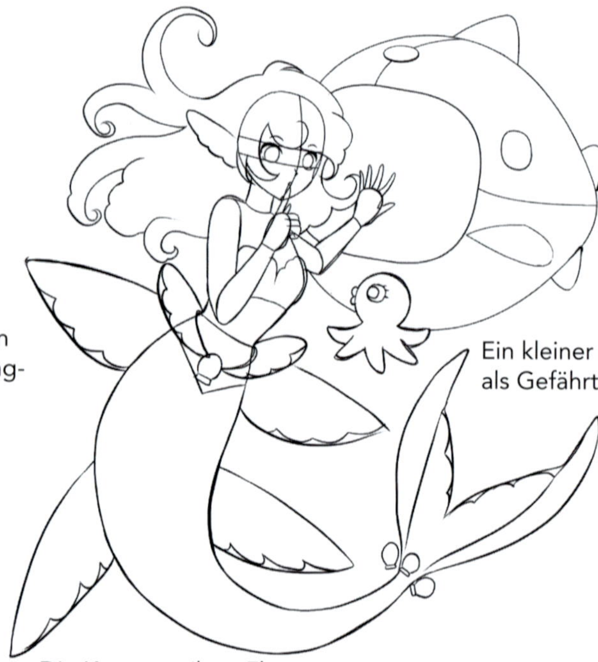

Ein kleiner Oktopus als Gefährte

Die Konturen ihrer Flossen werden mit kleinen Bögen versehen.

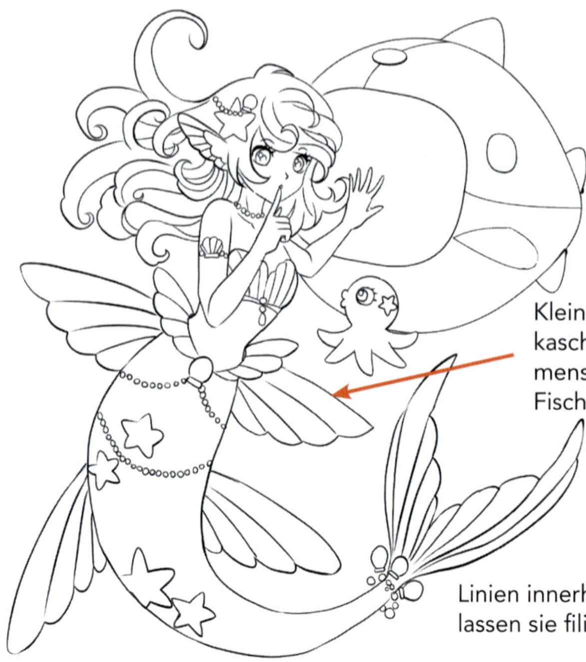

Kleine Flossen um ihre Taille kaschieren den Übergang vom menschlichen Oberkörper zum Fischschwanz der Meerjungfrau.

Linien innerhalb der Flossen lassen sie filigraner erscheinen.

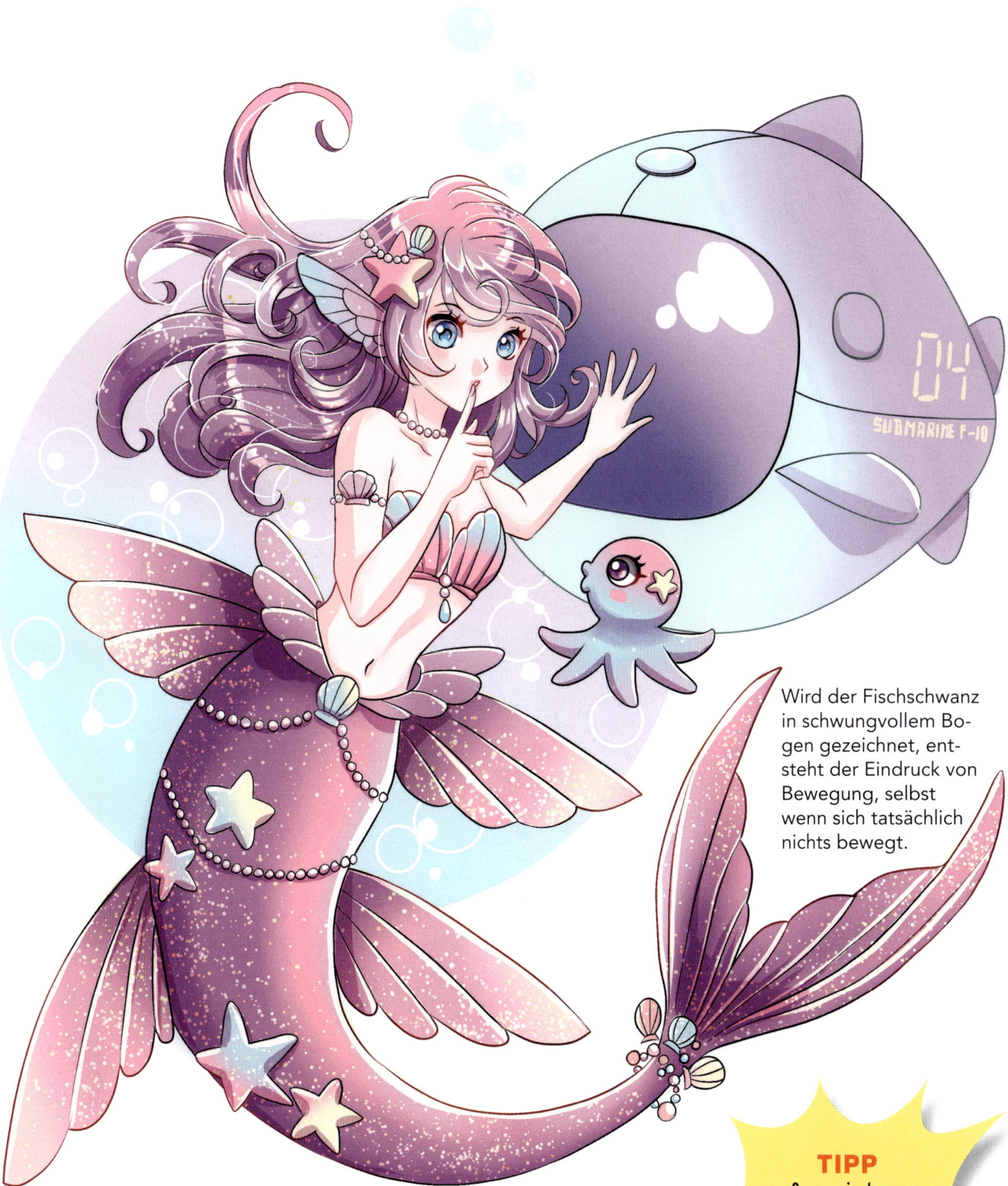

Wird der Fischschwanz in schwungvollem Bogen gezeichnet, entsteht der Eindruck von Bewegung, selbst wenn sich tatsächlich nichts bewegt.

TIPP

Szenen, in denen Menschen und Meerjungfrauen vorkommen, werden meist aus Sicht der Meerjungfrau gezeigt.

#84-85 Was kostet denn dieser Drache?

Ganz gleich, wie oft Eltern davon abgeraten wird, ihrem Kind einen Drachen als Haustier zu kaufen – wenn das Kind lange genug bettelt, geben die Eltern irgendwann nach.

Die beiden Charaktere werden diagonal auf der Seite positioniert. So wirkt die Szene dynamischer.

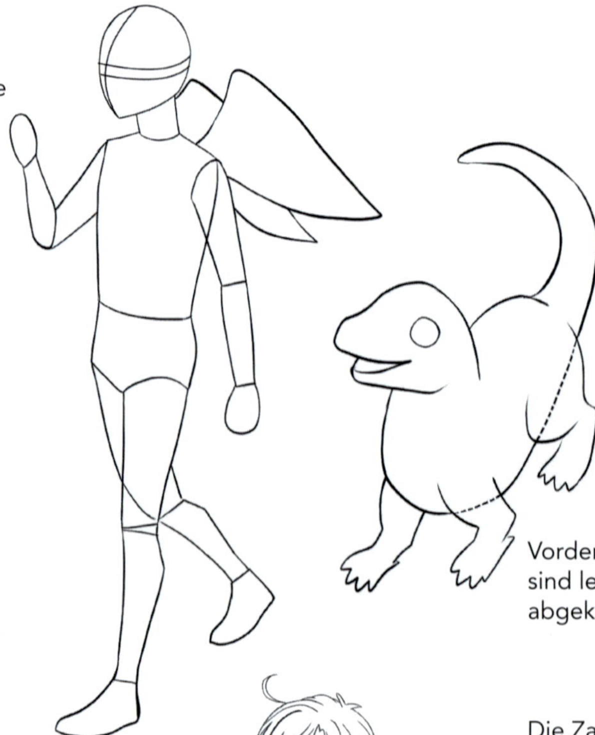

Vorder- und Hinterbeine sind leicht nach hinten abgeknickt.

Der Drache bekommt ein großes Auge und wirkt deshalb wie ein Drachenbaby.

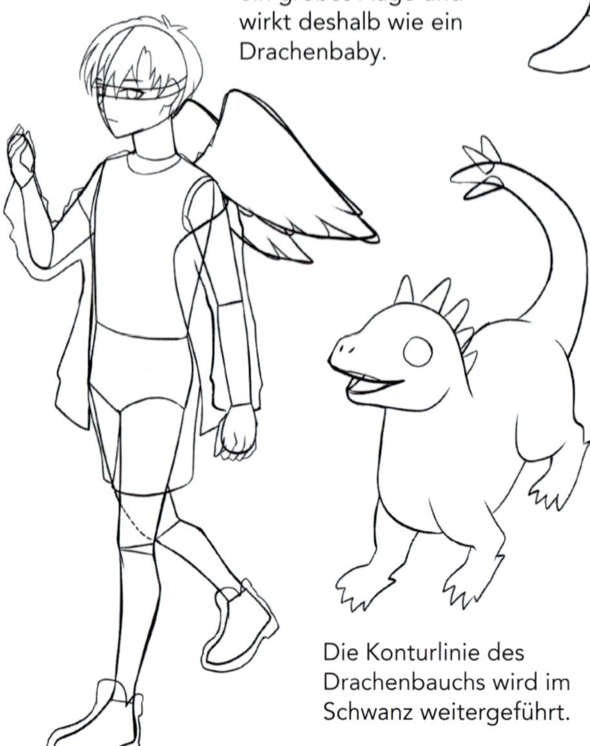

Die Konturlinie des Drachenbauchs wird im Schwanz weitergeführt.

Die Zackenreihe folgt dem Verlauf der Wirbelsäule.

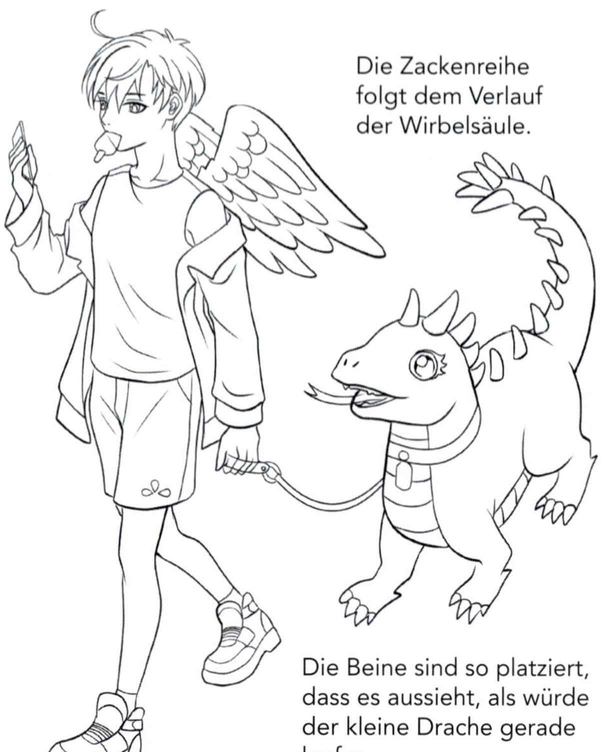

Die Beine sind so platziert, dass es aussieht, als würde der kleine Drache gerade laufen.

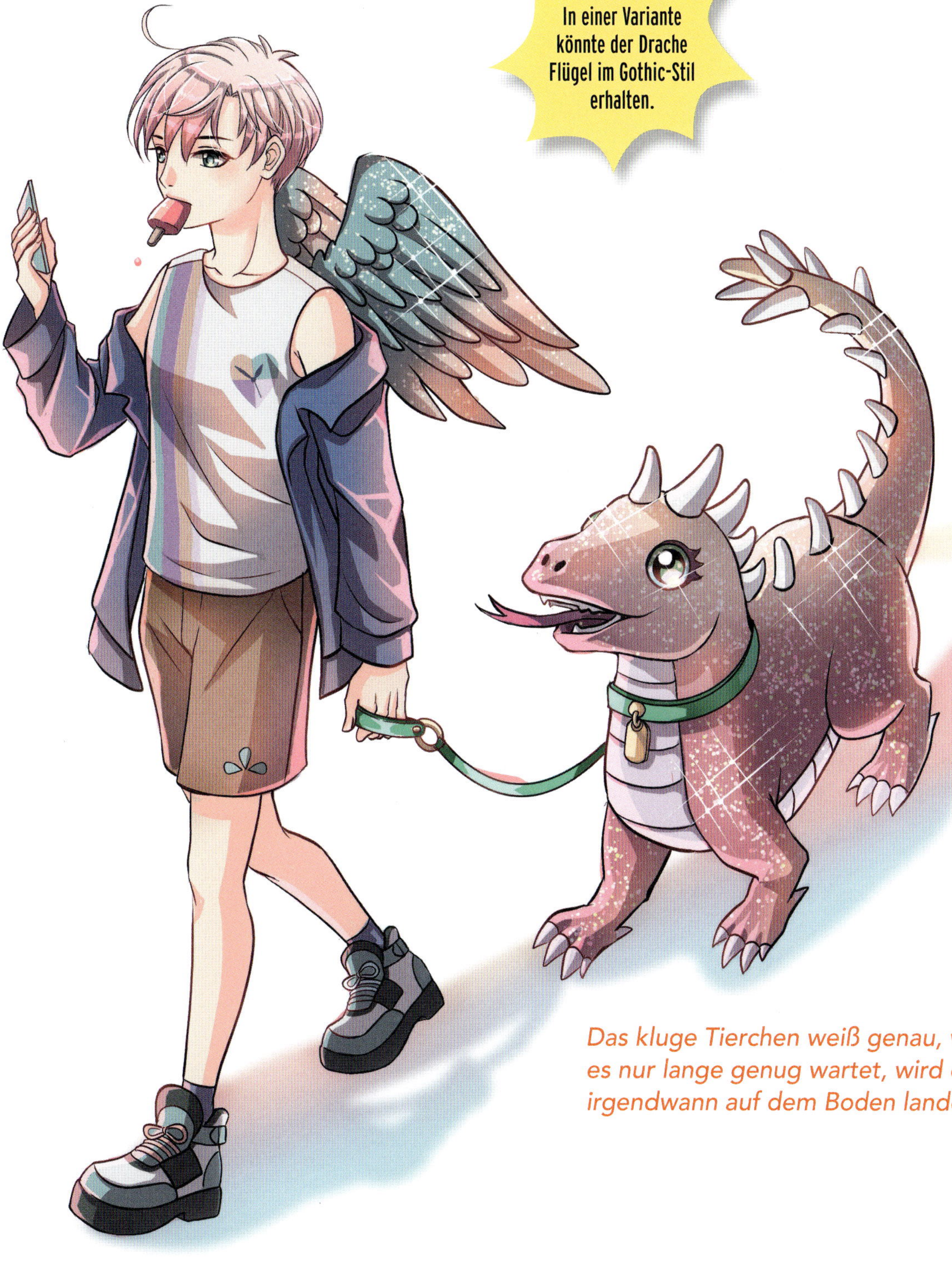

TIPP
In einer Variante könnte der Drache Flügel im Gothic-Stil erhalten.

Das kluge Tierchen weiß genau, wenn es nur lange genug wartet, wird das Eis irgendwann auf dem Boden landen.

#86 Robotermädchen

Für einen solchen Charakter braucht man ein Gefühl für Ausgewogenheit. Verlierst du dich zu sehr in technischen Spielereien, wirkt das Mädchen wie eine Maschine, sind es zu wenige, sieht es aus wie ein Mensch.

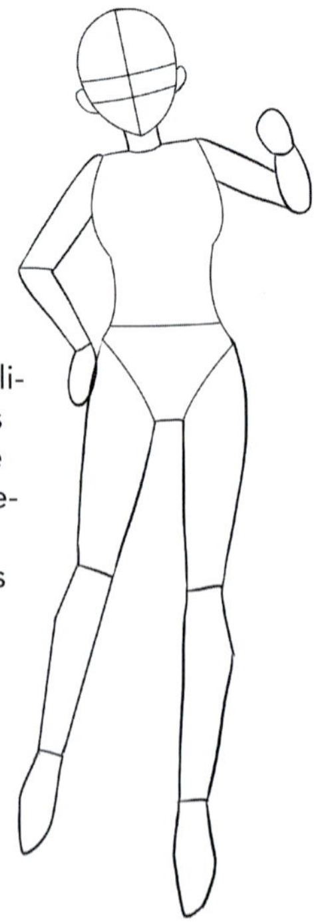

Zeichne eine typische weibliche Figur, lass aber die Füße nach unten gestreckt, damit es aussieht als würde sie schweben.

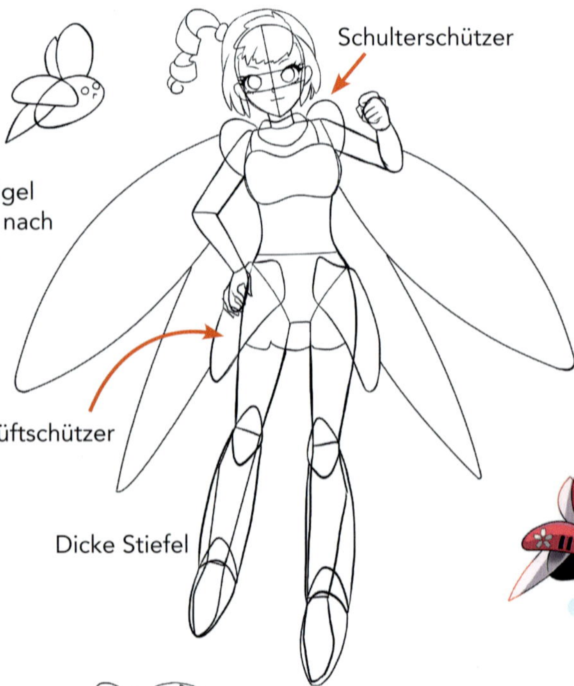

Schulterschützer

Die Flügel zeigen nach unten.

Hüftschützer

Dicke Stiefel

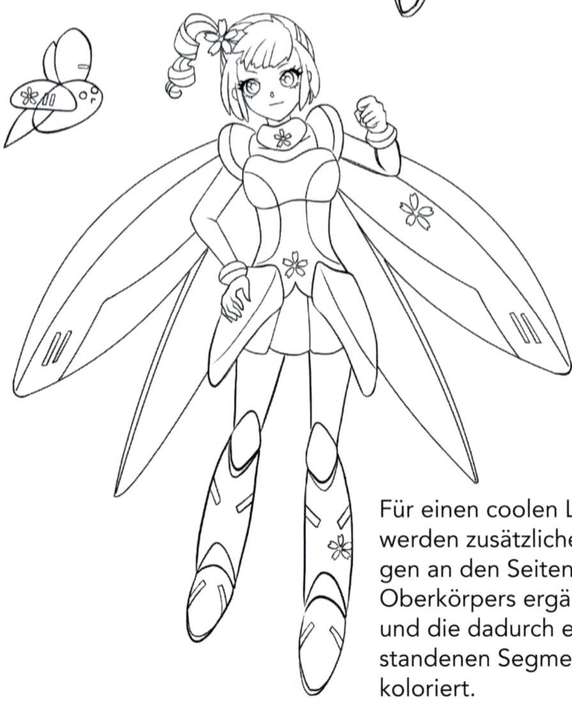

Für einen coolen Look werden zusätzliche Bögen an den Seiten des Oberkörpers ergänzt und die dadurch entstandenen Segmente koloriert.

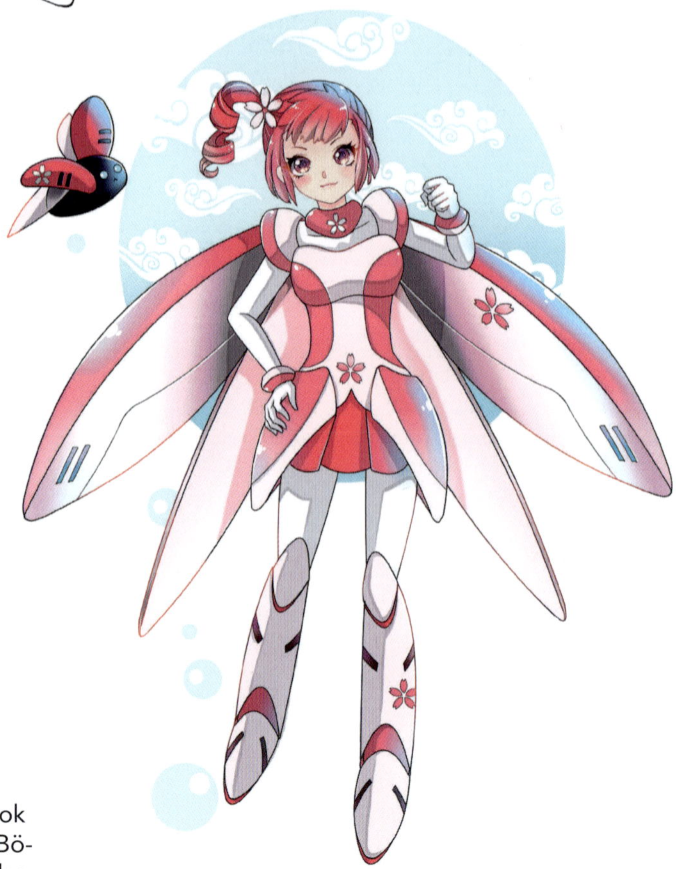

Du bekommst natürlich ein Roboterhaustier. Für die Erziehung einfach das entsprechende Programm hochladen. Wirklich sehr praktisch!

Kellner-Androide

#87

Hast du gewusst, dass es in Asien Manga-Cafés gibt, in denen die Bedienungen wie Manga-Charaktere gekleidet sind? In unserer Zukunftsvision werden die Kellner durch Androiden ersetzt.

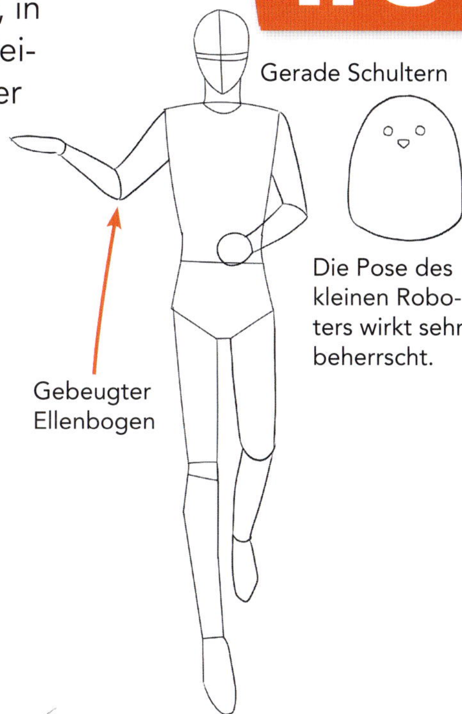

Gerade Schultern

Gebeugter Ellenbogen

Die Pose des kleinen Roboters wirkt sehr beherrscht.

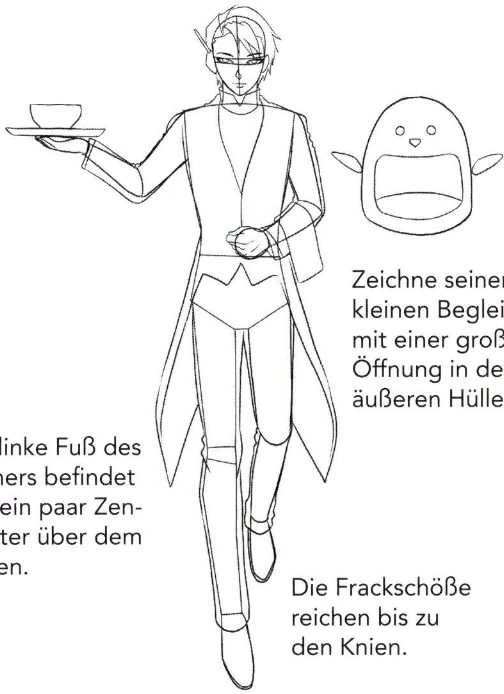

Zeichne seinen kleinen Begleiter mit einer großen Öffnung in der äußeren Hülle.

Der linke Fuß des Kellners befindet sich ein paar Zentimeter über dem Boden.

Die Frackschöße reichen bis zu den Knien.

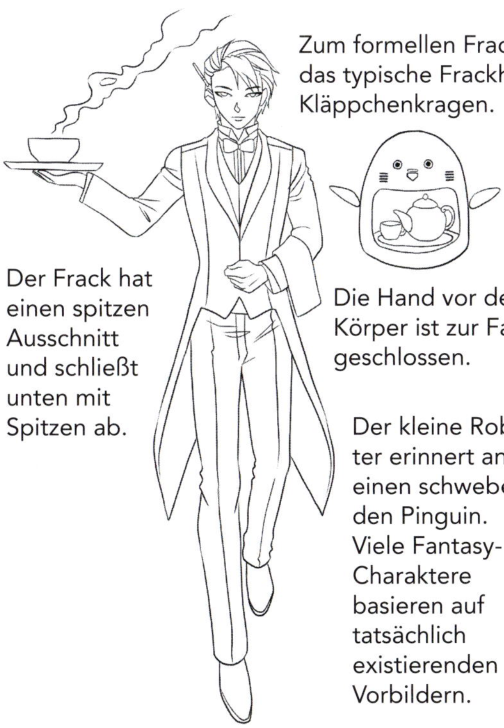

Zum formellen Frack gehört das typische Frackhemd mit Kläppchenkragen.

Der Frack hat einen spitzen Ausschnitt und schließt unten mit Spitzen ab.

Die Hand vor dem Körper ist zur Faust geschlossen.

Der kleine Roboter erinnert an einen schwebenden Pinguin. Viele Fantasy-Charaktere basieren auf tatsächlich existierenden Vorbildern.

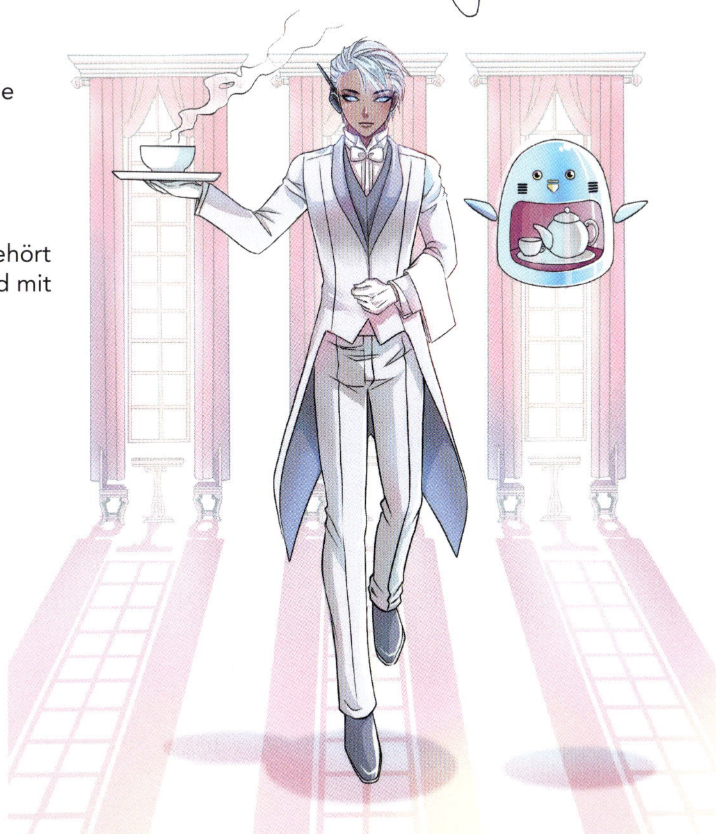

Der kleine Roboter ist der Kellner des Kellners!

#88 Space Invader – auf Mission im Weltraum

Der Weltraum steht für Erkenntnissuche, Forscherdrang und für coole Raumanzüge. Cosplayer lassen ihre Helme meistens zu Hause, weil sie hinderlich sind, falls man mal ein paar Pommes essen möchte.

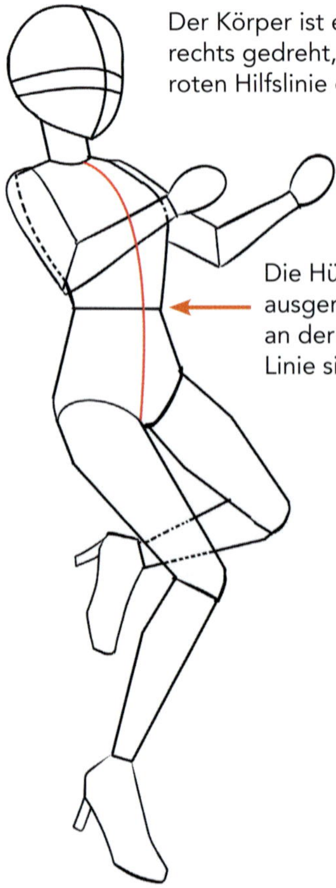

Der Körper ist etwas nach rechts gedreht, wie du an der roten Hilfslinie erkennst.

Die Hüften sind gerade ausgerichtet, was man an der waagerechten Linie sieht.

Der Absatz des Stiefels am vorderen Bein ist direkt unter dem Körper plaziert.

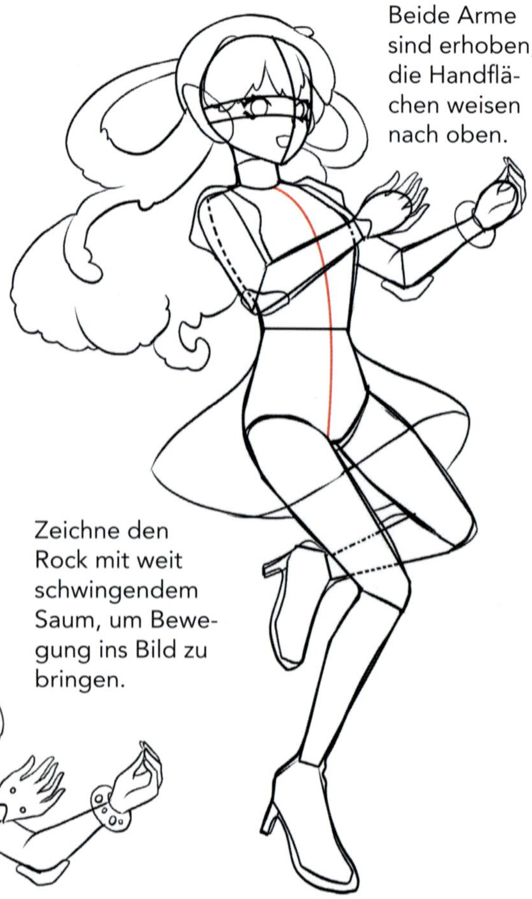

Beide Arme sind erhoben, die Handflächen weisen nach oben.

Zeichne den Rock mit weit schwingendem Saum, um Bewegung ins Bild zu bringen.

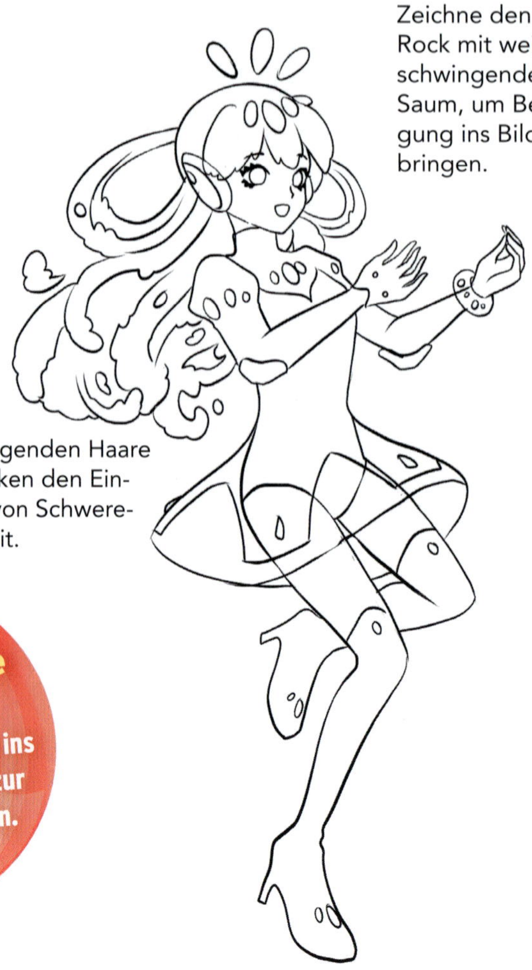

Die fliegenden Haare verstärken den Eindruck von Schwerelosigkeit.

Deine eigene Variante

Gib ihr ein Krönchen ins Haar, und sie wird zur Weltraumprinzessin.

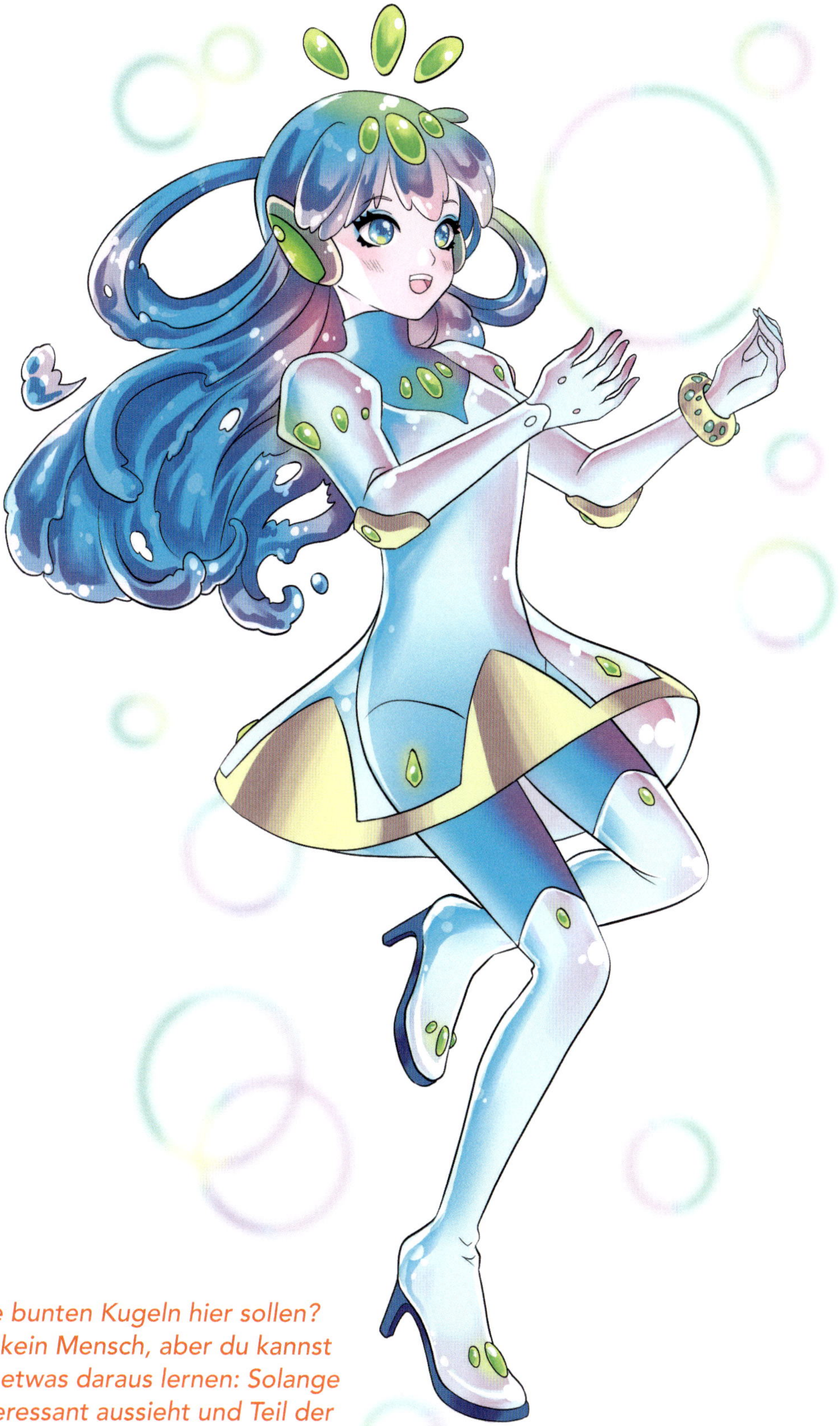

Was diese bunten Kugeln hier sollen? Das weiß kein Mensch, aber du kannst trotzdem etwas daraus lernen: Solange etwas interessant aussieht und Teil der Szene zu sein scheint, wird es von den Betrachtenden als sinnvoll angesehen.

#89 Zeitreisende

In die Zukunft zu reisen ist die einfachste Sache der Welt. Bleib einfach da sitzen, wo du gerade bist, und in einer Minute wirst du schon eine Minute in der Zukunft sein. Eine Reise in die Vergangenheit ist viel schwieriger, und Grundbestandteil von Science-Fiction-Storys, seit es dieses Genre gibt. Ich für mein Teil wäre schon zufrieden damit, wenn ich die Zeit so weit zurückdrehen könnte, dass ich mein jetziges Ich davon abhalten könnte, diese Aktien zu kaufen, die „hundertprozentig einen Supergewinn abwerfen".

Schon seit den Zeiten von H. G. Wells (1866–1946, Autor von „Krieg der Welten") haben Zeitreisende mit diversen Apparaten und Vorrichtungen versucht, die Zeiger der Uhr zurückzudrehen. Bevor wir uns diesen Utensilien und dem ganzen Drumherum widmen, sollten wir noch schnell die Pose skizzieren.

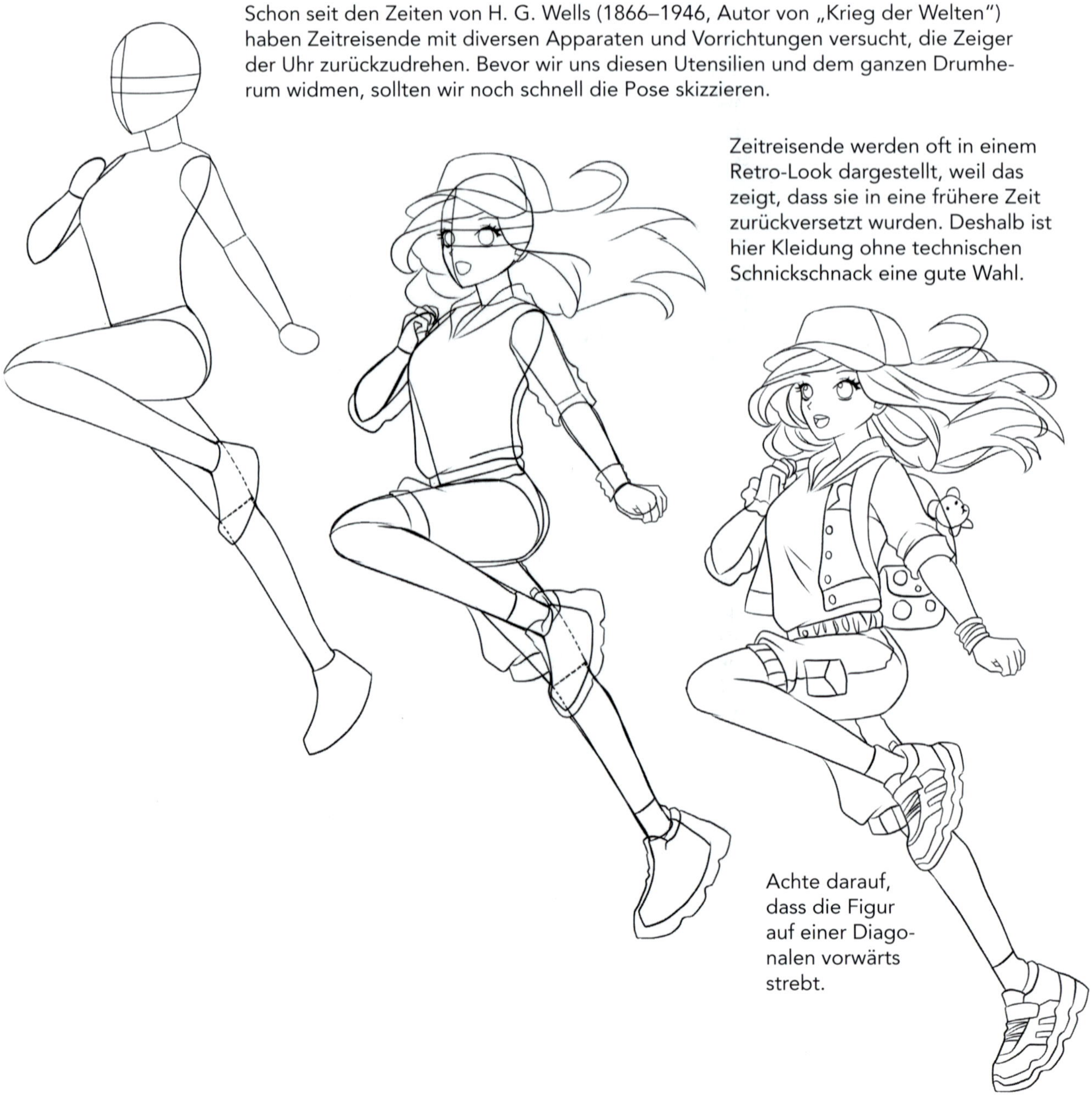

Zeitreisende werden oft in einem Retro-Look dargestellt, weil das zeigt, dass sie in eine frühere Zeit zurückversetzt wurden. Deshalb ist hier Kleidung ohne technischen Schnickschnack eine gute Wahl.

Achte darauf, dass die Figur auf einer Diagonalen vorwärts strebt.

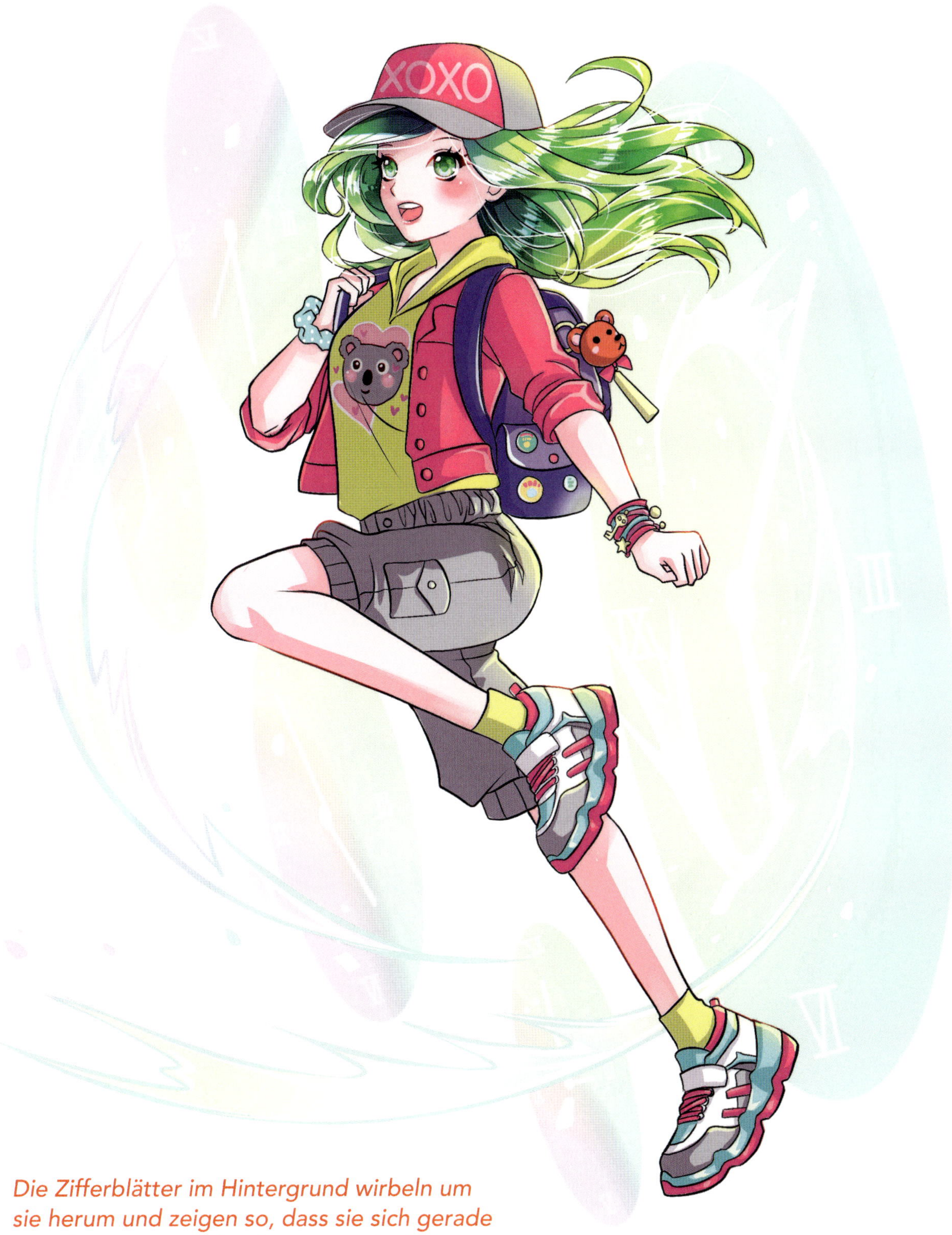

Die Zifferblätter im Hintergrund wirbeln um sie herum und zeigen so, dass sie sich gerade von den Zwängen der Gegenwart befreit.

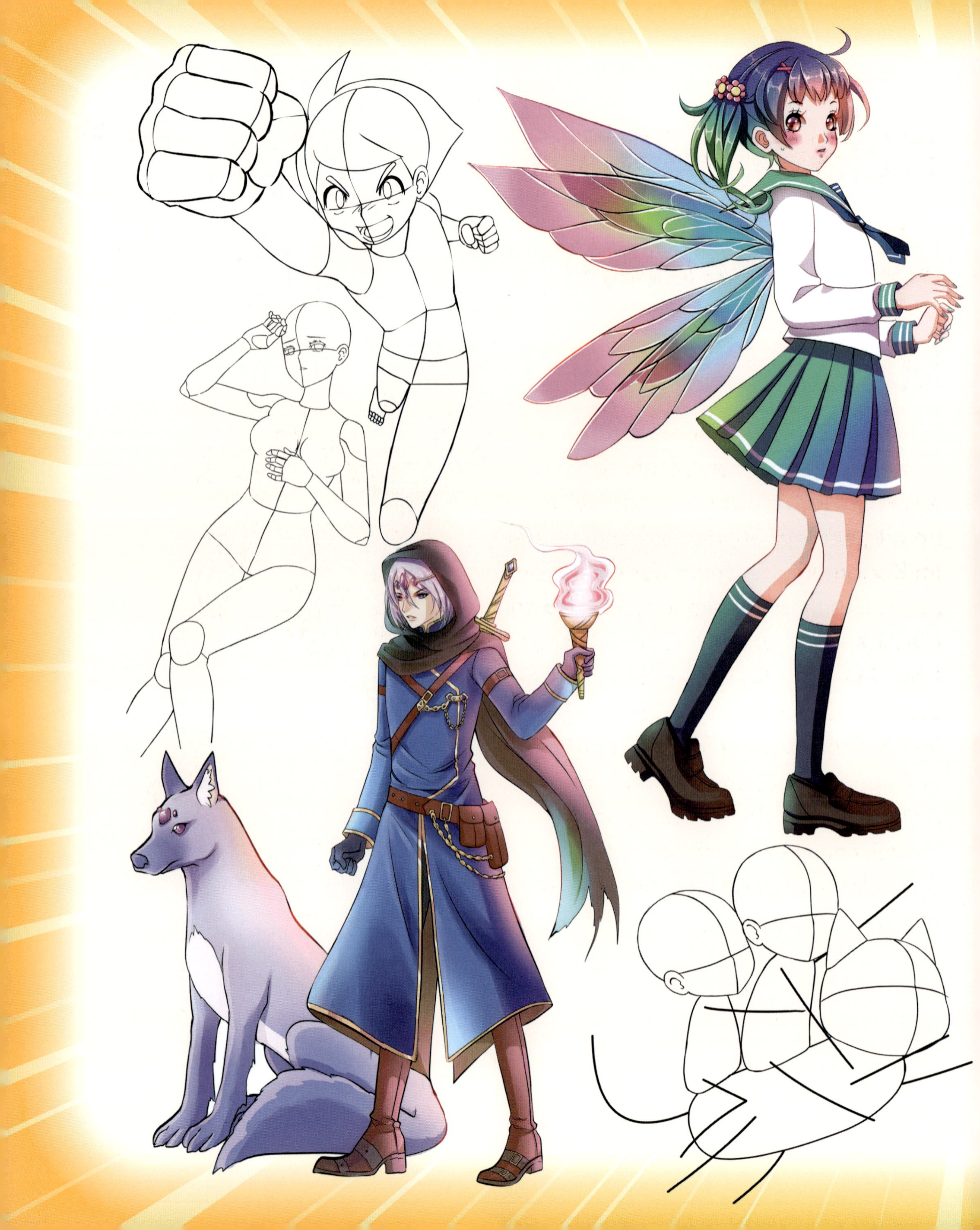

Weitere Genres, die du kennen solltest

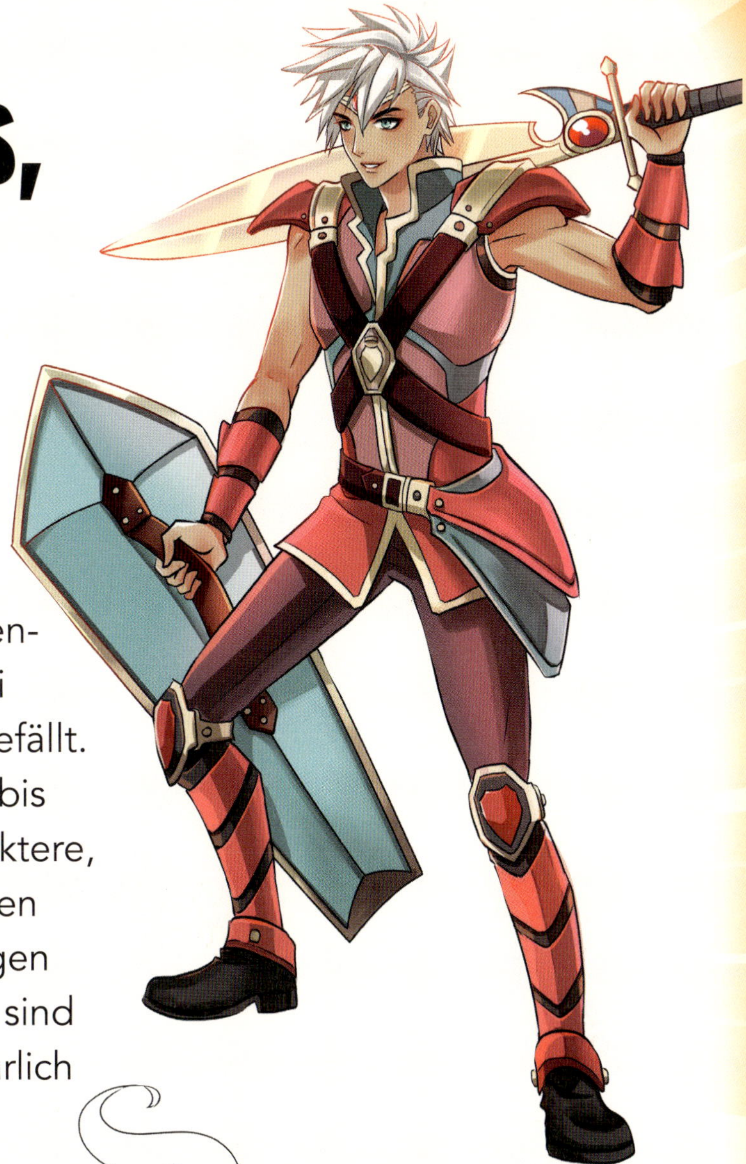

Die Charaktere in diesem Kapitel kommen alle aus wohlbekannten Genres. Probiere sie aus und finde dabei heraus, welcher Stil dir am besten gefällt. Im Kodomomuke-Genre (für Kinder bis zehn Jahre) geht es um junge Charaktere, die Abenteuer erleben. Die niedlichen Charaktere im Ultra-Cute-Genre tragen sehr bunte romantische Outfits und sind immer fröhlich. Dann gibt es da natürlich auch noch die Charaktere aus dem Action-Genre mit ihren Superkräften. Sie zeichnen sich durch erstaunliche Spezialeffekte und besonders dynamische Posen aus.

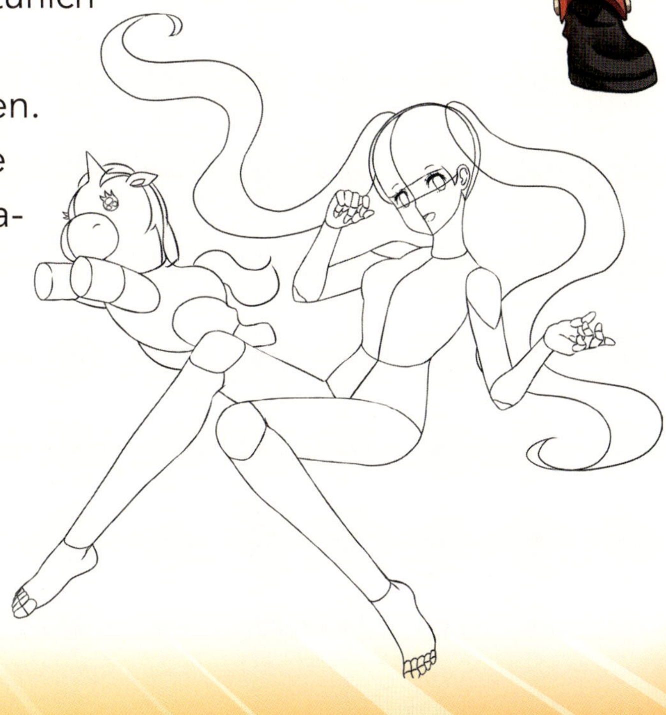

#90 Ultra-Cute-Genre

In diesem bezaubernden Genre wimmelt es nur so von Regenbögen, Einhörnern sowie Schleifchen und Bändern. Die Ultra-Cute-Charaktere sehen immer so aus, als kämen sie geradewegs aus einer Traumwelt, in der alles süß und niedlich ist.

TIPP
In diesem Genre ist keine Ausschmückung überflüssig. Tu dir also keinen Zwang an!

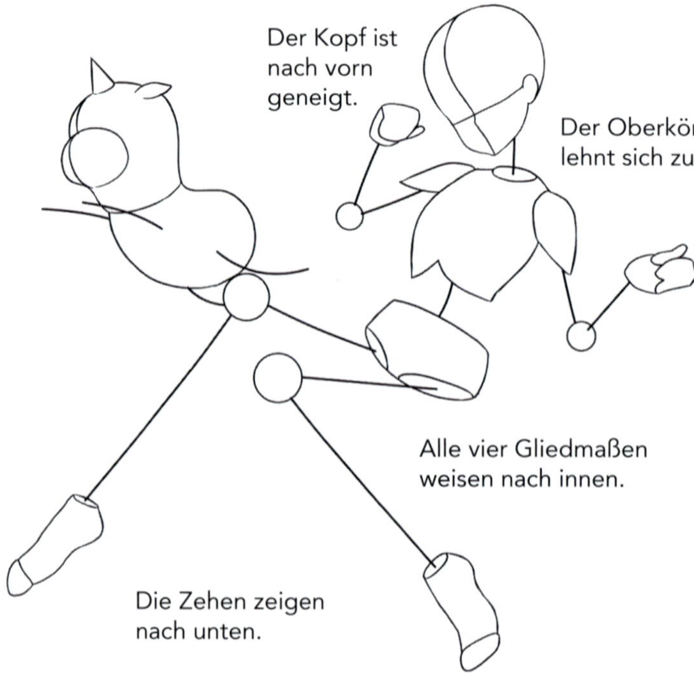

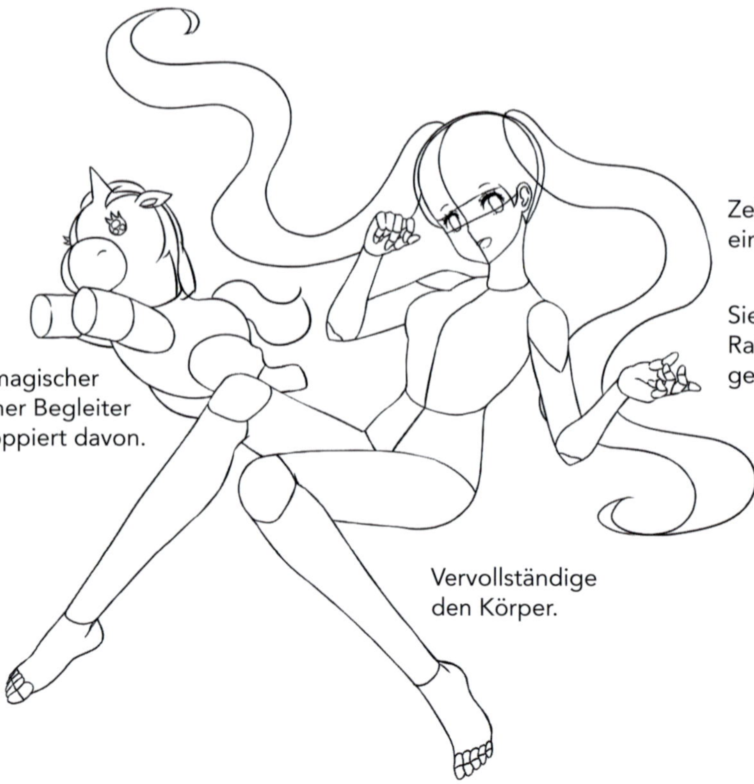

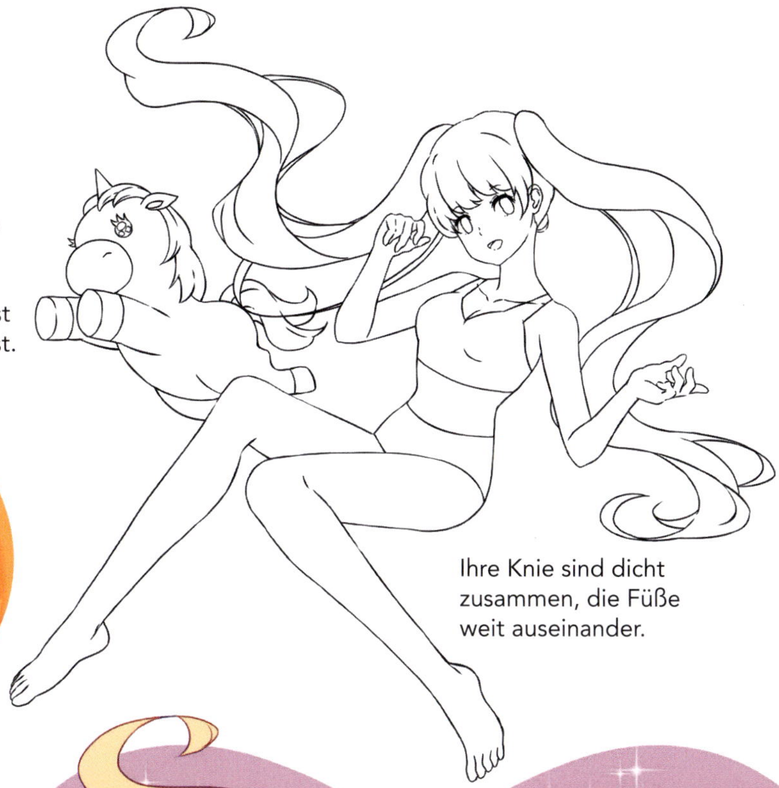

Die dicken Hufe lassen darauf schließen, dass das Kerlchen fast noch ein Baby ist.

Deine eigene Variante

Ersetze das Einhorn durch ein anderes magisches Wesen.

Ihre Knie sind dicht zusammen, die Füße weit auseinander.

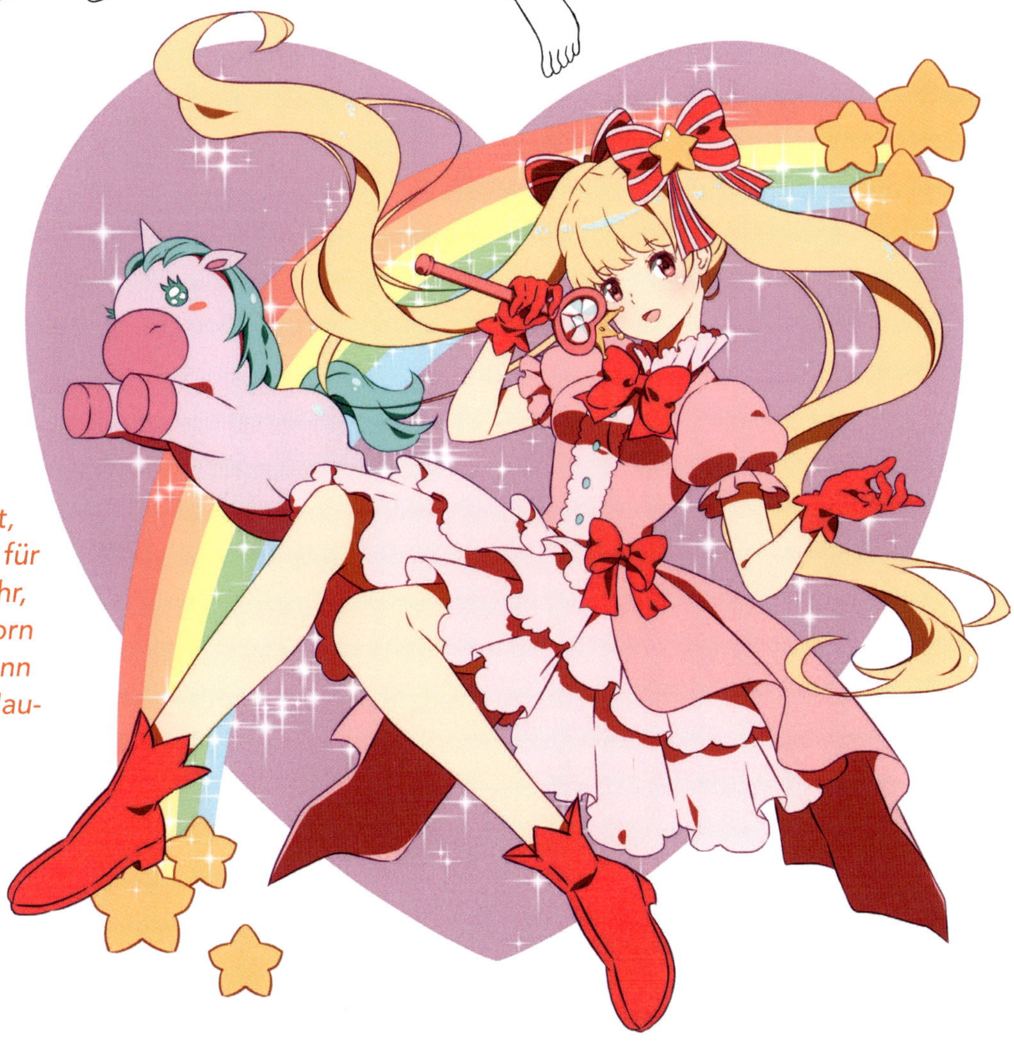

Als sie das Land der Träume betrat, änderte sich alles für sie. Ich wünsche ihr, dass sie das Einhorn behalten darf, wenn sie wieder nach Hause muss.

#91-92 Kodomomuke

Dieses beliebte Genre zeigt lustige junge Charaktere in fantastischen Abenteuern. Manche dieser Charaktere haben sich zu gefeierten Stars weiterentwickelt und bevölkern Zeichentrickfilme und Fernsehshows. Häufige Themen sind Gut gegen Böse, Loyalität und Freundschaft.

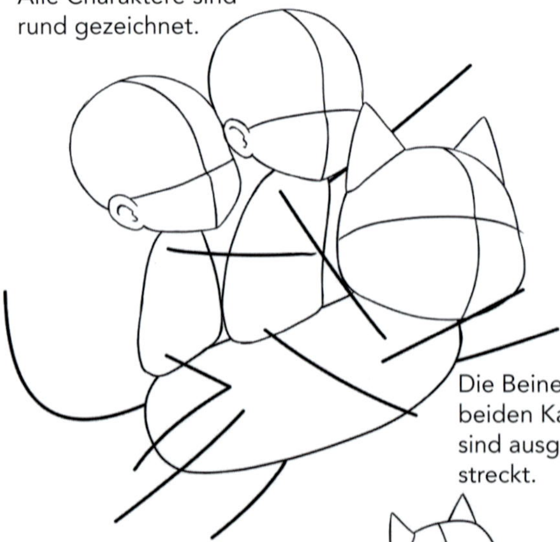

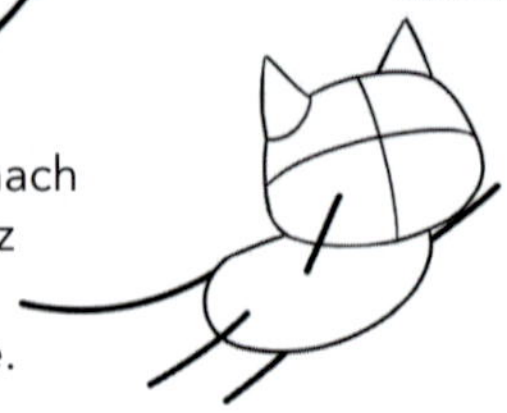

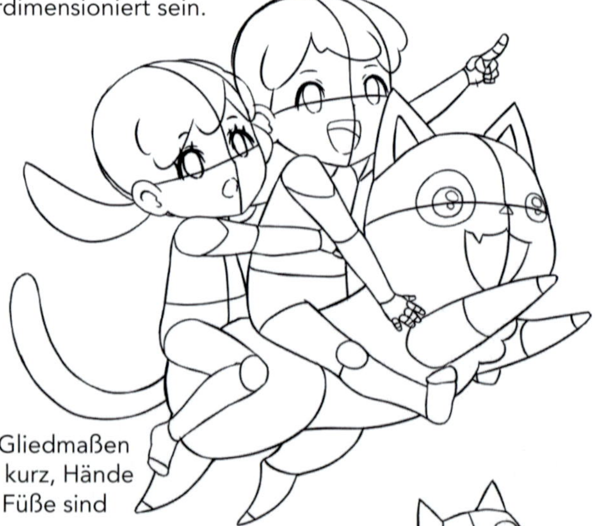

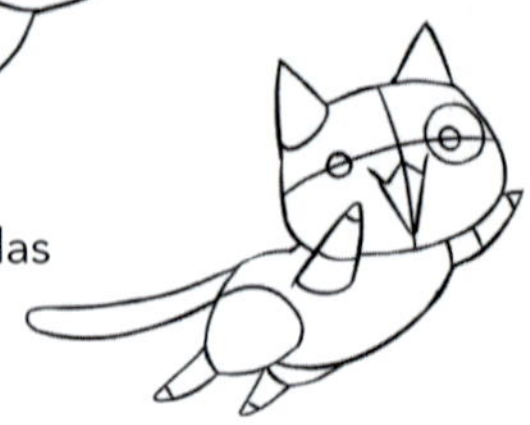

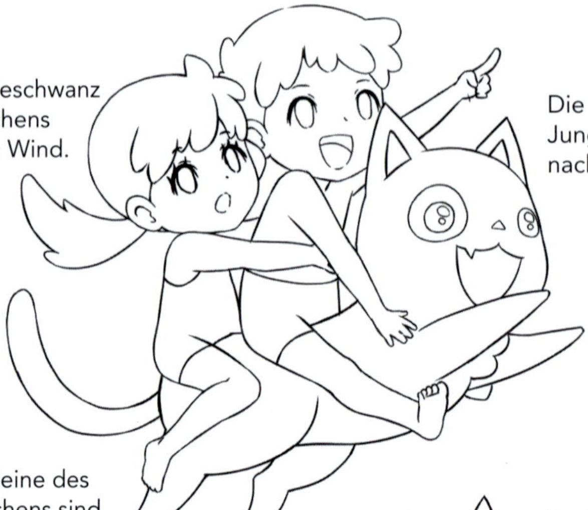

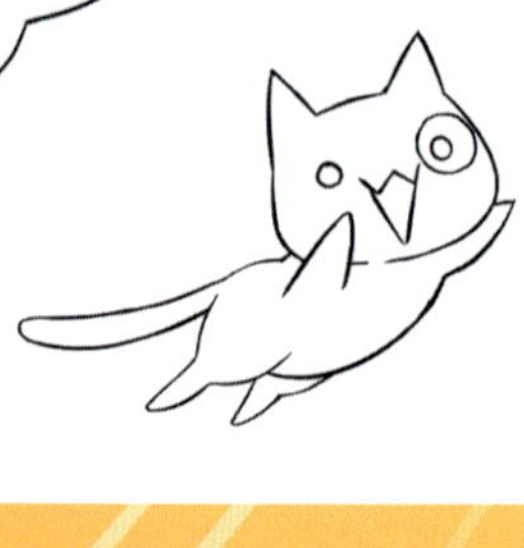

Up, up and away! (Wie Buzz Lightyear jetzt sagen würde.)

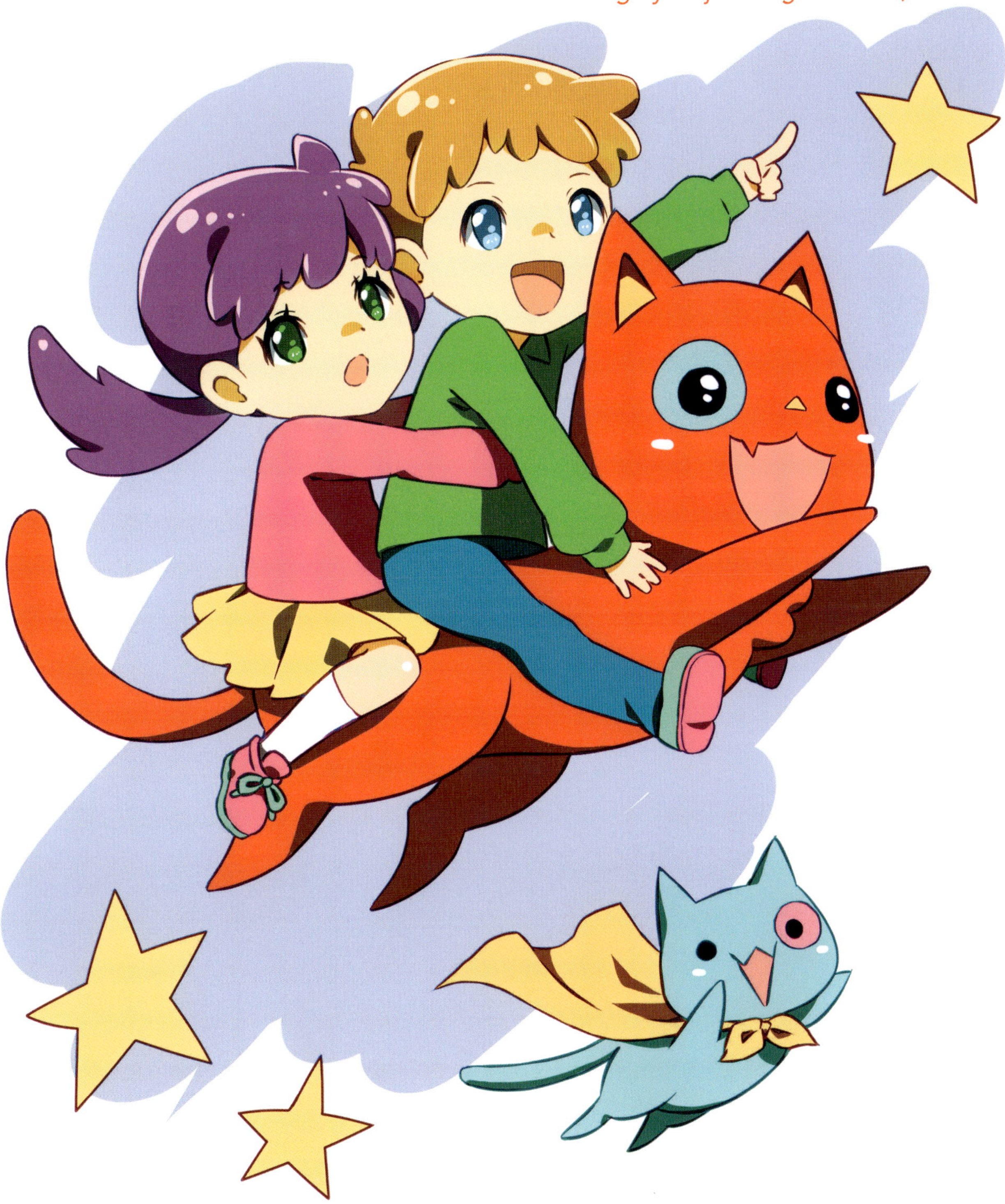

#93 Psychische Belastung

Starke Emotionen stehen im Mittelpunkt spannender Geschichten. „Liebt er mich?“, „Wird er jemals (zu mir) zurückkommen?“ – dies ist die Art von Fragen, die die Charaktere im Psychischen Genre umtreiben. Wir alle können diese Gefühle wohl gut nachvollziehen.

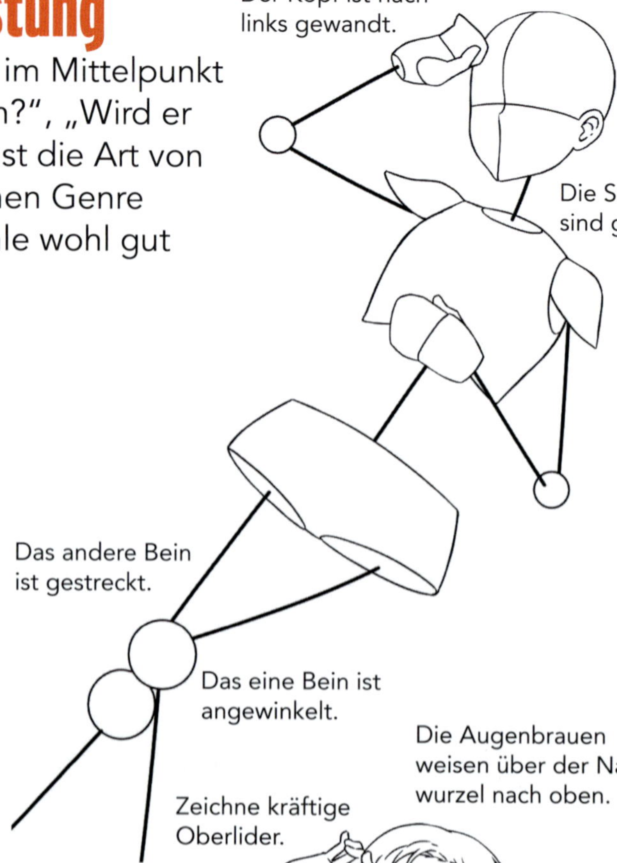

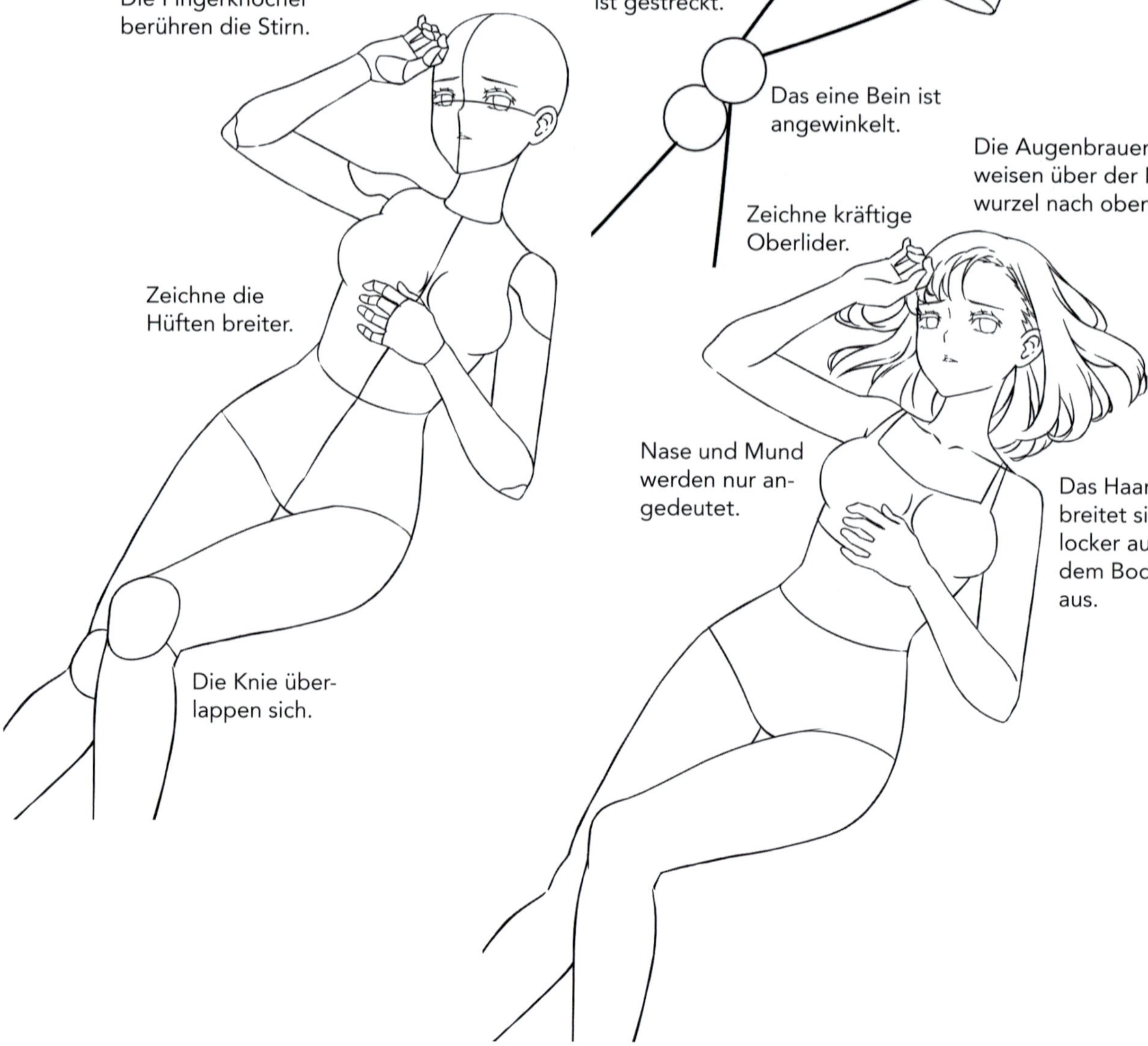

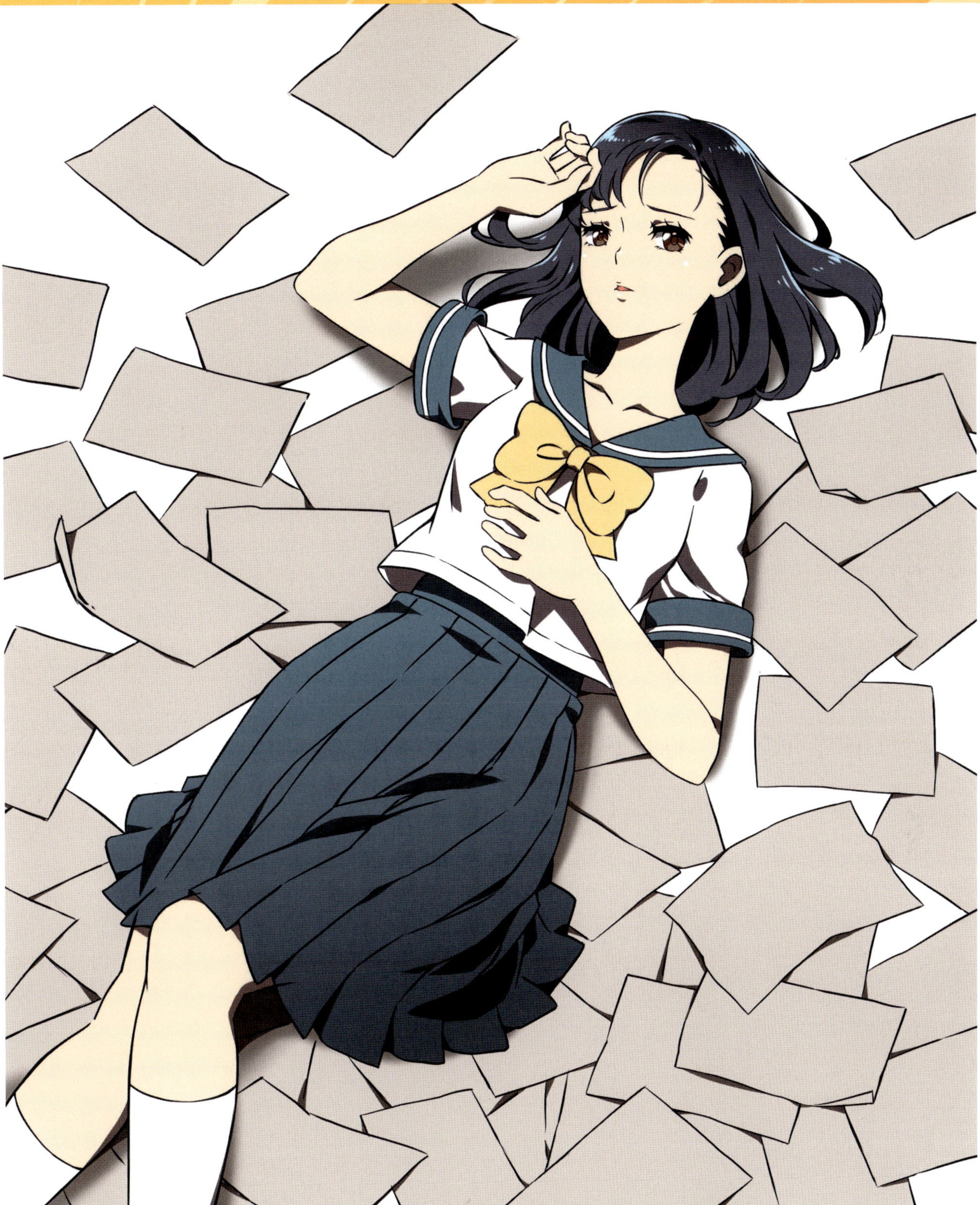

Sie hat schreckliche Angst, weil ihr Freund ihr gerade geschrieben hat, dass es aus ist, außerdem hat sie plötzlich solche entsetzlichen Rückenschmerzen, dass sie nicht aufstehen kann.

#94 Action!

Im Action-Genre ist jeder gewaltbereit. Irgendwann kommt es zu handgreiflichen Auseinandersetzungen. Aber die Kämpfer lernen Wichtiges dabei: Gewalt ist keine Lösung. In der nächsten Episode gehen sie sich dann wieder an den Kragen.

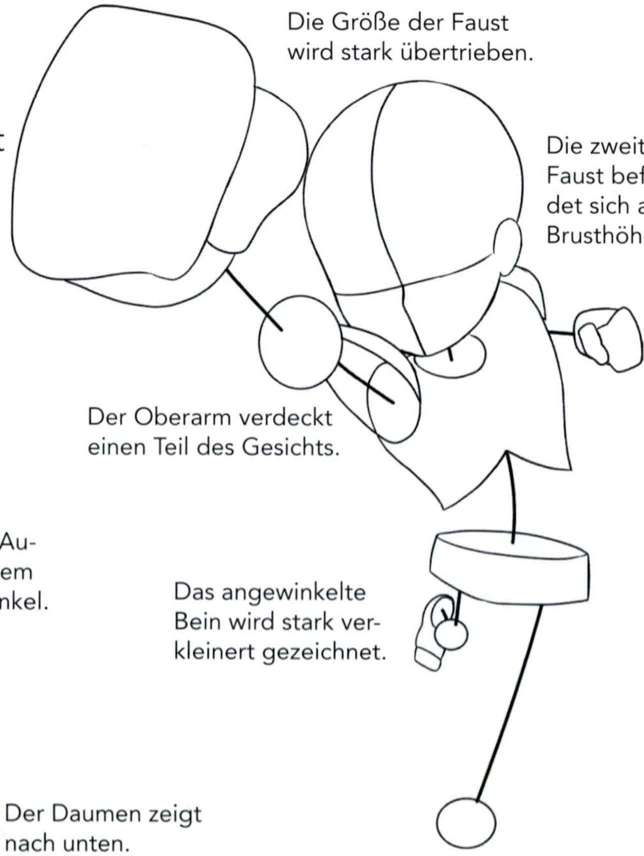

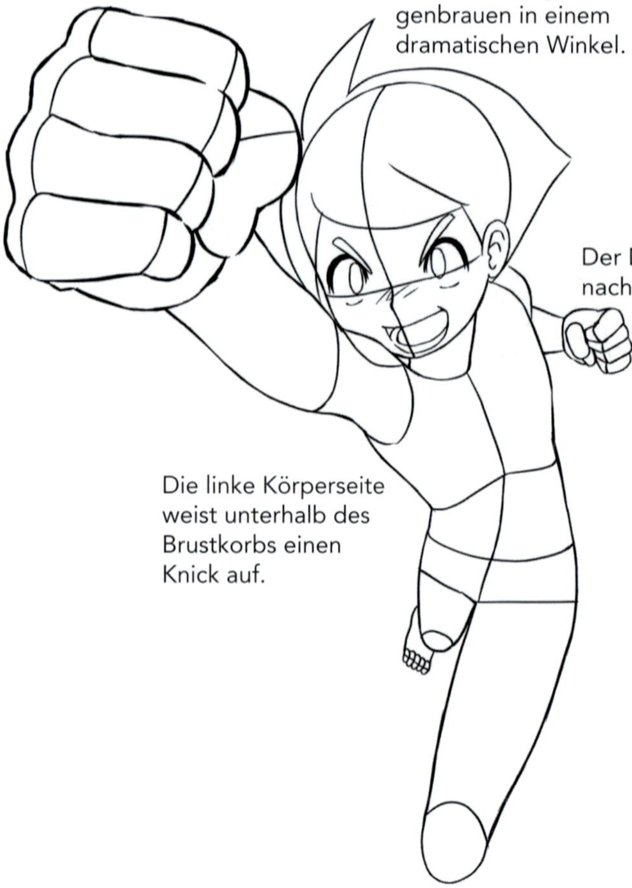

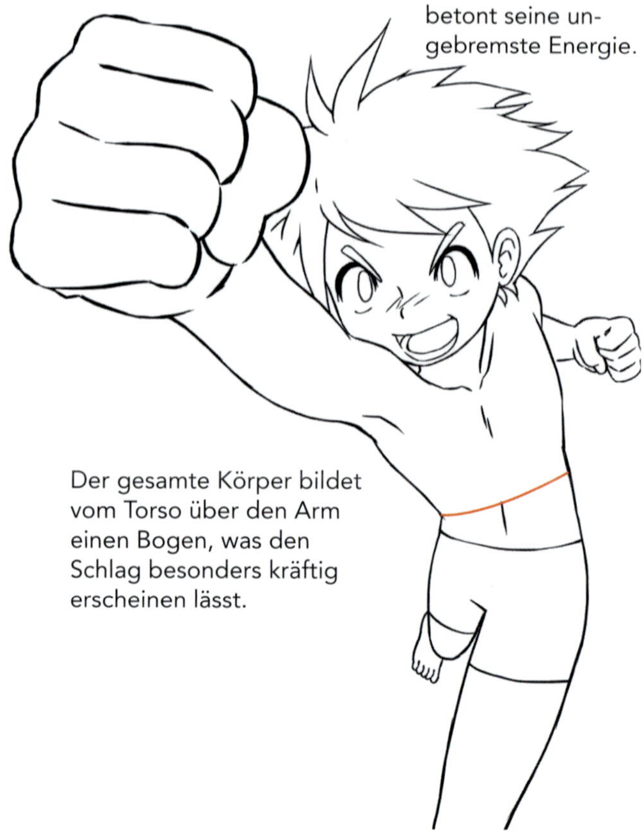

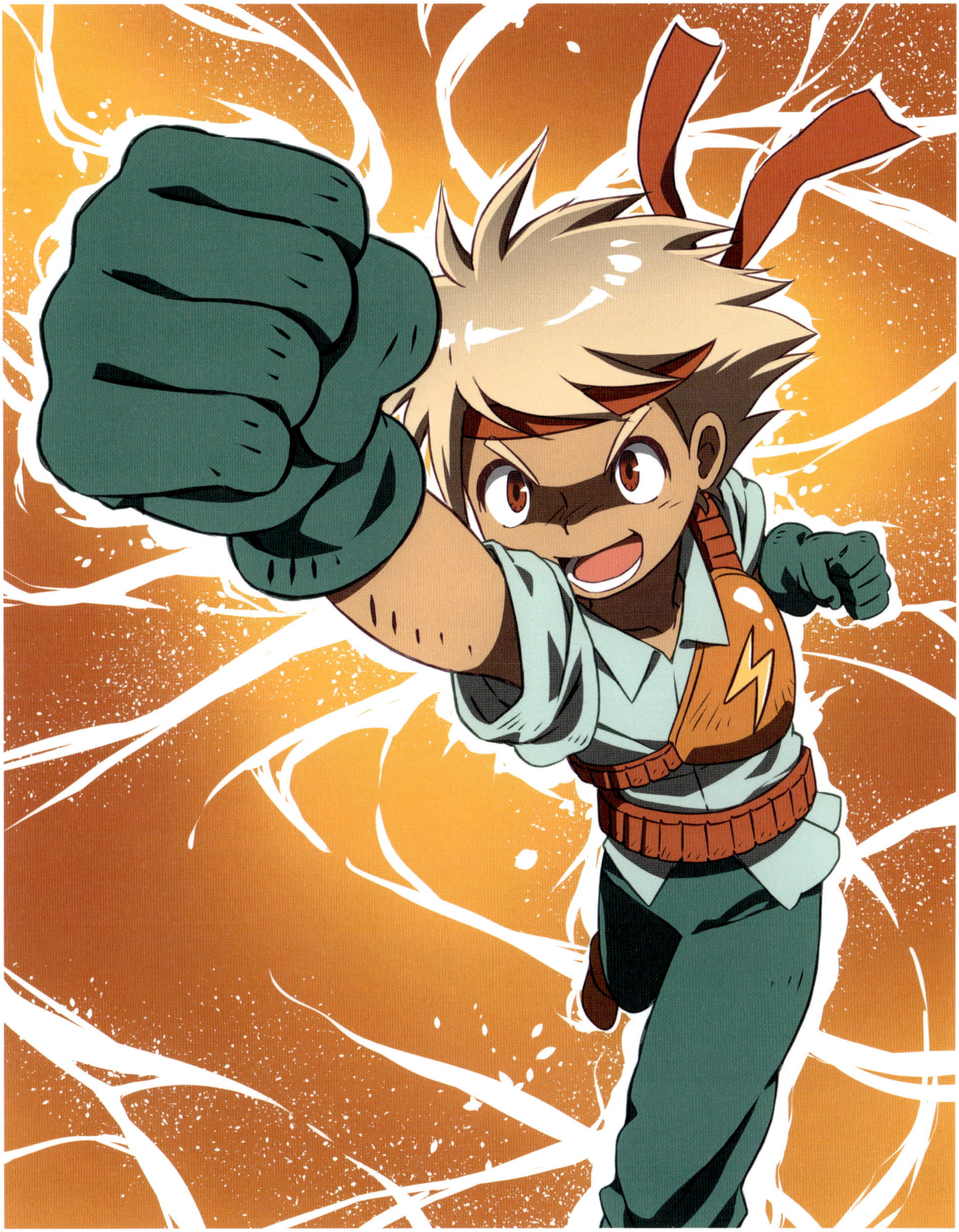

Wage es ja nicht, seinen Namen noch einmal falsch auszusprechen!

#95 Fantasy

Fantasy-Genres müssen unsere Fantasie gar nicht besonders strapazieren. Sie brauchen nur den magischen Ort mit Leben zu erfüllen, der an der Grenze zum Reich der Träume liegt.

Geheimnisvoller Entdeckungsreisender

Der Entdecker ist ein geheimnisvoller Charakter. Seine Kleidung ist geheimnisvoll. Seine Fackel ist geheimnisvoll, und selbst sein Hund hat etwas Geheimnisvolles.

Breite Schultern wirken kraftvoll.

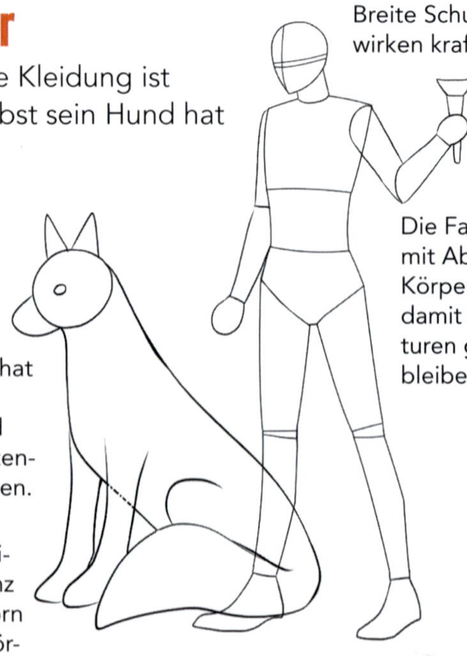

Die Fackel wird mit Abstand zum Körper gehalten, damit klare Konturen gewahrt bleiben.

Der Hund hat dreieckige Ohren und kleine katzenartige Augen.

Der buschige Schwanz ist nach vorn um den Körper gelegt.

Achte darauf, dass das Gesicht unter der Kapuze zu erkennen ist.

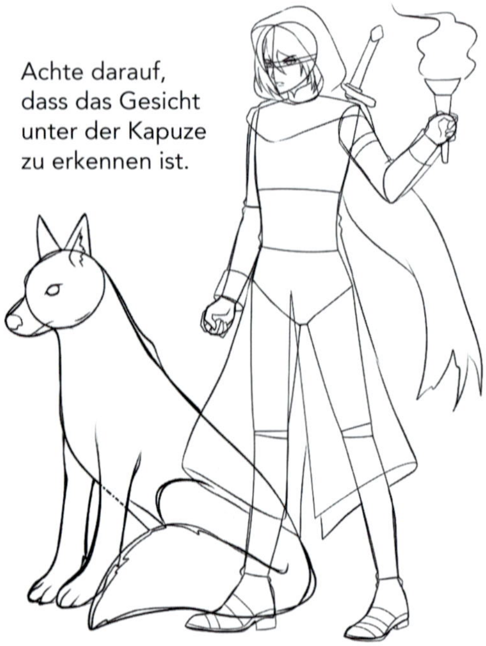

Der Griff des Schwerts ragt hinten über die Schulter hinaus.

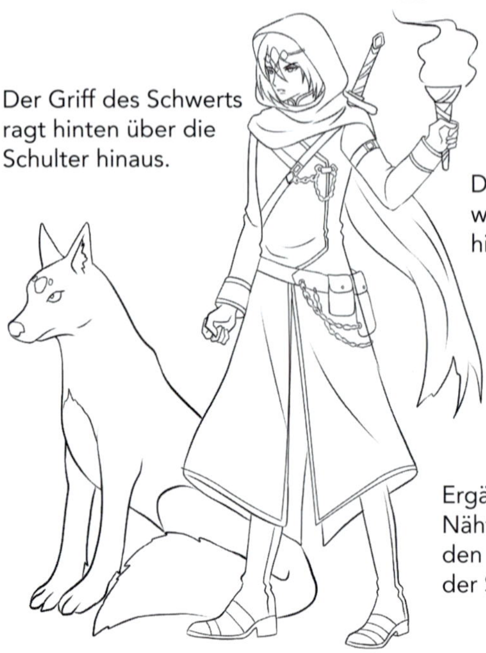

Der Schal weht nach hinten.

Ergänze Nähte an den Seiten der Stiefel.

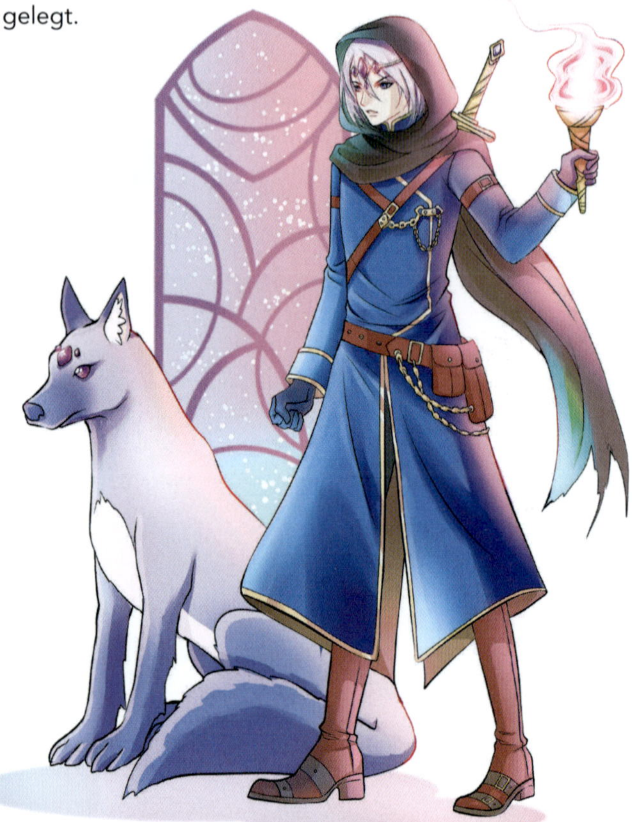

Feenmischwesen

#96

Was Feen angeht, haben die meisten Menschen falsche Vorstellungen und denken, dass es sich um winzige Wesen handelt, die in den Wäldern leben. Dabei sind sie genauso groß wie ihre menschlichen Altersgenossinnen und gehen zur Schule.

Die Feenflügel sitzen am oberen Rücken.

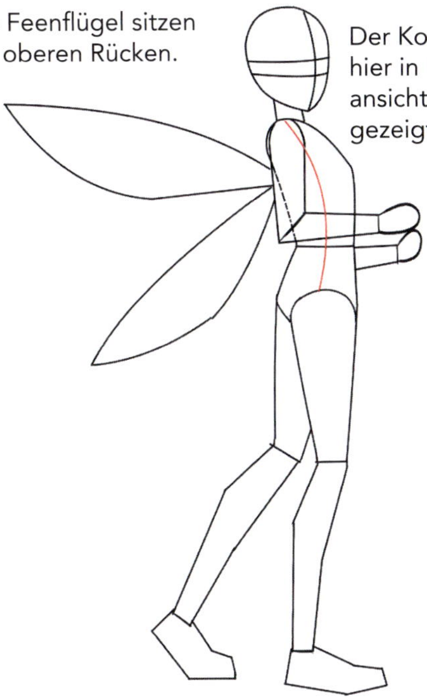

Der Kopf wird hier in Dreiviertelansicht von links gezeigt.

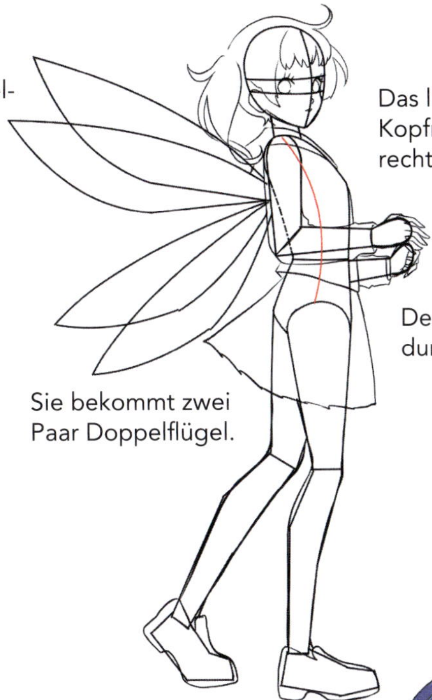

Das linke Auge ist in der Kopfmitte platziert, das rechte liegt am Rand.

Der Rücken ist stark durchgebogen.

Sie bekommt zwei Paar Doppelflügel.

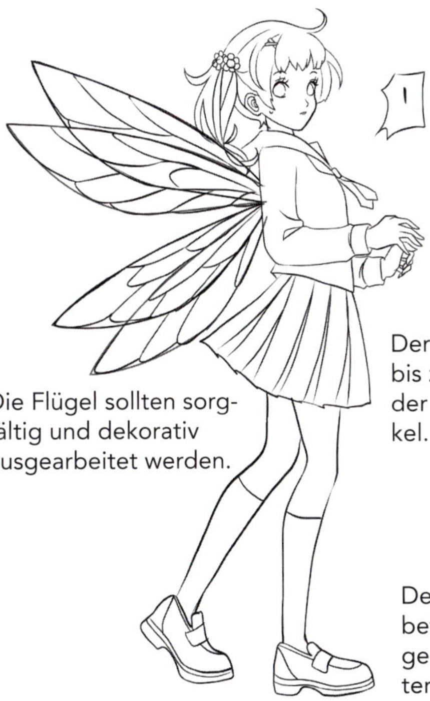

Die Flügel sollten sorgfältig und dekorativ ausgearbeitet werden.

Der Rock reicht bis zur Mitte der Oberschenkel.

Der vordere Fuß befindet sich in gerader Linie unter den Hüften.

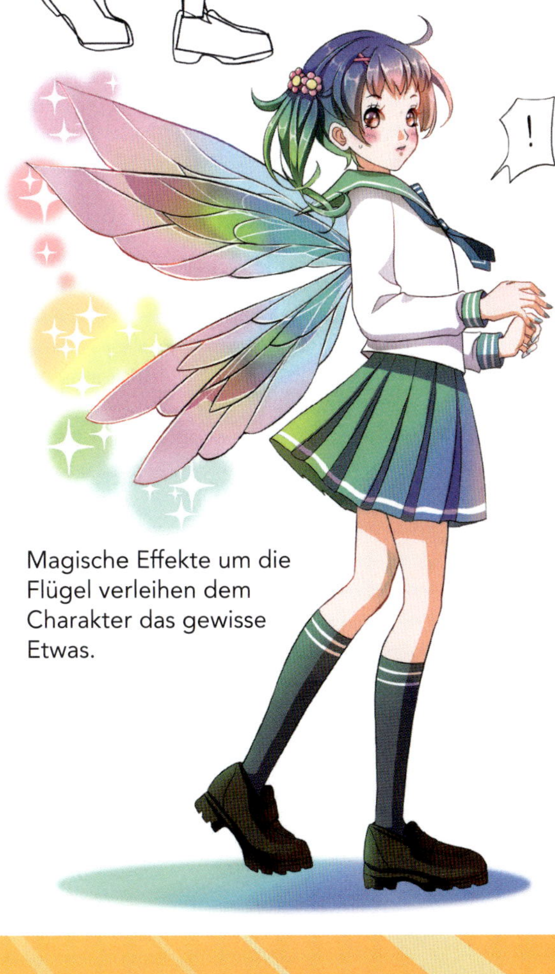

Magische Effekte um die Flügel verleihen dem Charakter das gewisse Etwas.

#97 Wächter

Da es in der Manga-Welt auch Bösewichte gibt, brauchen wir Charaktere, die auf der Seite des Guten kämpfen und die Bösen in Schach halten. Die Rüstung besteht aus einzelnen Abschnitten und wird durch Schulter-, Hüft- und Knieschützer verstärkt.

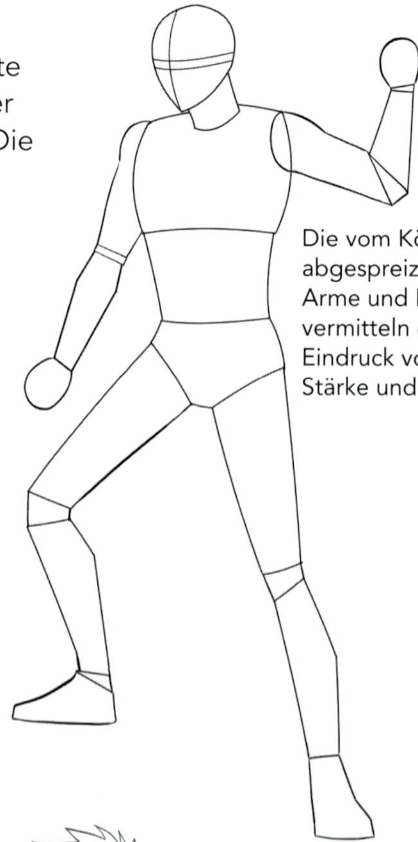

Die vom Körper abgespreizten Arme und Beine vermitteln den Eindruck von Stärke und Kraft.

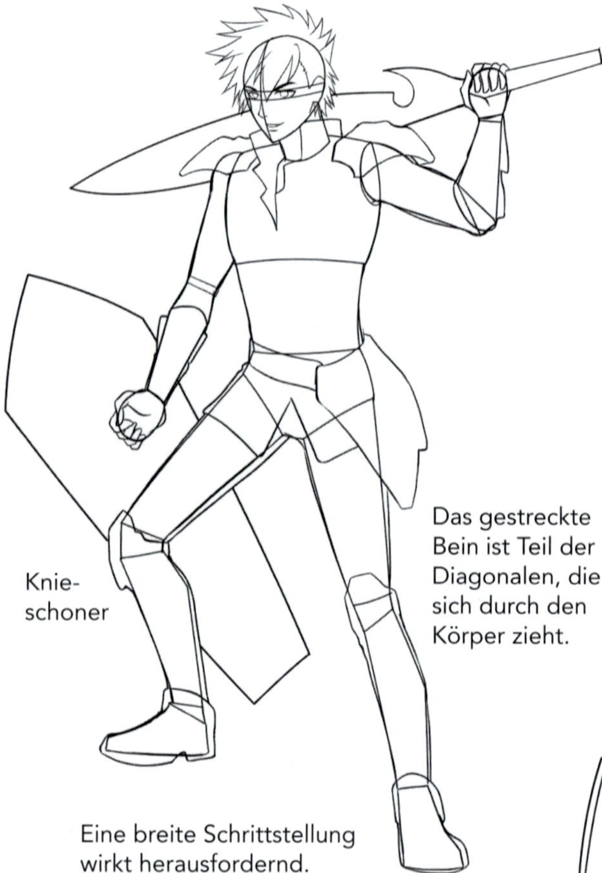

Knie-
schoner

Das gestreckte Bein ist Teil der Diagonalen, die sich durch den Körper zieht.

Eine breite Schrittstellung wirkt herausfordernd.

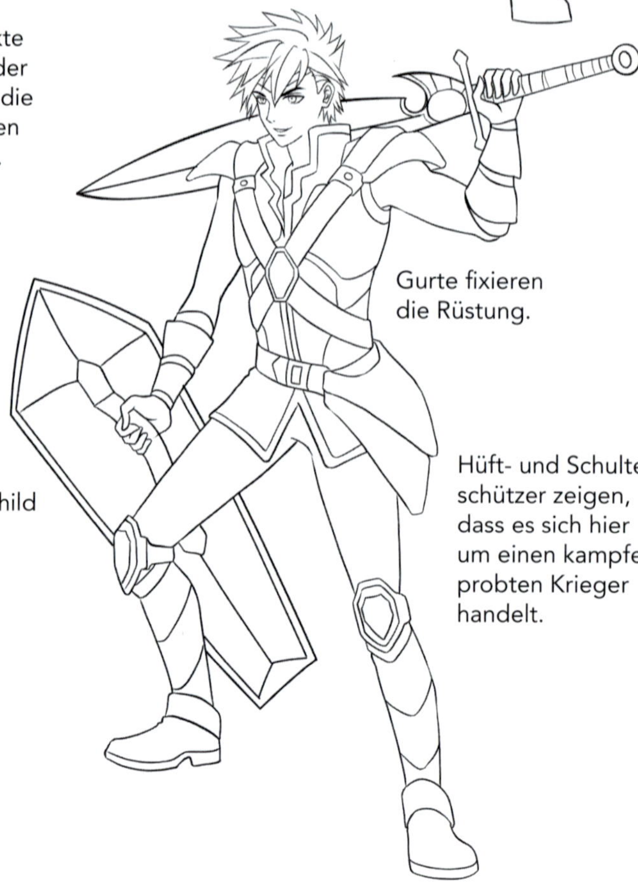

Gurte fixieren die Rüstung.

Langschild

Hüft- und Schulterschützer zeigen, dass es sich hier um einen kampferprobten Krieger handelt.

Deine eigene Variante
Er könnte auch einen alten Trenchcoat aus einer dystopischen Vergangenheit tragen.

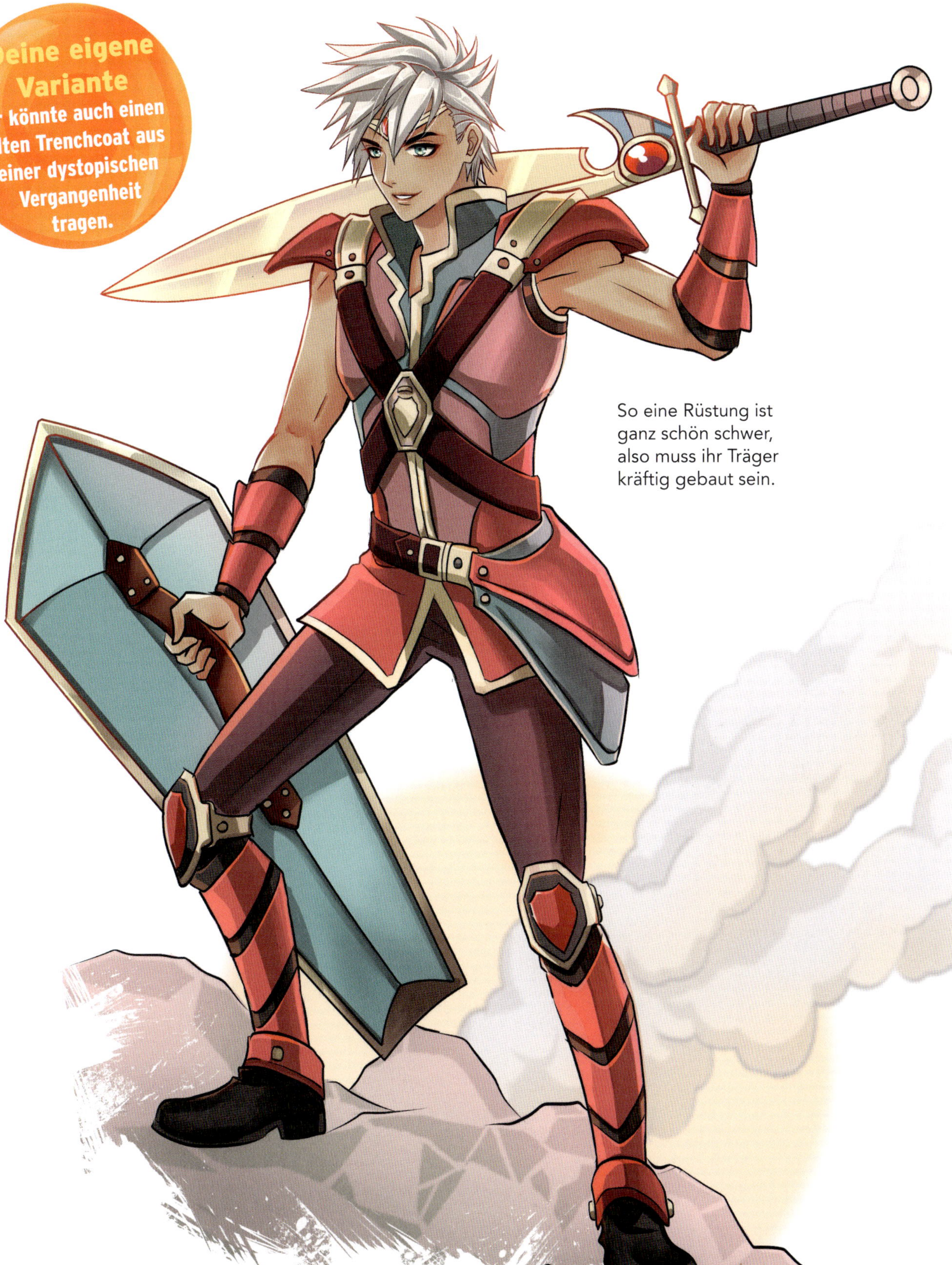

So eine Rüstung ist ganz schön schwer, also muss ihr Träger kräftig gebaut sein.

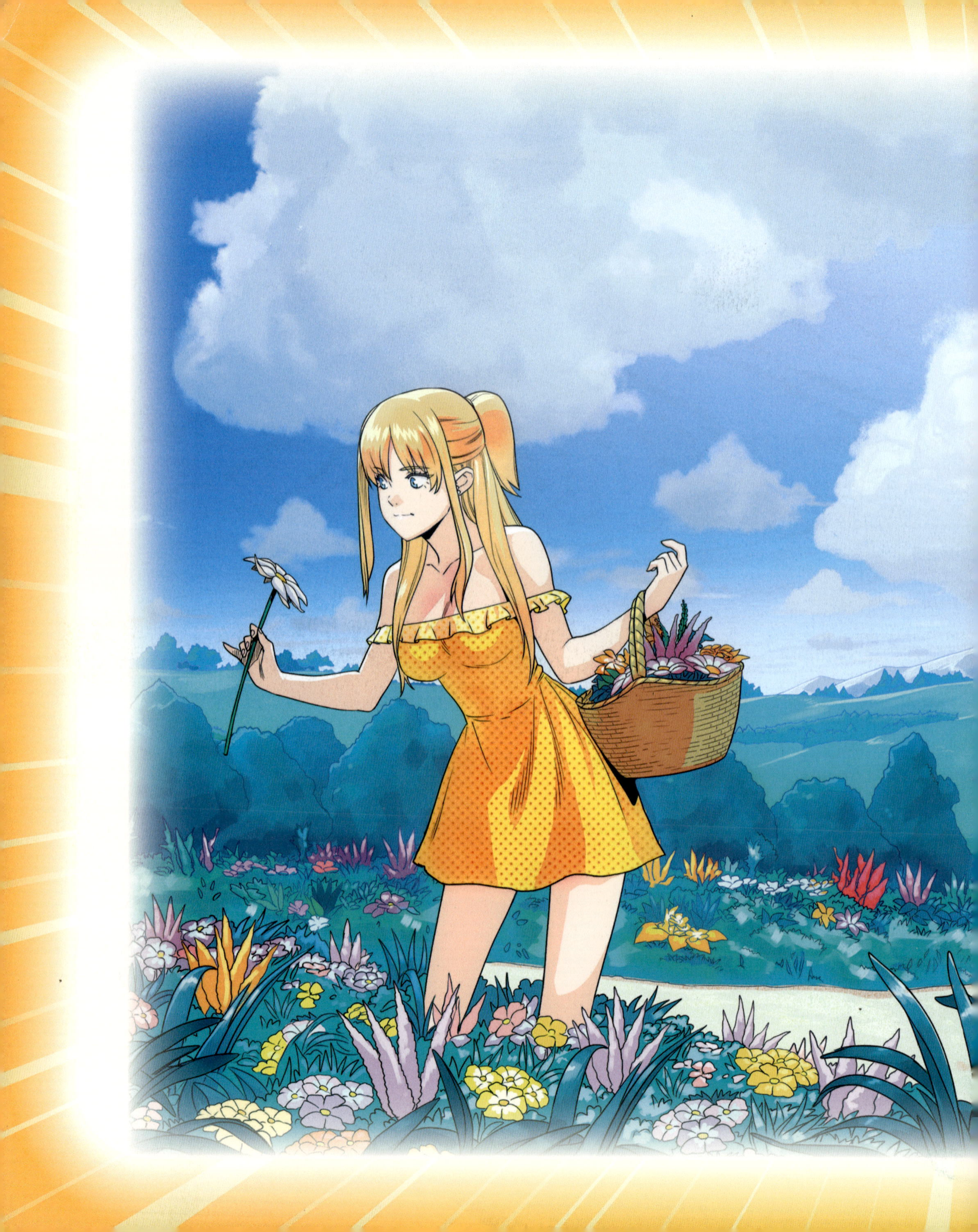

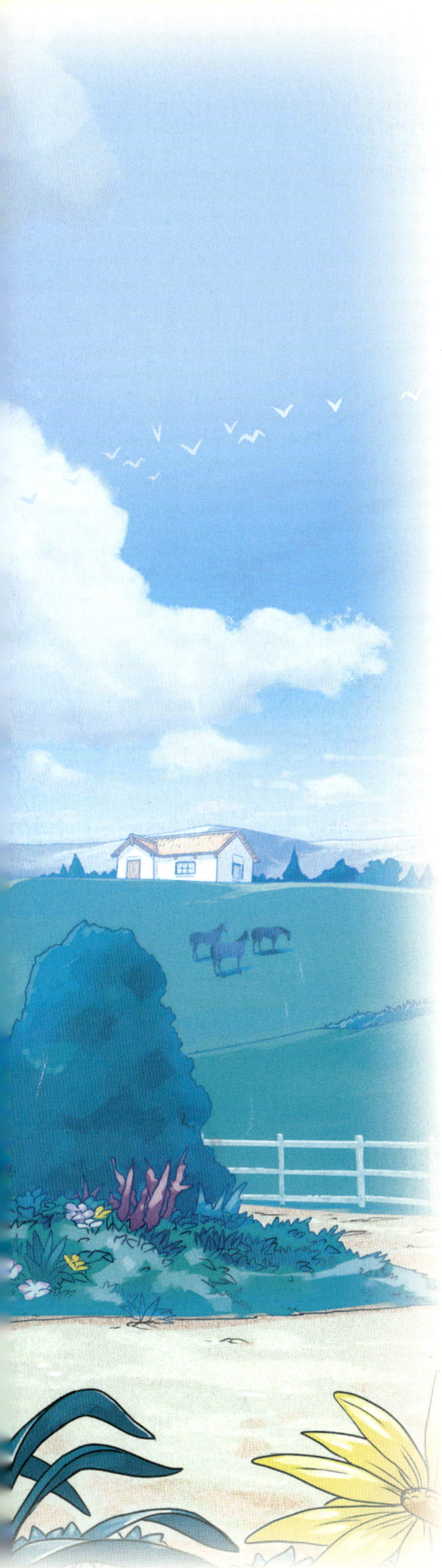

Dynamische Hintergründe zeichnen

Die unwiderstehlichsten Charaktere bevölkern hoch entwickelte Welten.

Mit einem einfachen, aber ausdrucksstarken Hintergrund können wir eine Szene lebendig gestalten und dem Charakter eine stärkere Präsenz verleihen. Ein guter Hintergrund lässt auf den ersten Blick erkennen, wo eine Szene angesiedelt ist, zum Beispiel in einer Stadt, an einem Strand oder in der Schule, und vermittelt gleichzeitig die Stimmung der Szene. Hintergründe sind auch so angelegt, dass sie dazu beitragen, die Handlung plausibel erscheinen zu lassen. Ich zeige dir die Techniken, mit denen du die folgenden Szenen nachzeichnen oder eigene Szenen entwickeln kannst.

#98 Hoppla!

Lustige Szenen folgen meist einem bestimmten Muster: Es gibt einen Handlungsaufbau und ein Ergebnis (die Pointe). Die Golfspielerin links setzt die Handlung in Gang, das Ergebnis sehen wir rechts auf dem Kopf des armen Häschens. Mit ihrem Superschlag fängt also der Ärger erst richtig an!

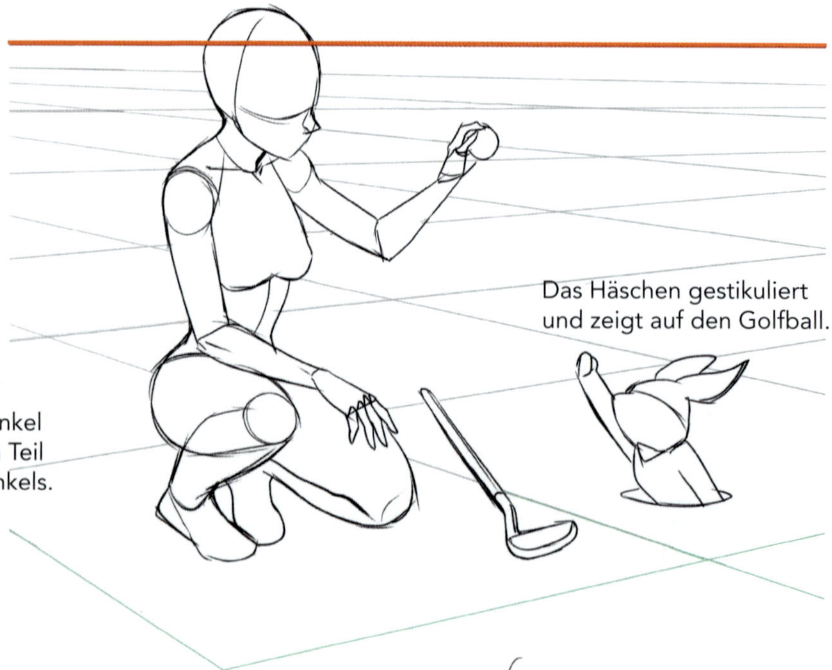

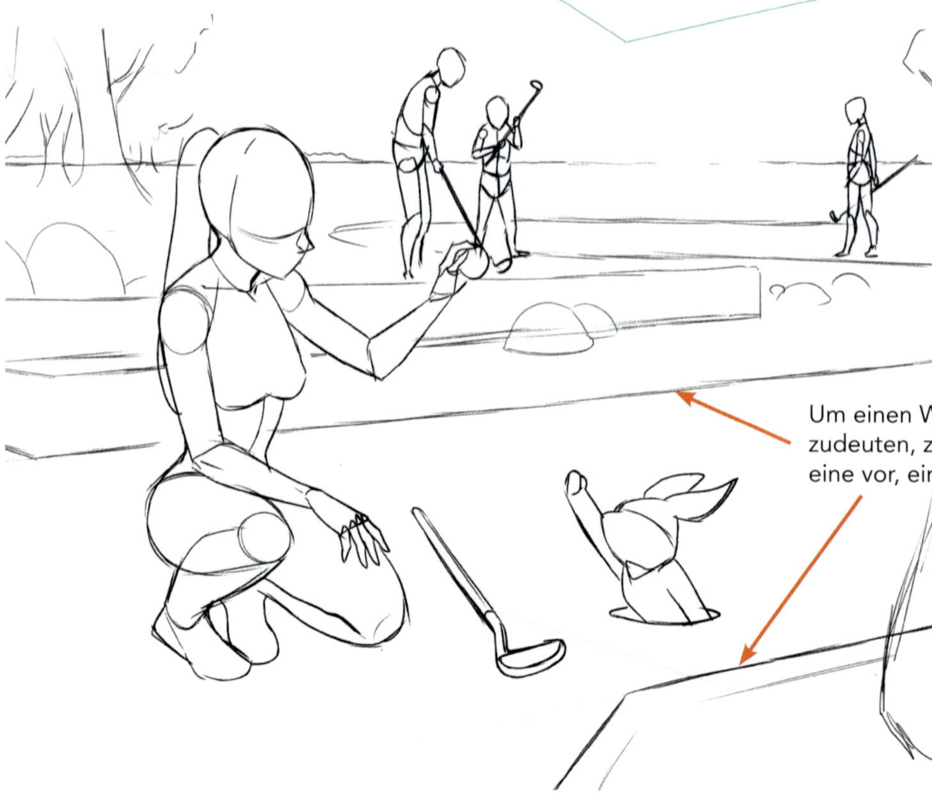

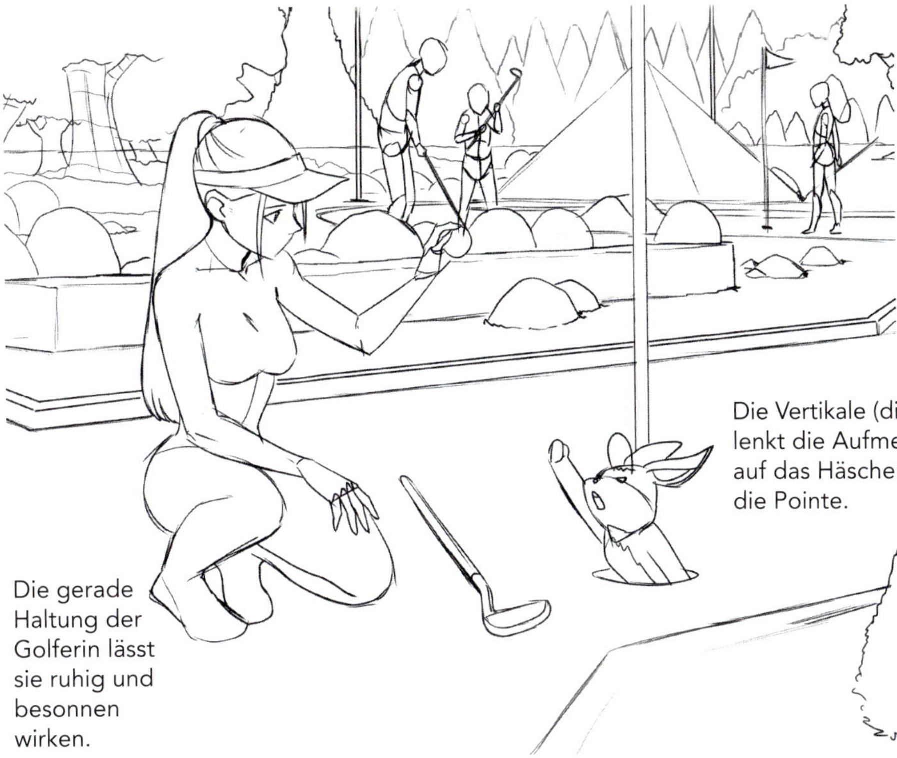

Die Hecke und die Büsche lenken den Blick der Betrachtenden auf den Vordergrund mit dem Mädchen und dem Hasen.

Die Vertikale (die Fahnenstange) lenkt die Aufmerksamkeit direkt auf das Häschen und damit auf die Pointe.

Die gerade Haltung der Golferin lässt sie ruhig und besonnen wirken.

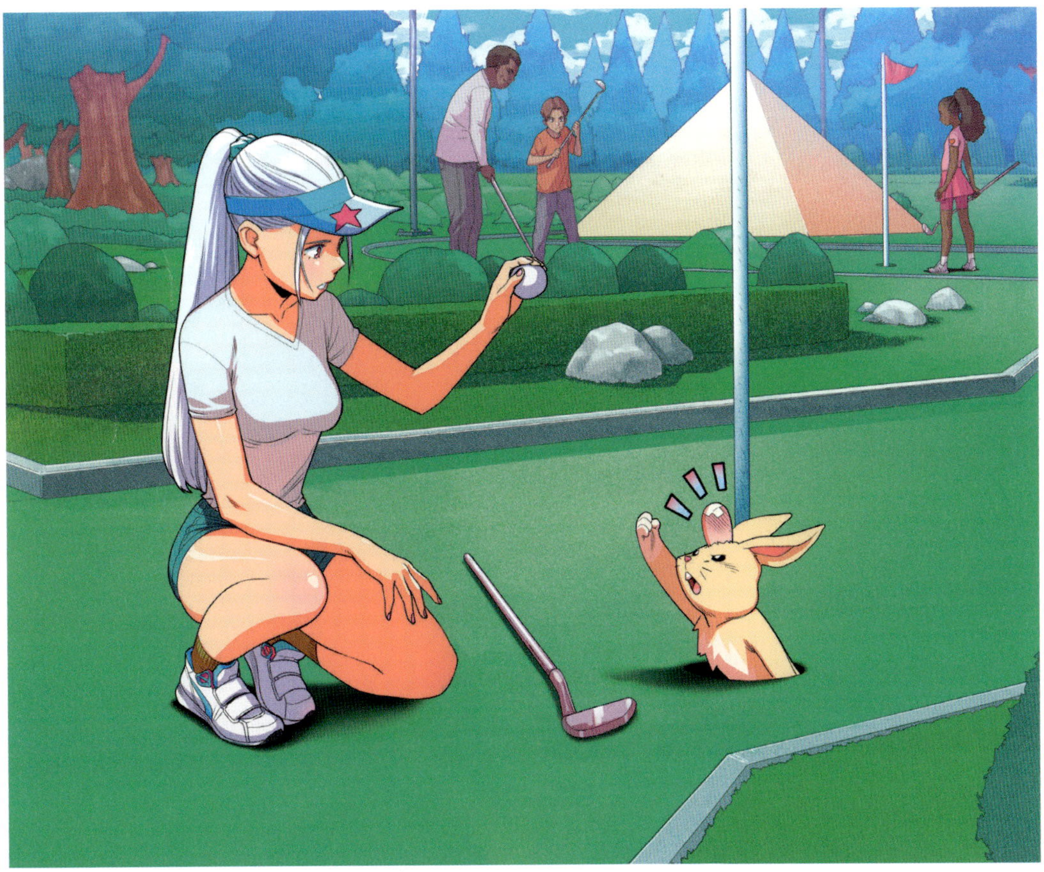

Dem Kerlchen könnte ein Antiaggressionstraining wirklich nicht schaden.

#99 Farbe als definierendes Element

Dieser Hintergrund unterscheidet sich zwar deutlich von dem vorhergehenden auf Seite 155, basiert aber auf demselben Prinzip: der Kombination von horizontalen und vertikalen Linien. Hier haben wir noch etwas hinzugefügt, um eine stärkere Wirkung zu erzielen: einen strahlenden Palast in der Ferne, der sich deutlich von der übrigen monochromen Landschaft abhebt.

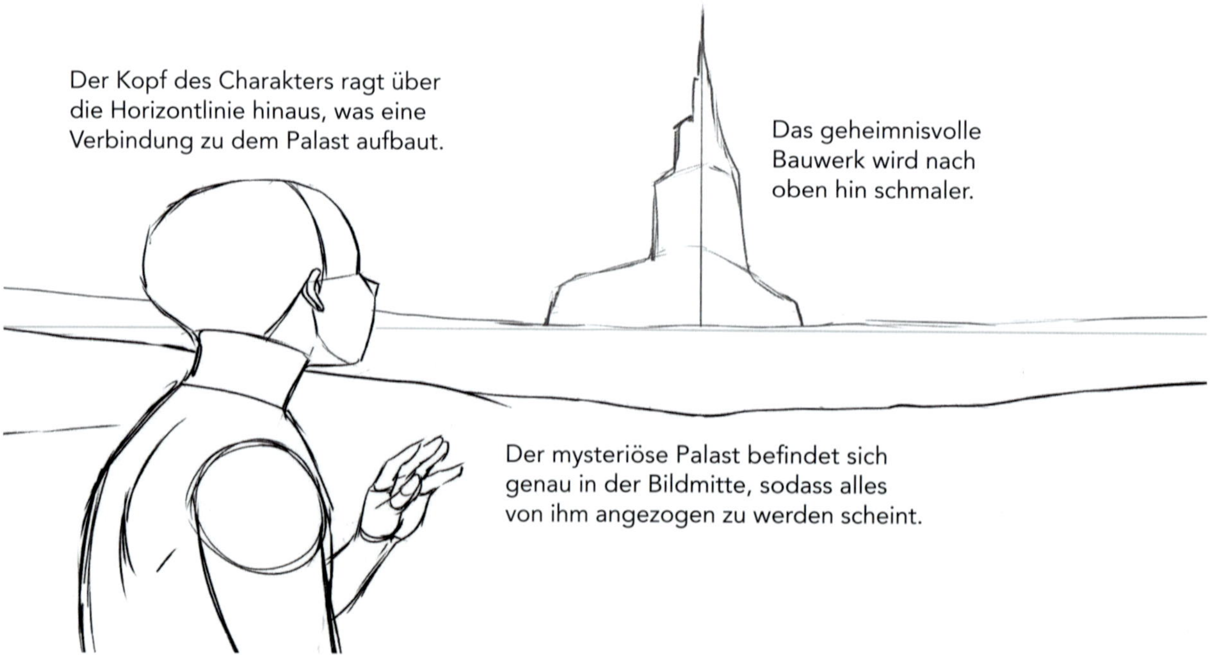

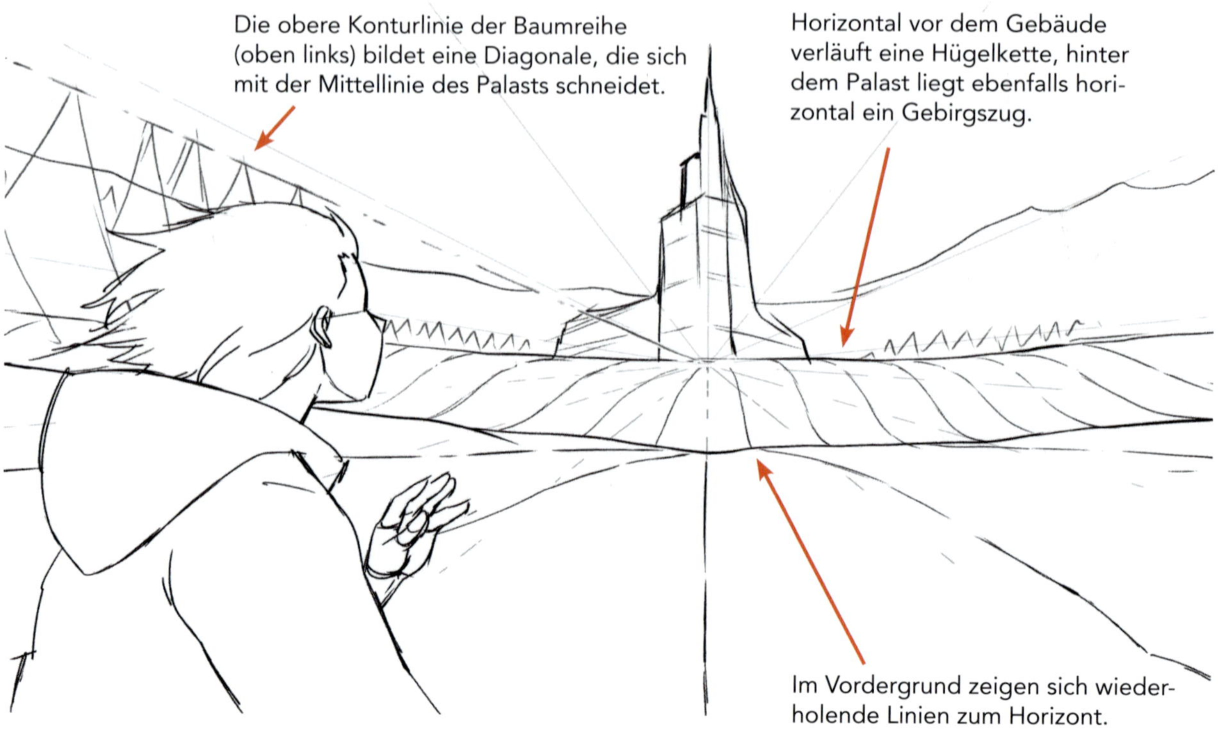

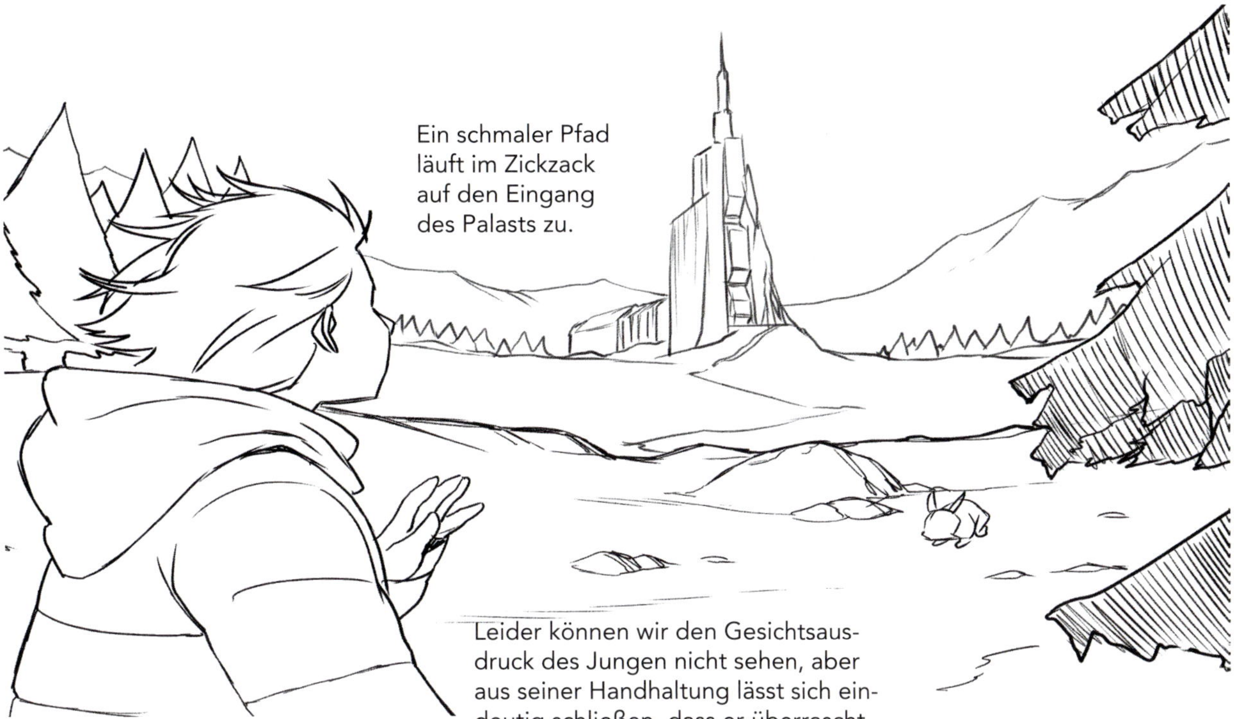

Ein schmaler Pfad läuft im Zickzack auf den Eingang des Palasts zu.

Leider können wir den Gesichtsausdruck des Jungen nicht sehen, aber aus seiner Handhaltung lässt sich eindeutig schließen, dass er überrascht und verwundert ist.

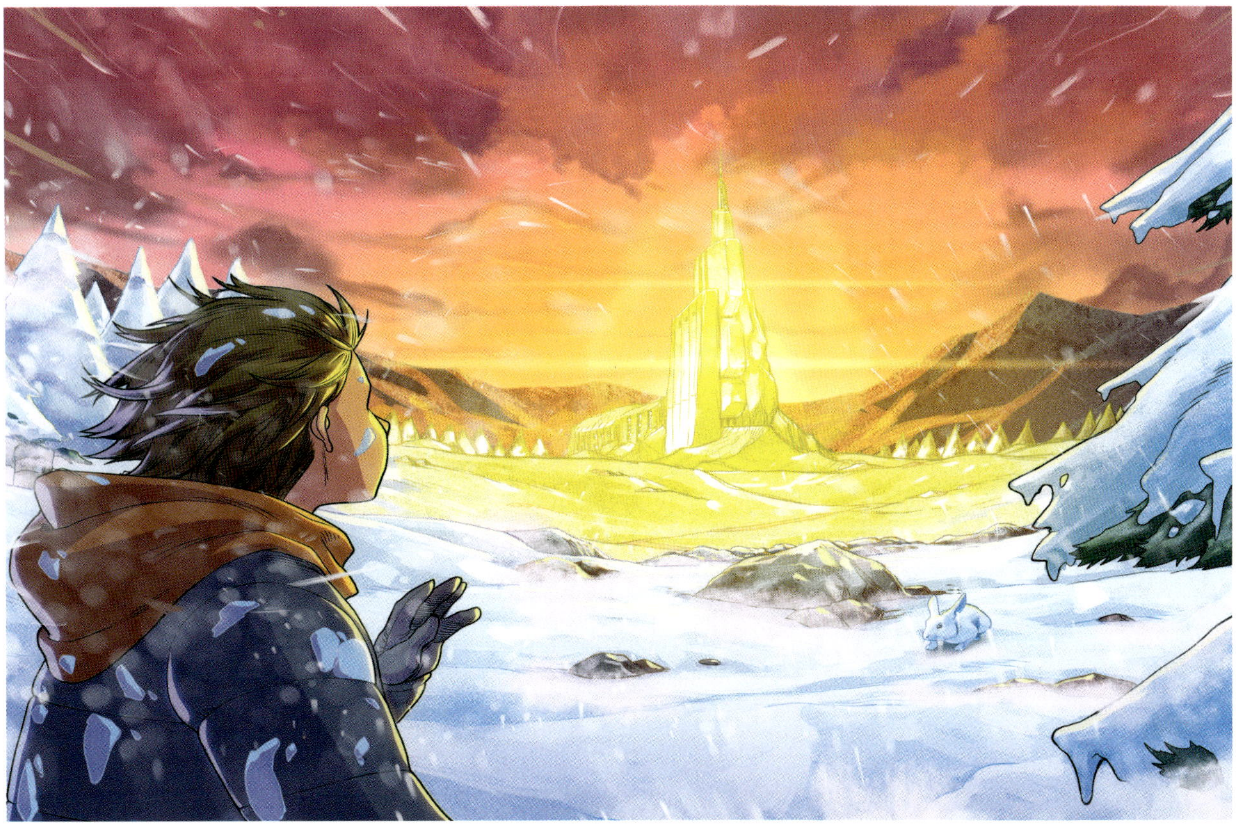

Wer auch immer diesen Palast bewohnt, könnte freundlich oder böse sein. Aber sicher gibt es dort einen Stromanschluss – er könnte sein Handy aufladen, das ist ihm das Risiko wert.

#100 Landschaft mit Blumenwiese

Idyllische Szenen lassen uns an schöne Zeiten denken, wie zum Beispiel nicht enden wollende Sommer. Es gibt ein paar Grundregeln für die Komposition einer Szene. Schauen wir uns dieses Bild einmal an. Hier gibt es mehrere Ketten sanfter Hügel, die horizontal übereinander angelegt sind. Die Figur dagegen ist vertikal, und das hebt sie hervor.

Die rote Linie (Horizontlinie) markiert die Augenhöhe der Betrachtenden. Oberhalb dieser Linie schauen die Betrachter*innen von oben auf die Szene, unterhalb der Linie richten sie den Blick nach oben auf die Szene.

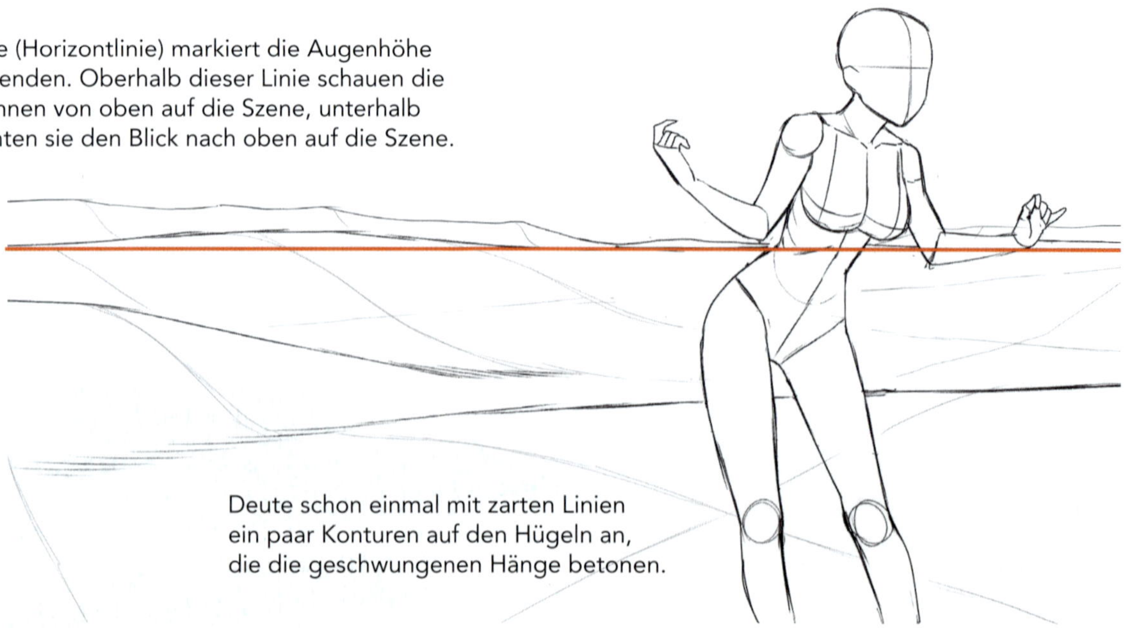

Deute schon einmal mit zarten Linien ein paar Konturen auf den Hügeln an, die die geschwungenen Hänge betonen.

Skizziere ganz leicht eine Baumreihe hinter der Figur, um dem Raum Struktur zu verleihen. So rückt der Vordergrund näher heran.

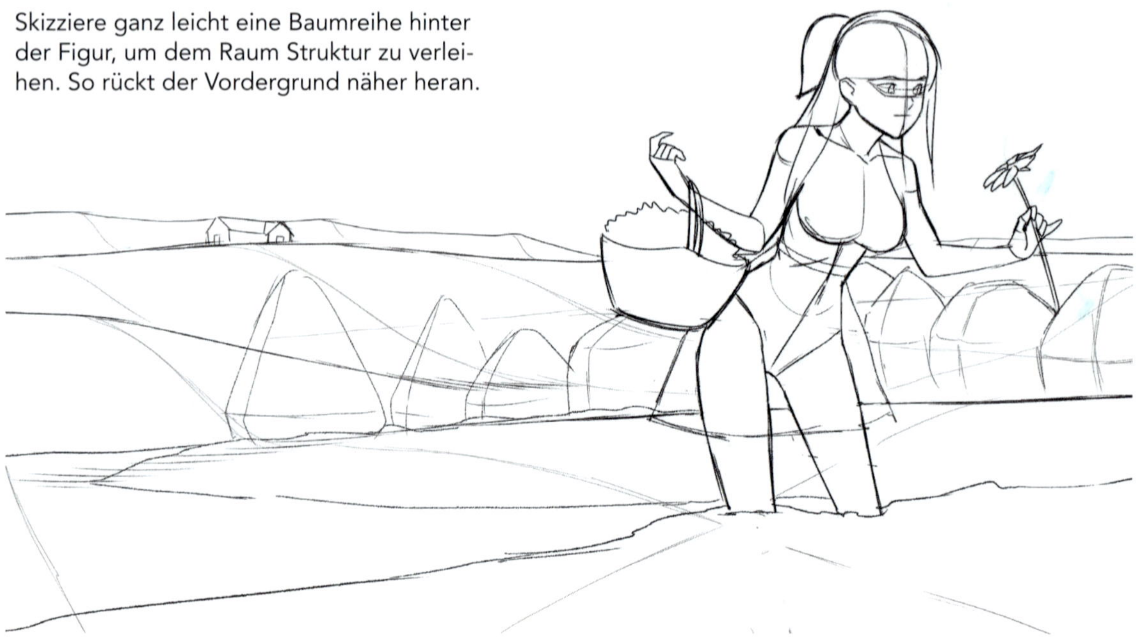

Lege einen Pfad an, der sich um den Garten schlängelt, so entsteht der Eindruck von Entfernung.

Der Himmel wird interessant, wenn wir Wolken in unterschiedlichen Formen und Größen malen.

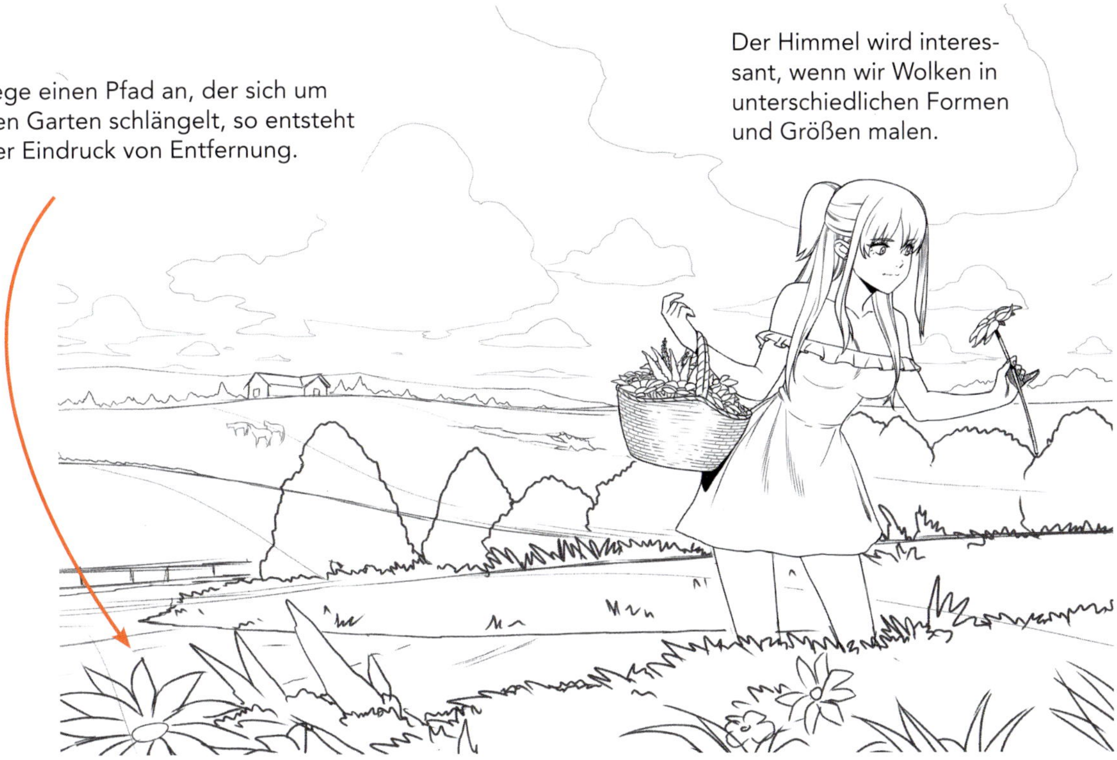

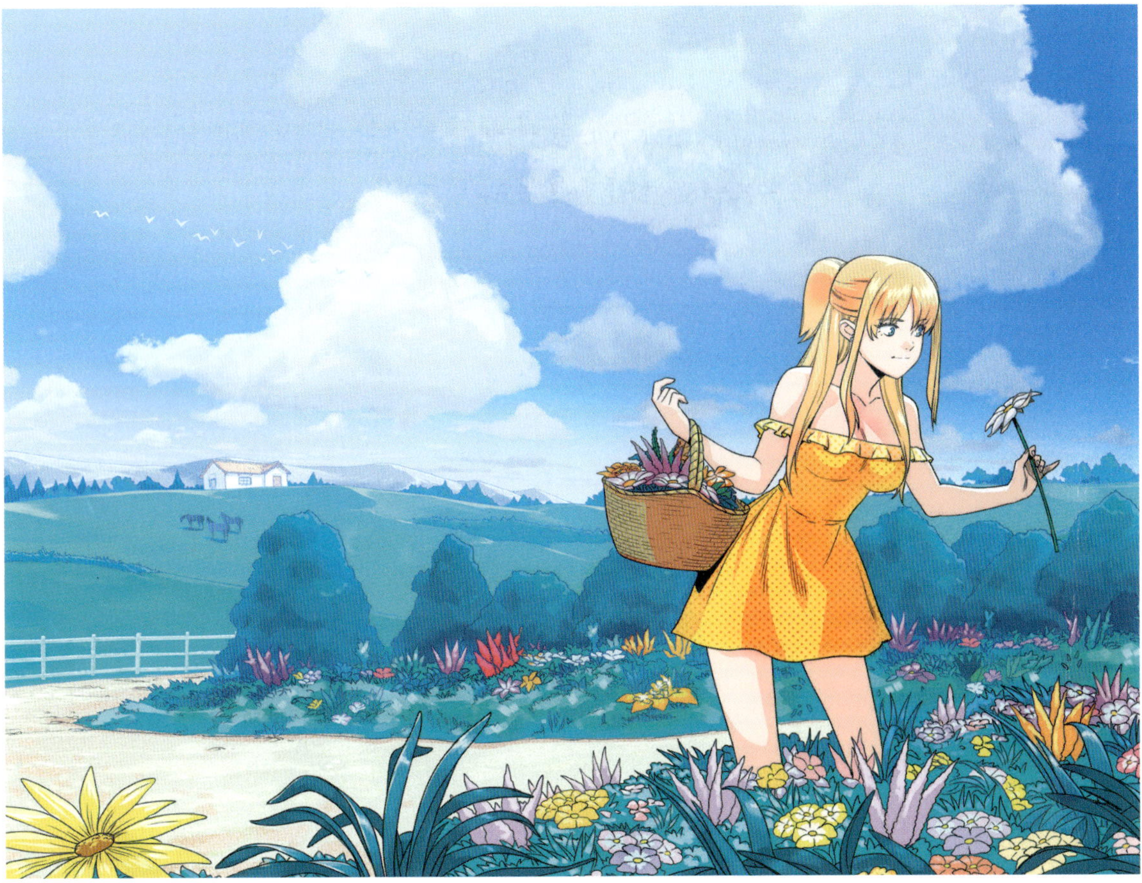

Der Garten, der Zaun, die Hügel und das Haus scheinen auf unterschiedlichen Ebenen zu liegen, die sich in der Ferne verlieren.

Index

A

Action-Genre 146–147
Adliger 36
Archäologin 101

B

Beine 24
Brautmodendesignerin 96–97

C

Chirurgin 111
Café-Besitzerin 108
Cosplay-Outfits 60–65

D

Drohnentesterin 112–113
Dugong 120
Dystopische Charaktere 60–61

E

Einfühlsames Mädchen 17
Empörtes Mädchen 73
Entdeckungsreisender, geheimnisvoller 148
Entschlossenes Mädchen 74–75

F

Fantasy-Genre 148–151
Farbe als definierendes Element 156–157
Feenmischwesen 149
Flügel, Himmelswesen 126–127

G

Geheimnisvolle Typen 40–41, 148
Grillwettbewerb, Preisrichterin beim 100
Gruseliges und lustiges Mädchen 47

H

Haaarschnitt, misslungen 92–93
Haida-Hermelin 118
Heldin, dramatische 54–55
Highschool-Junge 12
Hilfslinien 8–9
Himmelswesen 126–127
Hintergründe, dynamische 152–159
Hirnchirurgin 111
Hitzkopf 21
Hübsche, betont weibliche Kleidung 46
Hubschrauberpilotin 99
Hundefriseurin 98

J

Jobs, coole 94–113
Junge Frau unterwegs 26–27

K

Kämpfer 146–147
Kampfsportlerin 78–79
Karibu 121
Kellner 90–91, 133
Kellner-Androide 133
Kichernder Junge 19
Kimono 52–53
Klassischer Mädchenkopf 8–9
Kleidung für Väter 58–59
Kleidung und Kostüme 42–65
Kluger Kopf 38–39
Kodomomuke 142–143
Kopf 8–21
Körper 22–31
Kuscheltierärztin 110

L

Landschaft mit Blumenwiese 158–159
Lässiger und cooler Typ 30–31
Laubhaufen, springen in einen 80–81
Lieblinge der Fans 66–81
Lustige Charaktere 82–93
Lustige Szenen 154–155
Lustiges Mädchen 70–71

M

Manga-Convention, Moderatorin bei einer 102–103
Meerjungfrau, neugierige 128–129
Minigolf 154–155
Musiker 30–31, 64–65
Mutiger Typ 37

N

Nachdenkliches Mädchen 15
Negativer Charakter, durch und durch 18
Nervöser Junge 14
Oberkörper 22–23

P

Partnervermittlerin 107
Personenschützerin 109
Persönlichkeitstypen 14–21
Plapperndes Mädchen 86–87
Polarwolf, Welpe 117
Pop-Manga-Stil 47
Prinzessinnen, moderne 48–49
Psychische Belastung 144–145

Q

Quokka 116

R

Ratloser Schuljunge 84
Reicher Typ 36
Robotermädchen 132
Robotertechnikerin 106
Roter Panda 119

S

Samurai-Schulmädchen 124–125
Sanfter Typ 28–29
Schmeichler 34
Schüchterner Teenager 85
Schuldbewusster Junge 56–57
Schuljungen 12, 84
Schulmädchen 10, 44–45, 124–125, 149
Sci-Fi-Charaktere 122–137
Selbstbewusstes Mädchen 25
Sensibles Mädchen 16
Social-Media-Expertin 20
Space Invader – Mission im Weltraum 134–135
Sportliche Mädchen 46, 50–51

T

Tiere 114–121

U

Überschwängliches Mädchen 80–81
Ultra-Cute-Genre, Mädchen 140–141
Unsichere Charaktere 76–77, 90–91

V

Verabredung abgelehnt 72
Verantwortungsloser Typ 35
Verlässliche Freundin 68–69

W

Wächter 150–151
Waffen 124
Waltrainerin 104–105
Wütende Charaktere 21, 88–89

Z

Zeitreisende 136–137
Zwielichtiger Typ 11